商业模式创新丛书

商业模式创新：模型与案例

Business Model Innovation: Models and Cases

汪寿阳　乔　晗　胡　毅等　著

国家自然科学基金项目（71872171）资助

科学出版社

北　京

内 容 简 介

近年来,各行各业商业模式的创新层出不穷,企业的竞争越来越多地转化为商业模式的竞争,商业模式的变革对经济、社会和人民生活产生重要的影响。本书提出了新的商业模式分析模型,将商业模式根植于一定的社会经济和企业内部环境下,如将一个商业模式看作企业生态系统的有机构成部分,商业模式能否与企业的其他业务系统和资源能力形成协同效应是商业模式成功与否的重要条件。此外,本书还对有些传统行业进行了商业模式创新设计,给出了未来的发展方向。不只是成功的商业模式值得研究,失败的商业模式仍然值得引以为鉴,本书亦对商业模式失败的原因展开了分析。

本书分析了金融业、制造业、移动互联网行业、文化业、能源业、零售业、房地产业及物流业 8 大产业的 22 个企业的商业模式,创新性地使用商业模式的新模型、新方法来研究新案例。本书可作为高等院校工商管理及企业管理等专业普通研究生、MBA 和高年级本科生的商业模式教材或参考用书;也是一本商业模式创新领域的研究型著作,可为相关课程的师生及相关研究的学者在商业模式理论创新和商业模式设计实践方面提供启示与范例。本书也可作为企业培训教材,为广大的企业家、投资人及创业者提供思考商业模式和企业转型的视角。

图书在版编目(CIP)数据

商业模式创新:模型与案例/汪寿阳等著. —北京:科学出版社,2020.3
(商业模式创新丛书)
ISBN 978-7-03-064594-4

Ⅰ.①商… Ⅱ.①汪… Ⅲ.①商业模式–研究 Ⅳ.①F71

中国版本图书馆 CIP 数据核字(2020)第 035062 号

责任编辑:郝 静/责任校对:薛 静
责任印制:吴兆东/封面设计:无极书装

科学出版社 出版
北京东黄城根北街 16 号
邮政编码:100717
http://www.sciencep.com
北京厚诚则铭印刷科技有限公司印刷
科学出版社发行 各地新华书店经销

*

2020 年 3 月第 一 版　　开本:720×1000　B5
2025 年 7 月第四次印刷　　印张:16 1/2
字数:330 000

定价:152.00 元
(如有印装质量问题,我社负责调换)

丛书编委会

主　编： 汪寿阳
副主编： 乔晗　胡毅
编　委：（按姓氏汉语拼音排序）

陈志武　冯耕中　高　闯　韩永生　李　东　柳建尧
柳卸林　吕本富　吕廷杰　罗　珉　申作军　苏敬勤
王迎军　王宗军　魏　炜　席酉民　严厚民　赵修利
郑大昭　朱桂龙　朱武祥

丛 书 序

我国的改革进行到今天，进一步深化改革要靠创新驱动。创新包括技术创新、管理创新和制度创新，对于企业而言，创新还包括商业模式（business model）创新。党的十八大报告提出实施创新驱动发展战略，其中重要一点是要加强商业模式创新。中国企业发展离不开商业模式和管理模式的变革与创新。企业是市场经济的细胞，是内在动力。我国经济健康发展的前提，就是必须有一批商业模式和管理模式卓越的企业作保障。

什么是商业模式？目前学术界和企业界还没有一个公认的定义。我曾举过一个简单的例子：有一个美国人参加亲属的殡葬处理，他发现殡仪公司利润高得惊人，于是他构思了一个商业网站，自销殡葬用品，既可赚钱，又可以让消费者减少支出。于是，他找到风险投资商，风险投资商说这个商业模式不成立，因为人们是不会上网买棺木的。于是他又再次谋划，构思了一个哀思网站。故人的亲友都可以上网站免费发帖子寄托哀思，这样也方便了远途的亲友，不必再千里迢迢赶去吊唁。网站收入的解决方法如下：由于网站的点击率高，所以网站可以让生产销售殡葬用品的公司发布广告，收取广告费作为利润来源。于是他再找到风险投资商，这个商业模式被风险投资商认可，于是新的企业创办成功。

商业模式与创新息息相关。每个成功的企业，其经营思路和商业模式不尽相同，但是随着市场环境、资金供应情况、竞争对手等一系列环境的变化，企业就必须采取一些措施，引入一些新的事物，包括新的产品、新的技术、新的组织方式、新的管理方式等，从而形成新的商业模式，造成有益的变化，使企业继续生存下去。

当今世界，新一轮科技和产业革命正在蓬勃兴起。大数据与云计算、物联网等新技术相结合一定会对传统的商业模式，甚至是个人的生活方式产生大的影响。如果我们不能积极应对，很可能就会落后。关于商业模式的研究，不仅仅是企业界关心的话题，而且是学术界，包括国际学术界的管理学科前沿方向。"商业模式创新丛书"旨在全面系统地归纳总结当前国内外商业模式研究的发展现状，形成一批优秀的商业模式创新研究案例，提出商业模式研究的新理论、新方法，帮助企业进行商业模式设计与重构，具有重大的理论意义和实践价值。期待"商业模式创新丛书"的出版能助力大众创业、万众创新，促进我国形成一大批商业模式创新上有所突破的创新型企业。

欧亚科学院院士
中国科学院大学管理学院院长　成思危
2015年春

前　言

商业模式是企业良性运行的保障，决定了企业的兴衰成败。现代企业间的竞争不仅是产品竞争，而已转换成为企业间商业模式的竞争。商业模式热潮的出现使得中国企业在这个领域奋力创新，同时也吸引了许多高校、研究机构在商业模式研究领域进行探索。作为发展中国家，中国独特的经济、政策、文化等因素使得中国企业的经营和发展与发达国家不同，需要在分析借鉴国外学者的研究框架的基础上，创造属于中国企业的商业模式。

本书在前两部书（《商业模式研究全景图》《商业模式冰山理论：方法与案例》）的基础上，将现阶段商业模式领域的热点话题与商业模式创新概念相结合，对各行业及相关企业商业模式的创新、演化、生态系统和可持续发展等做出进一步的阐释和分析。在广泛的国内外文献调研及商业模式案例分析的基础上，将商业模式冰山理论和 CET@I 方法论应用到各行业的案例分析中，在进行相关商业模式的理论梳理后通过实证模型进一步刻画商业模式。

本书利用科学的研究方法，如多层次协同效应模型等结合冰山理论和 CET@I 方法论来客观地对各行业商业模式发展的现状进行集成分析，进而推动企业商业模式创新和调整。同时，考虑到近年来各行业的热点问题并辅以典型的案例加以补充说明。特别是，随着大数据、云计算、物联网时代的到来，互联网金融更加深入各行各业，新的时代背景促使企业在商业模式转型的过程中必须将此类新的影响因素考虑其中。本书从商业模式创新、品牌文化传播、数据商业、人工智能、新零售、供应链金融等多个视角，阐述了当今极具价值的诸多新商业模式，希望通过模型构建和案例对比的形式，为广大学者、企业家和机构能更深入地理解商业模式的形成、演化、创新及其应用，有力推动我国在各个行业的商业模式创新，并促进相关学术研究的发展。

本书可作为高等院校工商管理及企业管理等专业的商业模式教材，也可作为企业培训教材，希望本书能为广大企业家、创业者提供商业模式创新、转型的借鉴和思考，也希望能为高校经济管理学科以及相关学科的教师和学生提供一些新的商业模式分析的视角。本书也是一本研究型著作，可以为相关学科研究人员带来商业模式理论创新的启迪和思考。

本书为集体研究的系列成果之一。需要特别指出的是，本书每章作者做出的贡献都是同等重要的，或者可以说，每一位作者都是第一作者。由于作者学识有限，本书难免存在不足之处，诚恳地欢迎广大读者批评指正。

第三世界科学院院士
中国科学院大学经济与管理学院院长　汪寿阳
2018 年 12 月

目 录

第1章 供应链金融平台生态商业模式分析：以京东金融和顺丰金融为例 …… 1
    1.1 引言 …………………………………………………………………… 1
    1.2 理论基础 ……………………………………………………………… 3
    1.3 供应链金融平台 ……………………………………………………… 5
    1.4 案例分析 ……………………………………………………………… 10
    1.5 结语 …………………………………………………………………… 16
    参考文献 …………………………………………………………………… 17

第2章 制造企业商业模式创新演化路径：以丹麦格兰富泵业为例 ………… 18
    2.1 引言 …………………………………………………………………… 18
    2.2 主要理论和文献回顾 ………………………………………………… 19
    2.3 制造业商业模式创新途径 …………………………………………… 21
    2.4 格兰富的案例介绍及其分析 ………………………………………… 24
    2.5 结论及展望 …………………………………………………………… 30
    参考文献 …………………………………………………………………… 31

第3章 从生态学视角看移动医疗行业的商业模式 ………………………… 33
    3.1 引言 …………………………………………………………………… 33
    3.2 移动医疗行业概况 …………………………………………………… 36
    3.3 移动医疗生态系统 …………………………………………………… 41
    3.4 移动医疗种群内部研究 ……………………………………………… 44
    3.5 总结 …………………………………………………………………… 47
    参考文献 …………………………………………………………………… 47

第4章 基于动态能力理论的动漫衍生品商业模式创新分析：以奥飞娱乐为例 ………………………………………………………………………… 48
    4.1 引言 …………………………………………………………………… 48
    4.2 背景 …………………………………………………………………… 49

- 4.3 文献综述 ··· 50
- 4.4 方法与资料 ··· 51
- 4.5 案例分析 ··· 52
- 4.6 总结与启示 ··· 58
- 参考文献 ··· 59

第5章 生态型商业模式的多层次协同效应模型：以万达文化产业为主的多案例对比研究 ·· 61

- 5.1 引言 ·· 61
- 5.2 文献综述 ··· 62
- 5.3 生态型商业模式与多层次协同效应模型 ································ 64
- 5.4 万达文化产业案例分析 ··· 66
- 5.5 基于生态与协同视角的多案例对比研究 ································ 72
- 5.6 结论与启示 ··· 77
- 参考文献 ··· 78

第6章 传统出版企业商业模式创新研究 ································· 80

- 6.1 引言 ·· 80
- 6.2 文献综述 ··· 82
- 6.3 设计新型商业模式分析框架 ··· 85
- 6.4 传统出版企业的新型商业模式设计 ······································ 94
- 6.5 研究结论 ··· 106
- 参考文献 ·· 106

第7章 商业模式隐性知识的间接反馈：基于商业模式冰山理论及反馈优化分析 ··· 109

- 7.1 引言 ·· 109
- 7.2 商业模式冰山理论及反馈优化分析模型 ····························· 110
- 7.3 商业模式隐性知识的内生化 ··· 113
- 7.4 案例分析 ··· 113
- 7.5 总结与管理启示 ··· 116
- 参考文献 ·· 116

第8章 光伏巨头SunEdison的破产原因分析：基于商业模式的视角 ········· 117

- 8.1 引言 ·· 117
- 8.2 SunEdison及其Yield Co基本情况 ····································· 118

8.3 SunEdison 破产原因分析 120
8.4 启示 123
参考文献 123

第 9 章 "互联网+加油"服务行业商业模式创新研究 124
9.1 引言 124
9.2 相关背景介绍 125
9.3 商业模式分析与对比 129
9.4 结论 133
参考文献 134

第 10 章 中美艺术品电商商业模式对比分析：以 Artsy 和 HiHey 为例 135
10.1 引言 135
10.2 相关背景介绍 136
10.3 6F-CET@I 商业模式分析方法 138
10.4 Artsy 和 HiHey 商业模式分析 140
10.5 结论与管理启示 145
参考文献 145

第 11 章 大学生消费金融商业模式分析：基于爱又米案例研究 147
11.1 引言 147
11.2 爱又米介绍 148
11.3 商业模式分析框架 149
11.4 商业模式分析 151
11.5 总结与启示 153
参考文献 154

第 12 章 商业模式可持续性分析：一个多案例研究 155
12.1 引言 155
12.2 文献综述 156
12.3 商业模式可持续性 158
12.4 案例研究 160
12.5 总结 163
参考文献 163

第 13 章 技术进步推动商业模式创新：以人工智能为例 164
13.1 引言 164

13.2 商业模式文献回顾 165
13.3 人工智能背景 166
13.4 商业模式创新理论基础与分析框架 167
13.5 多案例分析 168
13.6 管理启示与建议 172
参考文献 173

第 14 章 跑腿行业商业模式分析：以 TaskRabbit 为例 175

14.1 引言 175
14.2 背景介绍 176
14.3 商业模式分析框架 177
14.4 TaskRabbit 商业模式分析 179
14.5 结论 183
参考文献 183

第 15 章 企业边界与商业模式创新：基于多案例研究的发现 184

15.1 引言 184
15.2 理论回顾 185
15.3 研究设计 187
15.4 案例分析及讨论 188
15.5 启示 192
参考文献 192

第 16 章 网络直播平台商业模式 194

16.1 引言 194
16.2 背景介绍 195
16.3 商业模式理论 198
16.4 网络直播平台商业模式 199
16.5 网络直播平台现存的主要问题 204
16.6 网络直播平台的创新发展趋势与思考 205
参考文献 206

第 17 章 "新零售"商业模式分析 208

17.1 引言 208
17.2 "新零售"模式介绍 209
17.3 商业模式理论基础 210

17.4 "新零售"商业模式的隐性知识与显性知识分析 ……………………… 211
17.5 结论与启示 …………………………………………………………… 215
参考文献 …………………………………………………………………… 215

第18章 公租屋证券化：雄安新区房地产商业模式设计 ……………………… 217
18.1 引言 …………………………………………………………………… 217
18.2 文献综述 ……………………………………………………………… 218
18.3 冰山之上：传统房地产商业模式分析 ………………………………… 219
18.4 冰山之下：传统房地产商业模式下的利益关系 ……………………… 220
18.5 新型房地产商业模式：住房地产证券化模式 ………………………… 224
18.6 结论 …………………………………………………………………… 227
18.7 政策建议 ……………………………………………………………… 227
参考文献 …………………………………………………………………… 228

第19章 教育地产：多元化分析 …………………………………………………… 230
19.1 引言 …………………………………………………………………… 230
19.2 教育地产介绍 ………………………………………………………… 231
19.3 教育地产商业模式分析 ……………………………………………… 233
19.4 教育地产商业模式多元化分析 ……………………………………… 235
19.5 总结 …………………………………………………………………… 238
参考文献 …………………………………………………………………… 238

第20章 商业模式的利用式与探索式创新：以出行和物流行业为例 ………… 240
20.1 引言 …………………………………………………………………… 240
20.2 文献综述 ……………………………………………………………… 241
20.3 案例分析 ……………………………………………………………… 242
20.4 研究结论与启示 ……………………………………………………… 248
参考文献 …………………………………………………………………… 249

第1章

供应链金融平台生态商业模式分析：以京东金融和顺丰金融为例

随着平台型商业模式的发展，基于平台打造供应链金融服务体系已成为学术界和业界的共识，但对于该平台的商业模式分析和展望还缺乏从商业生态系统角度的分析。随着互联网+、产融结合、企业生态等理念的发展，供应链金融平台成为商业生态系统整合多个子系统的有力工具，在改善供应链整体资金流约束的同时，提高了物流效率和信息集成度。本章基于供应链金融平台商业模式分析，对供应链金融平台在商业生态系统中的整合机制进行了深入挖掘，通过网络平台系统有效整合底层子系统，利用供应链金融平台占据优势生态位，获取核心竞争力。通过对京东金融、顺丰金融两个案例的分析，阐释供应链金融平台在企业生态系统中的角色和整合作用。

1.1 引言

自20世纪80年代以来，随着新技术、新理念的发展和应用，经济结构、生产模式和服务模式均悄然发生变化，体现为供应链和价值链的变革，企业之间的竞争转变为供应链之间的竞争（Vokurka et al., 2002）。特别是随着商业生态系统理念的发展，供应链之间的联系越来越紧密，价值链逐渐向价值网络转变，竞合关系逐步取代单一的竞争关系，不同的利益关系体相互关联构成了商业共同体，成为企业生存发展的基础（Allee, 2000；Peppard and Rylander, 2006）。从供应链管理向生态系统管理的转变过程中，如何实现信息流、物流、资金流、商流有效整合是关系生态系统绩效的关键（Clarysse et al.，2014；Gawer and Cusumano，2014），也是解决资金流短板的关键。另外，随着企业分工模式的演变，价值增量较少的原材料供应、生产制造等环节向经济和金融欠发达地区转移，这些地区的供应链成员受限于自身实力和融资环境，资金流出现融资约束，随着传统供应链管理信息优化和物流优化的边际效益递减，供应链管理出现短板效应，影响着整个供应链的运营效率。因此，供应链管理的重心开始转变为基于财务供应链的信息流、物流、资金流的综合集成和优化，特别是在利用外部融资支持供应链内部成员发展方面（Pfohl and Gomm，2009）。供应链金融作为一种新的融资模式，对商业生态系统的支持不仅限于提供外部融资，其还可以作为系统性平台实现资源和能力整合，是搭建商业生态系统的有效工具。近年来，电子商务平台阿里巴巴、京东、苏宁等在供应链金融业务领域的战略布局正是对这一发展趋势的佐证。

电子商务平台、物流服务商、信息服务商等第三方平台在供应链金融业务领域崭露头角，这些平台充当了供应商和商业银行的信用中介，利用平台在数据衔接、收集、分析方面的优势，将供应链交易数据转化为商业银行的授信依据，加速了商业银行的信贷审批，优化了贷后管理流程。例如，京东为其供应商提供"京保贝"服务，供应商送货完成后，可以申请应收账款融资服务，京东指令银行或利用自有资金为供应商发放贷款，这一服务既加速了供应商资金回笼，又提高了京东的利润，实现了多赢。平台化商业模式提供了一个可以容纳多方交易者的平台，这类多边化的交易平台更有利于汇聚更多的参与者和资源，有利于实现资源的互补、要素重组和价值再造。银行、核心企业、物流企业、电商平台、信息服务商等都在致力于打造各自的供应链金融平台，通过平台链接融资需求方和融资提供方，实现对信息流、物流、资金流的有效管控，协调各个参与者之间的利益分配。

商业生态系统在优化企业价值网络方面的功能逐步凸显，企业需要厘清商业生态系统与供应链金融之间的关系，明晰供应链金融平台在商业生态系统中的作用机制，才能利用供应链金融平台在商业生态系统中赢得核心竞争力，进而提升整个生态系统的竞争优势。展望未来，以供应链金融平台为依托可以有效实现产业资本与金融资本有机结合，基于供应链金融平台的商业生态系统可以实现跨供应链、跨企业、跨部门、跨职能、跨区域的资源和能力整合，以平台链接商业生态各参与主体，实现信息流、物流、资金流、商流等的多流合一管理，实现实体业务与金融业务的螺旋上升发展，实现商业生态中多方共生发展。

本章从对供应链金融平台的商业模式分析出发，对基于供应链金融平台的商业生态进行了研究分析，阐述如何利用供应链金融平台优化商业生态系统中资金流，整合物流、信息流、商流和资金流，实现系统各参与主体的协同发展。通过对京东、顺丰供应链金融平台案例的分析，可以看出供应链金融平台在传统商业生态系统中的整合协同作用，是实现系统效率提升的有效工具。

1.2 理论基础

1.2.1 商业模式理论

商业模式及其创新是企业获取竞争优势，改变竞争态势的重要战略工具和手段（Casadesus-Masanell and Ricart，2010）。商业模式是一种包含四个相互关联的关键要素（客户价值主张、盈利法则、关键资源、关键流程）的商业逻辑，是企业系统性构建异质竞争力的战略工具（Johnson and Christensen，2008）。四种关键要素紧密联系，相互配合、协调为客户创造价值，并获取收益以维持企业的持续运作。从企业价值创造的逻辑角度看，商业模式创新是对这一逻辑的变革和创新，通过对客户、价值主张、价值网络、收入逻辑等构成要素（Teece，2010）本身或者组合的改变，优化价值链或价值网络的产出。价值链是从产品到销售的所有节点企业、组织协作共同形成的，以创造价值为目的的经济活动链条。自20世纪80年代以来，随着互联网技术、信息技术、云技术等新技术的推动，企业间传统的分工模式和协作模式发生了巨大变革，旧的价值链间的界限越来越模糊。竞争思维逐步转向竞合思维，价值链理念也逐步转向价值网络理论。新的商业价值开发模式跨界化趋势越来越明显，包含价值链的价值网络逐步成为分析商业生态系统的关键要素（赵道致和李广，2005）。

商业模式冰山理论（汪寿阳等，2015）认为商业模式是一个复杂系统，冰山的水上部分是易于分析的显性知识部分，冰山的水下部分则是难以分析的隐性知识部分，而隐性知识决定了商业模式的可复制性。传统的商业模式画布（Business Model Canvas）、魏-朱六要素等方法通常是用于分析显性知识的，对于隐性知识的分析不足，这也是这些模型无法独立用于分析互联网、金融、产业三者融合模式的关键瓶颈。Wang 等（2005）基于 TEI@I 方法论提出的 CET@I 方法论强调"先分解后集成"的思想，考虑了显性知识与隐性知识的有机结合；基于最近数十年来的国内外商业模式研究文献，结合国内外企业在互联网、金融、产业融合发展方面优秀的商业模式实践，深入分析各种商业模式的价值链和价值网络，创造性地提出了未来企业商业模式创新的全景分析图（汪寿阳等，2016）。因此商业模式创新的分析需要从商业系统角度进行分析才能比较全面地识别每个构成要素及要素的作用。商业模式创新通过价值网络的重构，对于企业生态系统中的物流、信息流、资金流、技术流、商流进行优化或重新组合，整合互补性的资源和能力，打造价值共同体。价值共同体不再是局限于纵向或横向的供应链层次，而是拓展为不同价值链集成的价值网络。

根据 Magretta（2002）的研究，商业模式的价值链从流程上由两个部分组成，一部分是与生产有关的活动，如设计、原材料采购、加工等环节，另一部分是与销售有关的活动，如顾客关系、销售渠道和售后等环节。生产相关的创新主要集中于对技术和流程的创新，而销售相关的创新活动则更多的与营销要素、营销方式等相关（Magretta，2002）。从构成价值网络参与者的角度看，可以分为核心节点组织和非核心节点组织。核心节点组织在价值网络中可以不止一个，但每条价值链中可以识别出一个核心节点组织，这些节点组织占据着价值网络的关键竞争位势，在生态系统中掌握着关键的资源和能力，决定着企业生态系统和价值网络的演进方向，核心组织的所有者可以由原有的非核心组织所代替，这一过程体现为商业生态系统的动态性。导致这一动态性的原因在于外部环境的不断变化，只有与环境高度匹配的新商业模式才能独占关键竞争位势，这也体现了商业模式创新的战略价值所在。

1.2.2 平台型商业模式

平台型商业模式是由供应方、需求方及相关服务提供方等多个利益相关者群体所构建的价值网络，以不同参与主体之间资源和能力的互补性形成的交易结构为依托搭建的多边交易平台（O'Reilly，2007）。该平台是资源和能力的整合者，实现了不同参与主体间的价值共创及共享，是构建多主体参与共享的商业生态系统（范保群和王毅，2006），产生网络效应，实现多主体互利共赢的一种战略。平台企业是平台的搭建者，通过平台将多参与主体联系在一起，平台本身并不直接生产产品和服务，而是服务于交易活动的形成和优化，降低交易成本。

平台型商业模式的特征体现为开放性、互动性、网络性、生态性。平台型商业模式的开放性体现为价值的创造、传递及获取依赖于多方参与者，保持对平台外部参与者的接纳，承载和加载外部资源与能力，打破企业、职能、业务边界，以平台为依托实现对不同资源和能力的创新整合。互动性体现在多方参与者的资源和能力以交易活动的形式实现互补和协同，不同参与主体之间发生着信息、物质和能量的传递，在互动的过程中实现价值共创。网络性体现在多方参与主体之间非独立和非线性的联系，多方参与主体依交易结构形成多条价值链的网状关联，单个参与主体的角色不局限于某一条价值链，而是在多条价值链中占据不同的位置，发挥不同的作用，通过价值链间的耦合效应实现平台系统的网络效应，这也是企业多元化经营导致的资源和能力的多元化的必然结果。生态性体现在平台系统多方参与主体与外部环境（经济环境、法律环境、技术环境、政治环境等）的相互影响方面，适者生存的自然法则同样适用于平台生态系统，参与主体之间不仅存在合作关系还存在竞争关系，外部环境的动态变化导致了参与主体及参与主体角色的更替，同时参与主体的交易活动也改变着外部环境，参与主体与外部环境之间的相互影响表现为平台系统的动态性。平台型商业模式的特征决定了平台企业需要基于平台搭建一个多方参与群体共生的商业生态系统，从经营单个企业转为经营整个商业生态系统，完善商业生态系统的成分和功能，维护系统中价值的创造、流动和分配的合理、高效。

平台型商业模式主要包含两个核心，即价值模式（冯华和陈亚琦，2016）和治理模式（程新章和胡峰，2005）。价值模式是平台生态系统存在的基础，而治理模式是价值模式能否实现的关键。价值模式主要包括价值创造、价值传递、价值获取和价值共享等四个方面，是多方参与主体协作、共生的基础。价值创造的过程始于价值主张的发现，通过对市场需求痛点的分析，识别出平台的服务对象和业务范围，服务对象创造产品和服务，平台服务于服务对象之间的交易活动，服务内容可以包括交易活动促成、交易支付结算、交易融资、交易担保等，通过对不同参与主体的资源和能力的整合保证价值主张的实现。价值传递的过程借助平台的网络效应聚集大量客户，通过整合线上线下全渠道满足客户的多样化需求，与客户形成互动。价值获取主要是平台系统中各参与主体的收入模式和成本结构是怎样的，区别于单一企业的价值获取关注点，平台系统中的价值获取有赖于参与主体之间的协作，以利益分配机制为工具优化系统整体收益；平台企业以服务增值为收益来源，通过规模效应降低单个客户的服务成本。价值共享体现为平台系统中的各参与主体构成的是一个商业生态系统，系统的市场竞争优势强于单一主体的竞争力，因此合理的利益共享机制有助于提升参与主体之间的协作水平，从而创造更大价值。平台型商业系统的价值模式需要建立在一定的生态治理模式之上。平台型商业模式搭建的是一个多方参与的商业生态系统，平台系统中价值活动的开展及价值要素的组合，均需要一套正式或非正式的治理制度和准则保障，协调多方参与主体的利益冲突，防止搭便车等机会主义，规范参与主体的行为，激发各参与主体的积极性和创造性，实现整体利益最大化。

1.3 供应链金融平台

1.3.1 供应链金融平台商业模式画布分析

纵观现有的供应链金融模式，无一不是建立在平台模式基础上开展融资业务，平台化模式已成为供应链金融发展的主导模式。供应链金融平台有利于汇聚不同的资源、能力及参与者，便于协调不同参与者之间的利益，实现资源和能力的互补，实现经营协同和财务协调，进而实现范围经济。供应链金融平台商业模式画布见图 1-1。

重要伙伴 ·商业银行 ·物流企业 ·核心企业 ·保险公司	关键业务 ·融资服务 ·平台管理 ·资本增值	价值主张 ·提供低成本、快速的融资服务	客户关系 ·融资导向 ·供应链协调	客户细分 ·供应链上下游有融资需求的中小企业
	核心资源 ·系统平台 ·大数据		渠道通路 ·线上平台 ·线下辅助	
成本结构 ·平台运营成本 ·市场拓展成本		收入结构 ·融资服务佣金 ·信贷利差 ·大数据增值服务收费		

图 1-1　供应链金融平台商业模式画布

在图 1-1 中，供应链金融平台的服务对象主要是存在融资约束的供应链上下游的中小企业。这些中小企业一般在供应链中处于弱势，一方面自有营运现金非常有限，另一方面下游企业普遍延期付款，较长的回款周期导致这些企业对于供应链外部融资有强烈的需求。供应链金融平台主张为这些中小企业提供低成本、快速的全融资服务，业务主要是针对这些中小企业的应收账款融资和动产融资。在平台运营渠道方面，针对中小企业融资需求"多频次、小批量、时间紧"的特点，单笔融资线下审核和监管成本较高，因此普遍采用线上化操作进行。供应链金融平台通过与核心企业 ERP（enterprise resource planning，企业资源计划）系统互联互通，实现对供应链中交易信息的审核，与核心企业存在直接或间接交易的上下游企业可以向供应链金融平台提出融资申请，在供应链金融平台审核信息后，在确认交易信息真实的情况下，与物流企业、第三方担保企业等合作，为上下游企业提供应收账款融资、库存质押融资、预付账款融资、支付结算等服务。线上化操作可以有效降低融资贷款审核、监管成本，使得供应链金融业务得以快速发展。作为连接融资需求方和融资提供方的桥梁，供应链金融平台既可以利用自有资本进行授信，又可以利用商业银行等金融机构的授信，极大地扩展了供应链中交易活动的增值服务范围，提升了融资服务水平。

在供应链金融平台商业模式中，平台的核心竞争力是信息整合评估能力、外部相关者整合能力及风险管理机制。由于供应链金融模式中主要依托核心企业的信用担保，风险实现了从中小企业向核心企业的转移，有效降低了信贷风险。平台更多的是扮演资源集成优化者的角色，特别是在供应链财务资金流方面。以服务实体交易为目标，将金融资本注入实体产业的运营中，有效提升供应链资金运营效率。金融的本质是追求收益与风险的均衡，在供应链金融平台模式中，金融资本可以依托独特的风险控制机制，实现稳定的收益，在融资服务的基础上拓展支付结算、资产管理等相关业务,整合金融机构原有的融资业务和金融工具,打造全金融服务生态圈。此外,供应链金融平台可以通过收取交易佣金、信息服务费、大数据服务增值费等方式获取利润。

供应链金融平台的发展不仅可以减少交易成本,降低交易风险,还可以通过参与各方资源和能力互补,实现价值创造倍增器的功能。通过打造以供应链金融平台为中心的交易共同体,核心企业可以整合供应链内外部利益相关者及其资源,以价值链为依据,优化企业分工,进而优化系统获取外部资源和能量的能力,提升整个系统的投入产出效率(丁爱琴,2003)。供应链金融平台解决了供应链上下游企业间的信息孤岛问题,使得银行等金融机构的资产可以通过供应链金融业务实现低风险投资,中小企业可以通过以非现金类流动资产获取较低的融资,核心企业可以优化运营效率和供应链管理水平,进而实现多方共赢的局面。

1.3.2 供应链金融平台生态

平台型商业模式是构建多主体参与、共享的商业生态系统的一种有效战略,不同主体之间资源、能力的互补可以产生网络效应,实现参与主体之间的利益协调,从而实现共赢。基于供应链金融平台的商业生态系统(图1-2)是产业生态与金融生态之间结合、迭代的产物,以平台为生态间互动的桥梁,实现不同生态、供应链、企业组织间业务流程的高度协同化,降低信息不对称、代理问题及间接交易引致的交易成本,进而对交易结构中的信息、物流、资金流、商流等实现综合集成,整体优化(成思危,2014)。

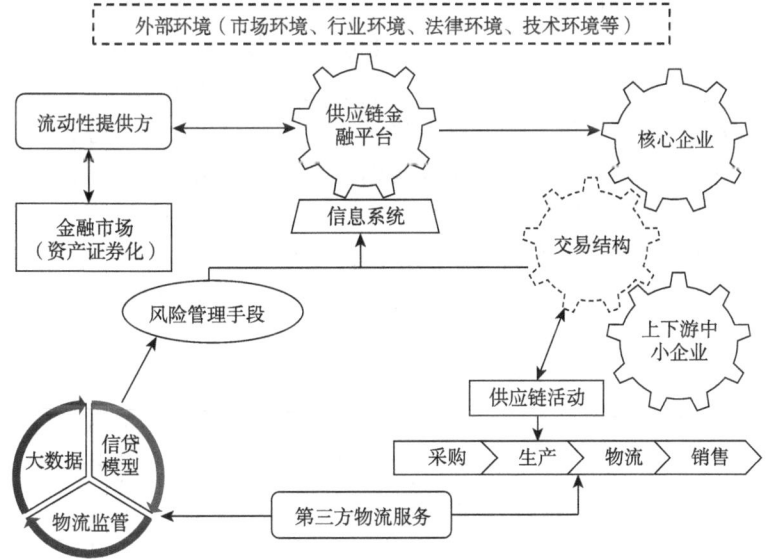

图 1-2 基于供应链金融平台的商业生态系统

从图1-2可以看出，供应链金融平台占据了商业生态系统的基础生态位（Pulliam，2000），是衔接系统中各个生态位的核心节点。由于供应链金融是产业资本与金融资本的有机结合体，供应链上下游企业间基于一定的交易结构形成供应链中的采购、生产、物流和销售等交易活动，不同的交易活动形成不同的融资需求。供应链金融平台依靠与核心企业间确立合作关系，掌握供应链中的交易结构及交易活动特征，依托核心企业的信用背书和交易信息真实性审核，引入第三方物流企业和保险公司等战略合作者，基于交易数据分析、物流监管及信贷模型的测算形成信贷风险评估报告。银行等流动性提供方基于供应链平台形成的风险评估报告及补充性担保协议，为订单、应收账款、库存等标的提供融资贷款，或者基于大数据形成的信用评估为融资企业提供信用贷款。银行等流动性支持方通过资产打包实现供应链融资贷款的资产证券化，将信贷风险在金融市场上转移、分散，加快了资金的周转速度。以上是供应链金融平台的基本业务架构，但并不是企业打造供应链金融平台的终点。随着企业集团产融结合的深化，特别是电商平台在跨地域、跨行业、跨组织的商业生态系统方面取得的快速发展，供应链金融平台越来越成为商业生态系统搭建的有效途径。

基于供应链金融平台的商业生态系统实现了从线性价值链节点管理向复杂价值网络集成的转变，行业界限、企业界限、职能界限及业务界限均在逐渐模糊，跨界融合和跨界创新成为商业生态系统的常态。价值网络强调生态成员之间的互动、共生及协同演进，成员之间的层级关系逐渐转变为横向关系，而且是以信息流、物流、资金流等交易要素的流动形成的复杂的网络关系。交易要素在价值网络中的流动需要基于一定的平台和机制才能实现相互结合，才能实现价值的共同创造（吴海平和宣国良，2002）。供应链金融业务的开展需要供应链上下游间的高度协作，依赖信息流、物流、资金流之间的各种组合，以资金流优化为契机对信息流、物流进行进一步优化，解决制约产业链、供应链中企业个体之间的信息鸿沟、支付结算延迟、产能与金融资源配置缺位等问题，提升商业生态系统的整体效率。

基于供应链金融平台的商业生态系统的生态结构可以分为底层系统、平台系统和网络整合系统等三个层次。底层系统指的是IT系统搭建、数据采集系统、支付场景搭建、业务匹配等基础性功能，是供应链金融生态圈的基石。供应链金融生态圈的构建必须在法律与金融监管合规的前提下，同时，供应链金融的场景搭建也需要时间布局。市场上一些企业的供应链金融业务仅仅是将供应链业务从线下简单搬到线上，忽略了供应链底层基础系统的梳理和强化，导致融资服务效率低下。生态系统底层的交易活动产生的融资需求才是供应链金融业务实施的场景。只有在这种场景构建下，培养中小型企业的线上交易习惯，才能真实地收集到底层交易数据，采集到企业个体的信用信息，然后运用大数据分析构建征信与风控体系。

平台系统是供应链金融发展壮大的关键所在。供应链金融平台发展的路径是在底层系统的基础之上构建综合性服务平台，成为跨企业、跨地区、跨产业的综合性金融生态的关键一环。根据产业链的特征，平台系统将由供应链交易平台、物流服务平台、风险管理平台及金融服务平台等四大平台组成。其中，供应链交易平台需要为风险承担者和流动性提供者提供必要的应用数据，如电子账单传递服务。物流服务平台则为风险承担者和流动性提供者提供必要的物流数据，以及提供动产质押融资中的动产监管服务，涉及货物的配送、仓储及赎回等环节，是供应链金融风险管理的重要一环。风险管理平台则拥有交易数据、物流数据、财务数据等形成风险评估的基础，将经过处理分析后的信贷评估数据传递给投资者以供其做出决策参考；这一平台将各类不同的经济主体有机结合在一起从事供应链金融活动。金融服务平台则由供应链金融中流动性的主要提供者组成，这一流动性平台将开展信贷资金发放、供应链金融产品定价及信贷回收等金融活动，这类金融服务平台上一般聚集了商业银行、投资机构、保险企业、保理机构、P2P（peer-to-peer，个人对个人）平台及小贷企业等流动性提供方。

网络整合系统是指对商业生态系统中的多个平台系统进行整合，形成以供应链金融平台为核心，多平台联动的价值网络。该虚拟系统的主要功能是将供应链交易平台、物流服务平台、风险管理平台及金融服务平台等平台进行整合，以供应链交易结构和融资业务逻辑厘清四个平台之间的功能互补特征，以四个平台间的信息流、物流、资金流、商流的高效组合为目标。除此之外，对于非金融企业搭建的商业生态系统，其主要任务是通过引入金融资本，支持实体产业又快又好地发展。从消费金融、互联网金融、P2P等融资模式的对比来看，供应链金融模式是与实体经济最为贴近、融合难度最低的融资模式，因此核心企业在构建商业生态系统时选取供应链金融平台为切入点更为适宜。消费金融是为供应链的最后一个销售环节提供信贷服务，有利于拉动消费，扩大销售规模，是供应链金融的组成部分。互联网金融和P2P等平台更多的是针对零散客户提供的融资和资本增值服务。这些非融资平台均可以被整合在商业生态系统中，与供应链金融平台相互配合，增强商业生态系统中实体产业的运营能力。例如，供应链金融平台形成的融资贷款可以经商业银行资产证券化之后，以理财产品的形式在互联网金融平台向社会公众销售，分散信贷风险；消费金融产生的账期成本可以由电商平台和供应商共同分担，相关的消费信贷也可以资产证券化之后在互联网金融或者供应链金融平台进行出售。

1.4 案例分析

本章选取两个典型企业的供应链金融生态系统对所提出理论模型进行解释和论证。目前互联网、供应链金融、产业三者融合的企业非常多,因此选取的供应链金融平台需要具有典型性和代表性。"京东金融"作为供应链金融生态的一个典型代表,代表了互联网企业与实体产业、供应链金融的创新结合。"顺丰"作为一个传统企业,也在致力于打造互联网、供应链金融、物流服务三者融合的供应链金融生态系统,是传统企业构建供应链金融生态系统的典型代表。因此本章选取这两个企业作为分析对象,从互联网、供应链金融、产业三者融合的角度,对两个企业的基于供应链金融平台的商业生态系统进行阐述和分析。

1.4.1 "京东"供应链金融平台

京东供应链金融服务上线时间是 2012 年 11 月,经过数年的发展,京东已构建起较为完善的基于供应链金融平台的商业生态系统。在京东金融成立之初,京东已经发展成为国内知名的 B2C(business-to-consumer,商对客)平台,拥有大量的供应商,因此其涉足供应链金融业务具有坚实的实业基础。在零售行业下游销售商往往对上游供应商采取延迟付款的赊销方式,账期一般为 1~3 个月,上游供应商对于资金回笼的压力比较大,影响着其下一步的采购和生产决策,进而制约着整个供应链的效率。京东供应链金融平台作为电商主导型供应链金融模式,其业务主要是为与其电商平台存在交易关系的供应商提供融资支持,如订单融资、入库单融资、应收账款融资、委托贷款融资等服务,改善供应商的融资约束,加速零售供应链中的资金周转。

图 1-3 描述了京东供应链金融平台的主要商业模式要素。京东作为国内领先的 B2C 电子商务平台,其具有规模庞大的供应商群体,且连接着上游各行各业的制造类企业,成为其供应链金融业务的主要客户群。电商平台及相关系统平台(如物流平台)增强了京东在供应链金融业务中的谈判能力,形成了较强的客户黏性,成为京东供应链金融平台的主要竞争力来源。此外,随着电商平台在大数据方面的积累,形成了京东供应链金融业务的隐性竞争力。电子商务平台的核心竞争能力是低成本的快速响应能力,京东通过自建物流体系可以实现快速的配送服务,而物流体系的打造需要大量的金融资本支撑,因此京东与商业银行等金融机构形成了良好的合作关系,并将这一关系延伸到对供应商的融资支持方面。基于多个平台的联动,京东为供应商提供了优质的线上供应链融资服务。

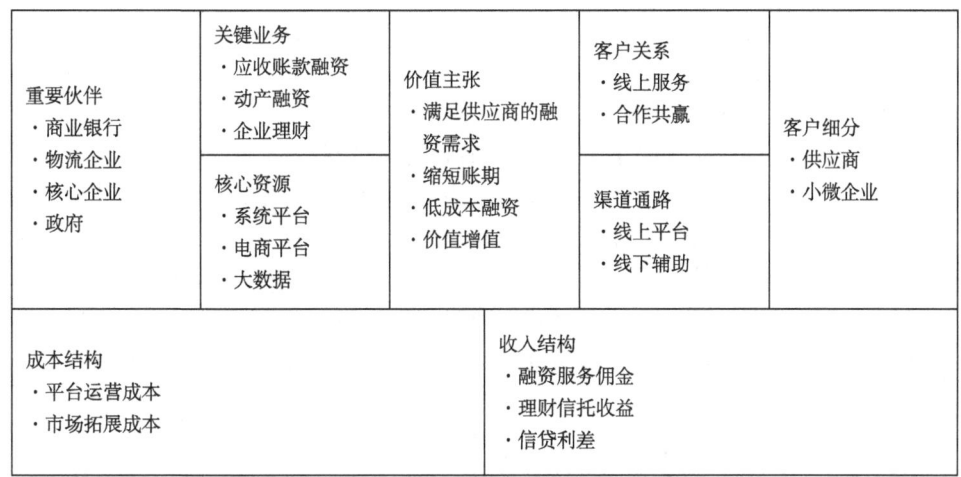

图 1-3　京东供应链金融平台商业模式画布

在京东提供的供应链金融服务体系（图 1-4）中，供应商首先与京东签署销售合同、货物单据、应收账款等商业票据，在第三方保险机构投保后，资金的发放就可以由银行完成，京东供应链金融平台扮演着供应商与银行之间授信的角色，这一角色有赖于供应商在京东电商平台上积累的长期交易数据。大数据分析为授信提供评价依据，形成了数据质押融资业务，同时京东电商平台作为部分账款的最终偿还者在融资交易中扮演着变相担保者的角色，形成了电商平台与供应链金融平台的有效结合。

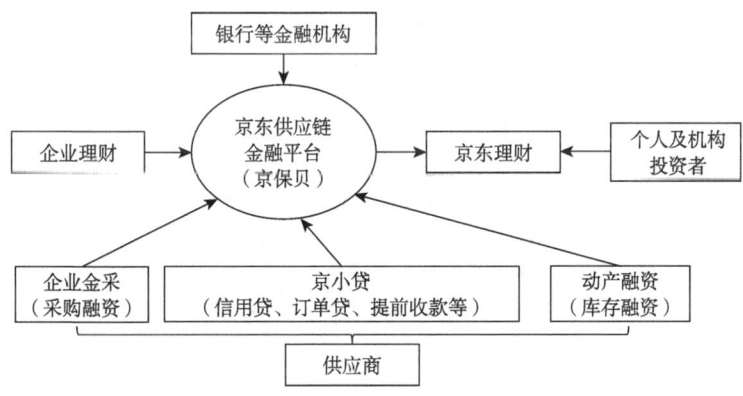

图 1-4　京东供应链金融平台业务生态

企业金采是京东金融通过信用风控体系评估后，为优质企业客户推出的一款先采购、后付款的金融支付产品。企业客户在订单支付时，选择企业金采支付，在可用额度范围内，完成购买和支付流程

与此同时，京东供应链金融平台系统还加入了资产包转移计划和信托计划，实现融资与投资的结合。其中，资产包转移计划是指供应商需要将应收账款做质

押或者转卖给商业银行获取贷款，银行再将应收账款贷款以理财计划的形式转售给京东或者其他供应商来获得理财收益，在应收账款到期之后，京东付款给供应商，然后供应商还款于银行。之后，京东又可以根据与银行达成的信托协议将相应的理财产品通过京东理财平台社会化销售获得投资收益。整个过程实现了变相的资产证券化，全程以供应商的应收账款为质押物，衍生出资产包转移计划和信托计划，实现了资金流的加速周转。除此之外，京东进行供应链金融业务的资金还可以来自大量的沉淀资金，由于京东与上游供应商之间存在账期，而京东向消费者销售一般为现款现结，虽然京东为消费者提供了一些消费信贷，但主流消费还是现款现结。大量的沉淀资金为京东开展供应链金融业务，以及其他互联网金融业务提供了充足的现金流。

以京东为代表的网络平台商不仅仅是产业链的核心参与者，更是一个产业生态环境的缔造者，规则和标准的制定者。一方面，京东通过多个平台结合，有效整合多方参与者，降低了零售供应链中的融资成本，加快了京东商业生态中的资金周转速度，提升了整个价值网络的运营效率；另一方面，由于京东平台多平台的关联机制及平台的网络效应，平台参与者（特别是小微企业和个人）具有较高的转换成本，因而不会轻易违约，从而降低了京东供应链金融业务的违约风险。

京东供应链金融的发展轨迹是沿着B2C平台衍生出来的供应链金融生态圈。在该生态圈中，以京东商城的自营电商为核心企业，以京东供应链金融平台为生态系统基础，以京东物流和交易数据为支撑，通过采取开放服务模式，整合外部的银行、保险企业、供应商等生态参与者，完成电商价值链与供应链金融价值链的结合，实现信息流、物流、资金流、商流的多流整合优化。

1.4.2 "顺丰"供应链金融平台

顺丰是一家以物流为主业的企业，经过二十多年的发展，其业务涵盖了物流、金融、电子商务等多个领域，业务模式呈现信息流、物流、资金流融合发展的趋势。顺丰的金融业务始于早期的物流服务保价和代收货款等增值服务，发力于2010年8月试水电子商务业务时所推出的支付工具"顺丰宝"。经过数年发展，已形成支付、理财、保价、保险、供应链金融等多项金融业务。在众多金融业务中，顺丰金融真正具有优势的领域是供应链金融。顺丰在交易数据、物流信息、系统对接、监控系统等四个方面的建设为供应链金融业务的开展奠定了基础。

从图1-5可以看出顺丰供应链金融平台商业模式的主要构成要素。由于顺丰是一家物流企业，其不是供应链金融中的核心企业，主要服务于供应链金融上下游企业间的物流需求，因此积累了丰富的客户资源，主要客户是供应链中的供应商及其 B2C 平台的电商客户。目前顺丰服务于 3 000 多家供应商, 涉及 3C[①]电子、医疗、生鲜、快速消费等行业, 并针对每一个行业形成了比较成熟的物流解决方案和比较固定的客户群。完善的物流服务体系、自建的电子商务平台构成了顺丰供应链金融业务开展的实体基础, 形成了顺丰打造供应链金融生态闭环的基础, 是顺丰开展供应链金融业务的核心竞争力; 基于物流服务体系和电商平台形成的大数据库为供应链金融业务开展提供了信息支撑。由于账期导致的融资约束问题, 顺丰供应链金融平台致力于快速、低成本地满足这些客户的动产融资需求。由于顺丰在物流服务过程中与众多核心企业建立了紧密的合作关系, 在一定程度上掌握了诸多供应链、产业链上下游企业间的交易往来物流信息及物流仓储, 基于这些交易数据和物流信息, 可以较准确地判断融资企业的交易结构和信用状况, 进而提供有针对性的融资服务。顺丰供应链金融平台结合这些客户在仓储、速运、冷链、支付结算等方面的业务数据, 构建客户信用数据库, 并依靠其在物流控制方面的能力降低融资贷款的偿还风险。由于目前顺丰的供应链金融资本来源主要是其自有资金及理财平台资金, 因此其供应链金融平台的收入主要来源于融资服务佣金和信贷利差。

重要伙伴 ·核心企业	关键业务 ·保理融资 ·仓储融资 ·订单融资 ·信用融资 ·企业理财	价值主张 满足供应商的融资需求 ·缩短账期 ·低成本融资 ·价值增值	客户关系 ·O2O[1)] 服务 ·合作共赢	客户细分 ·供应商 ·电商客户
	核心资源 ·物流体系 ·电商平台 ·大数据		渠道通路 ·线上平台 ·线下辅助	
成本结构 ·平台运营成本 ·融资审核处理成本 ·资金成本			收入结构 ·融资服务佣金 ·信贷利差	

1) O2O (online to offline, 线上到线下)

图 1-5 顺丰供应链金融平台商业模式画布

纵观顺丰金融的商业模式 (图 1-5) 及各类融资业务 (图 1-6) 可以看出, 其基于其实体主业展开。顺丰作为一家物流企业, 其在物流金融方面有较大优势, 在应收账款融资、仓单融资等业务领域有深耕基础。目前其主要开发了针对电商平台商户的顺丰 E 贷, 针对顺丰及顺丰客户上游供应商的保理融资与订单融资,

---

① 3C, 计算机 (computer)、通信 (communication)、消费类电子产品 (consumer electronics)。

针对企业客户的融资租赁，针对顺丰员工的伙伴车辆融资租赁，以及针对在顺丰仓和监管仓中有库存的融资客户的仓储融资。支付业务是基于电商和快递相关的场景，供应链金融与融资租赁主要基于顺丰物流业务形成的订单、仓储库存、运输设备等资源，以及电商运营形成的数据资源，利用数据资源判断商户的信用状况，利用订单、仓储库存等资源为融资业务提供质押方面的保障，从而降低业务风险。这一系列的融资业务围绕供应商和客户的业务来往展开，基于这些业务做支付、供应商贷款等金融业务顺理成章。由于顺丰仅是物流服务商而非供应链核心企业，因此在深耕细分行业的供应链金融业务时采取与核心企业合作的方式开展供应链金融业务。此外，由于顺丰金融是基于自身业务资源来开展的，自身业务生态能做到多大，很大程度上决定了其供应链金融平台的发展规模。

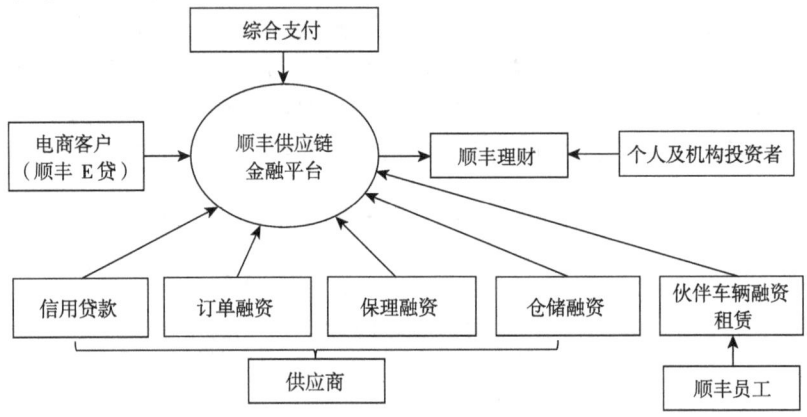

图 1-6　顺丰供应链金融平台业务生态

总结这几年顺丰金融的发展思路，主要还是基于主业形成的资源优势来为金融提供场景和风险控制方面的支持。

顺丰金融是比较典型的产融结合的模式，各项业务基本都是围绕主业与自身场景来展开，而与自身场景关联不大的业务则通过合资来尝试，如入股"中顺易金融"做理财与消费服务。这样的思路对于一家主业为非金融的企业而言应该说是合适的，毕竟发展金融业务，控制风险才是第一位的。这样的节奏也注定顺丰的金融业务发展不会太快，规模难以企及蚂蚁金服、京东金融。

另外从更深层次的角度看，目前顺丰并没有像阿里巴巴、京东等互联网企业一样把金融业务提高到与主业并驾齐驱的地位，快递物流业务才是企业立命之本，金融只是主业的辅助。打造涉及互联网、供应链金融、实业的企业生态系统是顺丰金融未来的发展战略。实施业务相关多元化、金融服务化和资产证券化等三大战略，实现子战略之间的互相支撑，才能发挥整体战略协同效应。

1.4.3 "京东"与"顺丰"供应链金融生态对比分析

比较分析京东供应链金融与顺丰供应链金融的商业模式,可以看出二者均是基于信息系统搭建的平台模式,借助互联网技术实现供应链金融对产业的支持作用,借助平台汇聚信息流、物流、资金流、商流,通过不同价值流之间的结合实现经营协同和财务协同。在两个案例中,均可以看到供应链金融平台对于实体主业的依赖性,主业的兴衰在一定程度上影响着供应链金融生态的运行效果。这一事实一般化为,核心企业对于供应链金融平台乃至金融生态系统的关键性作用。虽然供应链金融平台不只覆盖一个核心企业,但针对每一个核心企业的供应链金融方案都应沿着其特有的价值链进行,价值链之间虽有交叉,但交叉的基础是业务逻辑,即业务之间的关联,特别是在资源和能力的互补性方面。

供应链金融产生的基础是企业的融资性约束,而融资性约束很大程度上来源于供应链上下游之间的账期问题,在京东和顺丰两个案例中都可以看到强大的核心企业对于供应链上下游的影响。有所不同的是,京东本身是供应链中的核心企业,而顺丰仅是服务于核心企业的物流企业,因此二者在供应链中的话语权不同,业务开展模式也有所不同。京东主要是为其供应商或平台电商提供融资服务,由于这些资金需求者在京东电子商务平台都有较长的销售记录,且资金的流动都是基于京东的支付结算平台,因此其供应链金融业务开展过程中,相对供应商拥有更多的话语权,融资风险也因京东对结算账户的控制力而降低。但对于顺丰而言,由于顺丰供应链金融平台的客户基本是有物流、仓储等需求的供应商,物流、收款、结算等业务均是基于供应商的委托,因此相应地话语权有所降低。而且顺丰在供应链金融资金来源方面主要依赖自身,与银行等金融机构的合作还相对较弱,在对供应链融资贷款的变相资产证券化方面还有较大的提升空间,在产融结合的探索方面还有待厘清发展路径。

纵观京东和顺丰的供应链金融业务,可以看出二者都旨在打造基于供应链金融平台的商业生态系统。利用资金流管控商业生态系统,加速货物、信息在系统中的流动,集聚匹配商流和客流,提高资产、资本的周转速度,提供更多增值服务,保持系统的不断进化能力和市场竞争力。两个案例均实现了实体产业与供应链金融资本的有效融合,以金融资本促进实体产业的发展,以实体产业为金融资本提供资本增值的机会;借助于互联网技术,发展相关的消费金融等互联网金融业务,加速供销流程中资金的周转速度,提升价值网络的价值增值能力。

1.5 结语

以平台型商业模式为代表的商业生态正在席卷各个行业,生态系统中信息流、物流、资金流和商流的流动方式、交易方式及要素组合方式等都发生着重大变化。对于这些变化的应对之策,可以选择从供应链金融的角度搭建商业生态系统。原因在于供应链金融作为产融结合的一种模式,其不仅根植于供应链管理,还有效整合了内外部金融资源,以供应链业务层逻辑为基础,以信息系统、管理系统等的对接为手段,以金融资源优化配置为导向,以实现价值网络中参与者整体的价值最大化为目标。

供应链金融业务以平台模式在商业生态系统中扮演着资源整合者的角色,该角色的实现有赖于底层业务系统、平台系统和网络整合系统的完善。底层业务系统的信息化及重新组合可以有效解决企业间的信息孤岛问题,降低企业间交易活动的成本。平台系统发挥中介作用,聚合各方资源,为资源之间的互补和交换提供中介,特别是通过平台在信息收集方面的优势,降低中小企业的融资难度。网络整合系统通过将供应链信息平台、交易平台、物流服务平台以及金融服务平台等多方平台进行整合,实现不同业务系统间的运营协同和财务协同。其中,供应链金融服务可以底层业务逻辑为基础,以平台为手段,满足交易活动中的融资、支付结算和资本增值等需求。通过将供应链金融平台融入商业生态系统中,有效将多方参与者的利益绑定,依托其中的核心企业链接生态链上下游的中小企业,发挥核心企业的信用倍增器功能,实现融资贷款的风险控制。企业商业生态系统通过搭建供应链金融平台有效整合了内外部资金资源,加速了资金流转速度,同时有效提升了系统内物流、信息流、商流的活跃度,提高了系统整体的市场竞争力。

供应链金融商业生态系统是供应链金融发展的高级阶段,在这一阶段产业生态与金融生态循环迭代。实体产业历经交换—生产—流通—交换等过程,通过循环实现资本增值(成思危,2014)。产业中物质和能量的流动主要依赖货币作为价值媒介,货币则主要存在于金融市场。供应链金融本身就是为实体产业服务的,是金融资本和产业资本有机结合的一种模式,借助互联网技术可以低成本、高效、创新性地加速二者的融合。

(本章作者:蔡强,胡毅,乔晗,汪寿阳)

参 考 文 献

成思危. 2014. 信息化与虚拟商务[J]. 管理评论, 26（7）: 3-8.
程新章, 胡峰. 2005. 价值链治理模式与企业升级的路径选择[J]. 商业经济与管理,（12）: 24-29.
丁爱琴. 2003. 企业财务系统的耗散结构论[J]. 财会通讯,（4）: 12-15.
范保群, 王毅. 2006. 战略管理新趋势: 基于商业生态系统的竞争战略[J]. 商业经济与管理,（3）: 3-10.
冯华, 陈亚琦. 2016. 平台商业模式创新研究——基于互联网环境下的时空契合分析[J]. 中国工业经济,（3）: 99-113.
汪寿阳, 敖敬宁, 乔晗, 等. 2015. 基于知识管理的商业模式冰山理论[J]. 管理评论, 27（6）: 3-10.
汪寿阳, 乔晗, 胡毅, 等. 2016. 商业模式全景图[M]. 北京: 科学出版社.
吴海平, 宣国良. 2002. 价值网络的本质及其竞争优势[J]. 经济管理,（24）: 11-17.
赵道致, 李广. 2005. 网络组织向商业生态系统的进化[J]. 工业工程, 8（1）: 24-28.
Allee V. 2000. Reconfiguring the value network[J]. Journal of Business Strategy, 21（4）: 36-39.
Casadesus-Masanell R, Ricart J E. 2010. From strategy to business models and onto tactics[J]. Long Range Planning, 43（2~3）: 195-215.
Clarysse B, Wright M, Bruneel J, et al. 2014. Creating value in ecosystems: crossing the chasm between knowledge and business ecosystems[J]. Research Policy, 43（7）: 1164-1176.
Gawer A, Cusumano M A. 2014. Industry platforms and ecosystem innovation[J]. Journal of Product Innovation Management, 31（3）: 417-433.
Johnson M W, Christensen C M. 2008. Reinventing your business model[J]. Harvard Business Review, 87（12）: 52-60.
Magretta J. 2002. Why business models matter[J]. Harvard Business Review, 80（5）: 86-92.
O'Reilly T. 2007. What is web 2.0: design patterns and business models for the next generation of software[J]. Social Science Electronic Publishing, 97（7）: 253-259.
Peppard J, Rylander A. 2006. From value chain to value network[J]. European Management Journal, 24（2~3）: 128-141.
Pfohl H C, Gomm M. 2009. Supply chain finance: optimizing financial flows in supply chains[J]. Logistics Research, 1（3）: 149-161.
Pulliam H R. 2000. On the relationship between niche and distribution[J]. Ecology Letters, 3（4）: 349-361.
Teece D J. 2010. Business models, business strategy and innovation[J]. Long Range Planning, 43（2~3）: 172-194.
Vokurka R J, Zank G M, Iii C M L. 2002. Improving competitiveness through supply chain management: a cumulative improvement approach[J]. Competitiveness Review, 12（1）: 14-25.
Wang S Y, Yu L, Lai K K. 2005. Crude oil price forecasting with TEI@I methodology[J]. Journal of Systems Science and Complexith, 18（2）: 145-166.

第2章

制造企业商业模式创新演化路径：以丹麦格兰富泵业为例

随着信息技术的日新月异，全球化水平的不断提高，现代制造业有着明显的向信息产业和服务业融合的趋势。对于现代制造业的商业模式，众多学者的研究从信息化与服务化的角度对制造业商业模式创新进行诠释。本章通过对相关研究进行梳理和对格兰富（Grundfos）商业模式演化案例的分析，提出制造企业通过数字化促进企业服务价值提升的商业模式创新路径。

2.1 引言

传统的对于制造业的理解是：对制造资源（物料、能源、设备、工具、资金、技术、信息和人力等），按照市场要求，通过制造过程，转化为可供人们使用和利用的大型工具、工业品与生活消费产品的行业。基于传统制造企业先天的特点，传统制造业的商业模式存在三点固有的缺陷，具体表现在：①收入渠道单一，顾客忠诚度较低，经营风险高；②固定投资大，运作成本高，难以适应快速变化的市场；③运作过程环节多，核心竞争力不突出（汪蓉等，2002）。随着计算机、电子信息、互联网等高新技术及先进管理技术的飞速发展，传统制造业正在不断向现代制造业转变。现代制造业是我国经济结构调整过程中提出的新的产业概念。与传统制造业相比，现代制造业更加强调以知识和技术为投入元素，即应用现代技术、现代生产组织系统和现代管理理念所进行的，以现代集成制造为特征、知识密集为特色、高效制造为特点的，技术含量高、附加值大、产业链长的产业组织体系。

伴随现代制造业的不断发展，制造业商业模式同样出现了各类创新。国内外学者针对现有制造企业不同的商业模式进行了诸多研究，总结出在产业融合、产业边界日益模糊的背景下，类似制造业不断信息化，现代制造业也在向服务业快速转型，体现出越来越明显的服务化倾向。在此过程中，随着制造企业服务化程度的不断提高，其在实施过程中会遇到多种内外部的挑战：从企业内部角度，企业由产品提供转为服务提供导致内部对企业盈利的猜疑（Gebauer et al.，2007），引起企业文化的转变和员工对不同阶段服务化的抵制（Mont，2002；Baines et al.，2007），不愿承担服务提供过程中用户使用环境的风险（Aurich et al.，2009）。另外，客户认为产品相关服务应为免费而非收费（Witell and Löfgren，2013），对于服务提供的不配合（Matthyssens and Vandenbempt，2008）。以上挑战导致了服务化推进的困难重重。

针对以上问题，本章首先对有关商业模式服务化的研究内容进行回顾，就制造企业信息化与服务化相结合的趋势，提出制造业商业模式创新的路径。之后本章通过对丹麦水泵制造企业格兰富进行案例研究，对其商业模式创新进行了梳理。此外，本章在研究过程中采用基于商业模式冰山理论的 RCOV+PEST[①]模型进行分析，将格兰富商业模式的内部因素与外部环境进行综合分析，解释格兰富进行商业模式创新的外部企业内外部动因，为制造企业管理者带来新的启示。

本章第二部分是主要理论和文献回顾，第三部分是制造业商业模式创新途径，第四部分是格兰富的案例介绍及其分析，第五部分是本章的结论及展望。

2.2　主要理论和文献回顾

自 1997 年以来，商业模式的研究逐渐增多。起初，商业模式研究主要和电子商务、互联网等信息科技的发展带来的商业流程再造相关。由于当时的商业模式研究均是以技术作为导向，因此学者们最开始将商业模式看作信息技术进行商业运用过程中的商业流程设计。但由于在流程设计过程中，涉及组织管理、企业决策等企业职能，传统单从技术出发的角度并不能很好地融合以上内容，一部分学者从组织管理和设置的角度，对基于价值链的商业流程再造进行了诠释，提出组织变革是商业流程重塑的有效途径。由于该类学者将商业模式看作整个公司的抽象集合，因此商业模式的概念开始从单纯技术的商业运用流程，逐渐过渡到涵盖了组织的部分管理功能。Al-Debei 等（2008）在其研究中提到，随着商业模式研

---

① RCOV：resource and components（资源和能力）、organization（组织）、value propositions（价值主张）；PEST：political（政治）、economic（经济）、social（社会）、technological（技术）。

究逐渐引入了组织管理的功能，商业模式的概念开始同时涉及公司的结构设计。由于技术导向型学者的研究模式需要，他们将商业模式分割为不同的元素进行研究，进而形成了当前对商业模式研究进行元素分类的研究形式。

2000年之后，随着战略管理研究的发展，商业模式研究受到了企业战略的影响，学者们逐渐认识到企业战略决策对于商业模式的形成具有一定的影响，学者们逐渐采用战略管理的研究思路，将商业模式定义为企业战略的实施环节，并认为商业模式的目的与战略一样，其目的是帮助企业获得竞争优势。通过战略管理理论的支持，一部分战略管理学者开始逐渐采用商业模式的概念，扩充战略管理研究。从商业模式研究的角度，战略具有企业运营不可分割的运营指导作用，因此在研究中不可避免地需要设计企业战略的内容。但从现今全球化、网络化的特点上看，商业模式研究并不单纯是针对某一企业的研究，而是介于公司业务、公司、公司之间的研究。基于以上对商业模式现有研究的综述和商业模式与企业战略之间的关系，本章在此提出商业模式是指对企业进行价值创造过程中，企业内部（企业运营、企业战略、资源能力等）和企业外部（外部环境、客户、竞争者、合作者、供应商等）互相作用的系统性刻画。

商业模式研究中由于涉及企业战略选择和实施的部分内容，企业外部环境对企业战略的选择具有重要的作用。在商业实践中，企业在进行商业模式创新的同时，外部环境的变化也是重要的考量因素。但当前商业模式研究方法极少对外部环境因素进行分析，对应以上问题，汪寿阳等（2015）提出了商业模式冰山理论：其将商业模式作为复杂系统，并从知识管理的角度，将构成商业模式的知识分为显性和隐性两部分。该研究将商业模式中易于分析的知识，即通过商业模式画布、多要素分析模型等方法能够刻画的知识，定义为商业模式的显性知识；将并未包含在分析工具中的其他因素，如组织内外部环境、企业文化、技术、行业类别等对商业模式具有影响，但其影响机理尚不明确或现有研究中并未考量的因素，作为商业模式中的隐性知识。

通过商业模式冰山理论，能够对企业进行商业模式创新的内外部动因进行完整刻画，从而更为整体地研究企业商业模式的创新过程，进一步为企业管理者带来新的启示。基于商业模式冰山理论，本章采用RCOV模型（图2-1）对商业模式显性知识进行刻画：RCOV模型是由Demil和Lecocq（2010）基于Penrose对资源基础观的改进，提出商业模式主要由资源能力（resources and competences）、价值主张（value proposition）、组织内外部结构（internal and external organization）三大要素组成，三大要素分别对应企业的利润（margin）、收入的总量和结构（volume and structure of revenues）、成本结构（volume and structure of costs）。与其他分析框架不同的是，RCOV模型强调三大要素之间互相影响，从而促进了商业模式的演化。对于其演化过程，Demil和Lecocq（2010）将其放入3×3的矩阵当中进行具体的分析,并对英格兰足球超级联赛阿森纳足球俱乐部商业模式的转化进行了分析,得出其商业模式的成功源于对内部资源、价值主张、组织结构的重新调整。

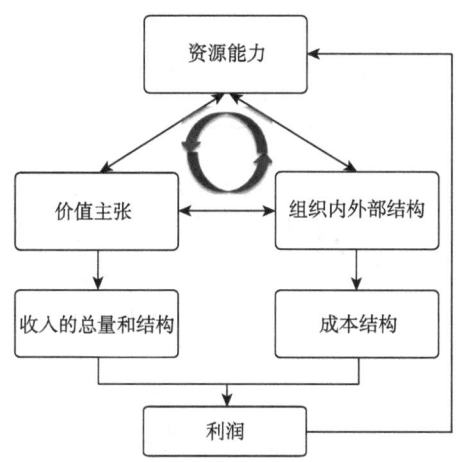

图 2-1　RCOV 商业模式分析框架

除此以外,本章采用 PEST 分析刻画企业外部环境的变化,由于 PEST 模型涵盖了外部环境的大部分因素,在商业模式分析过程中,主要用于刻画外部环境对企业内部变革的推动作用。与战略选择不同,PEST 在此更多的是刻画对企业资源能力、价值主张、内外部结构的影响。通过 PEST 与 RCOV 的整合,刻画企业外部环境与内部因素之间的联动,从而对商业模式创新过程中要素之间的影响提供进一步的讨论。

2.3　制造业商业模式创新途径

由于制造业企业在进行服务化过程中,基于外部环境、所处行业、竞争优势等不同,采取不同的服务化方式。国外学者在研究中,针对不同的服务化方式,基于不同视角提出多种分类。其中 Oliva 和 Kallenberg(2003)基于企业竞争优势的视角,将制造业企业服务化的业务模式分为基于产品自身和基于产品功能两类,提出产品售后服务、细分市场服务、定制化服务、整体方案服务的服务化四阶段路径。该研究中对制造业企业服务化分类较为简化,并具有普适性。本章在此分类基础上,根据一般制造行业发展规律,将制造业企业的价值主张总结为产品提供、价值提升、效率提升三个不同类型,并对应地将服务进行分类(表 2-1)。

表 2-1 制造业企业服务化分类

价值主张	关注点		
	产品价值	服务价值	相关环节
产品提供	产品售后服务	用户使用服务	售后
价值提升	产品价值提升	定制化服务	生产、销售
效率提升	产品效率提升	整体方案提供	设计

（1）产品提供：该阶段中，企业基于用户对基本功能的要求，提供具有基础功能的产品，满足用户需求。在该阶段中，主要提供的服务以售后为主，包括产品的维修、零配件供应等。在该阶段，企业通过使用建议、使用问题反馈等用户使用过程中的配套服务，获取产品改进的信息，改进用户使用过程中的体验，为用户完整地提供产品基本功能。该阶段企业服务化的主要环节为产品的售后环节，保证基本功能。

（2）价值提升：随着用户对产品基本功能要求的满足，基于产品的要求越来越高，出现个性化的需求。制造企业在此基础上，对产品功能、设计等环节进行进一步的改进，从而提升单位产品为用户带来的价值。该阶段企业主要提供基于基本产品的附加价值，如附加功能（多功能可视化面板、远程控制等）的添加、细分产品线、业务分离等。该阶段的服务理念，主要是为用户提供定制化的服务，以满足用户个性化需求，降低用户使用成本。该阶段，除售后环节外，企业服务化加入了产品的生产和设计环节，确保不同类别用户的需求得到满足。

（3）效率提升：由于用户使用产品，是通过产品获取相应的使用价值，而非该产品本身。企业通过不断更新技术，对应行业技术水平和环保标准的提升，价值主张逐渐转变为提升效率：通过降低运行成本，进而更有效率地为用户提供价值。基于用户对于功能的特殊需求，配置相应的解决方案，完全对接用户的特殊需求。该阶段中，企业转变原有的"设计—生产—流通"的产品服务方式，从特殊用户的需求出发，提供"需求—设计—安装—使用"的服务方式，服务化程度进一步提高。

本章认为制造企业能够通过加强信息化程度，以促进企业服务化的水平。在此，本章所指的信息化是使用信息科技链接个人、系统、公司、产品和服务的主要方式，其能够帮助制造企业提升绩效和扩展业务。根据本章之前的分析，由于企业服务化过程中涉及不同的环节进行服务化，而在不同的环节会产生不同类型的数据。

表 2-2 是制造企业在不同流程中产生的数据及其信息化途径。由于制造企业与服务企业不同，其主要价值传递依然是通过产品、产品和服务捆绑的形式。因此其产品从"设计—生产—销售—售后"，保存有主要的设计标准、生产规范、销

售渠道数据及用户投诉、建议数据等。以上数据在积累中，要求制造企业进行相应的数据处理和管理。根据不断出现的数据，企业的以下能力会有所提高。

表 2-2 制造业企业信息化

主要环节	产生数据—对应系统—企业能力		
	产生数据	对应信息化相关系统	企业能力
设计	设计数据库	CAD、模块化	设计—服务
生产	生产流程数据	ERP、RFID、智能制造	风险管理、质量管理
销售	销售	互联网、电子商务	销售人员和渠道管理
售后	用户反馈	物联网、数据挖掘	产品全生命周期管理

注：CAD（computer aided design，计算机辅助设计）；RFID（radio frequency indentification，射频识别）

（1）设计—服务：制造企业通过采用模块化方式，将原有产品主要部分分割为不同的模块，并通过 CAD 系统，能够依据不同的模块和功能，形成相应的数据库，并在未来使用中，采用不同的模块进行组合，从而提高企业设计效率。由于模块化产品中，不同模块具有不同功能，将不同模块的功能进行抽象化，并按照用户需求进行功能组合，能够为用户提供整体解决方案的设计。

（2）风险管理、质量管理：企业生产过程中由于环节的不同，会产生各种不同的未知性，因此面临不同的风险。企业在进行生产管理的过程中，会尽力将生产环境中的不确定性和风险降低，从而达到一定的产品合格率。在此过程中采用 ERP 对企业生产进行计划，对企业生产资源进行分配，并采用 RFID 芯片对每件产品的生产流程及相关指标进行记录，能够对企业生产过程中涉及的人员、材料供应、操作流程、相关设备、涉及工艺等进行有效控制，从而提高产品合格率，提升企业进行质量管理的能力，降低企业因为不良产品带来的风险。除此以外，在生产环节采用智能制造技术，用机械代替传统人工对生产进行控制，能够带来更高的生产精度，同时根据用户定制化的需求，在生产流程上进行特定的改进，为用户生产对应需求的产品，提高企业的生产效率。

（3）销售人员和渠道管理：随着互联网和电子商务的普及，网上销售已经占企业越来越多的销售份额。通过在销售渠道中采用互联网和社交媒体的方式，能够与用户更好地进行互动，从而了解用户的需求。由于采用互联网销售的方式，相较于传统线下渠道和门店的销售方式，其对销售、安装等环节的人员要求更为灵活，同时，传统的销售理念是对产品进行销售，而在服务化过程中更多的是将产品与服务相结合，捆绑对消费者进行销售，对企业在人员管理上的要求更高。同样，在企业为客户提供相应服务时，由于网上销售带来的客户分布更为分散的特点，对企业人员、服务提供渠道的管理提出了更高的要求。在此过程中，将渠道、相关人员分配，与用户产生的需求信息相对应，并根据产品相关信息提前对服务需求进行预测，能够提升为用户服务的效率，从而进一步提高企业服务的质量。

（4）产品全生命周期管理：传统的制造企业主要依靠产品的销售获取利润，因此比较注重产品的设计、生产、销售环节。而当前伴随服务化的趋势，产品从销售之后的安装、保养、维护、修理、回收等，均受到不同的重视。通过对产品加装数字化芯片，将产品联网，实时或者一段时间内传输产品的运行数据，能够有效帮助企业对产品所需要的保养、维护、修理等服务进行预测，进行提前备件、预约检测和维修等服务。同时根据产品运行的数据和外部环境、用户使用数据进行数据挖掘，有效提取用户的使用习惯和产品运行规则，能够对未来产品的设计进行改进，提升产品的运行效率，降低用户使用成本。最后，根据不同的规则和不同类别用户的使用习惯，对产品进行智能化改造，使产品具有自适应能力，能够进一步地为用户提供更高的使用价值，提升服务质量。

由于制造企业的数字化是随着自身运作环节的数字化程度不断提高而提升的，在此过程中能够有效地为企业提升运转效率，降低风险，提升为用户服务的水平。通过数字化，有效地将数据转化为企业资源，并将在对数据进行提取的过程中提升企业的能力，从而有效地为服务化的目标进行服务。同时，数字化在运行过程中能够有效地降低成本，通过一定程度的数字化，改善服务提升过程前期的成本，降低企业损失，更方便快捷地与用户互动，能够帮助制造企业有效解决服务化过程中的挑战，从而促进服务化的进程。

2.4　格兰富的案例介绍及其分析

2.4.1　案例介绍

格兰富起源于1944年在丹麦边昂布成立的一家小公司，其前称是比耶灵布罗压铸铸造机械厂，1967年改为今天所知的格兰富。创始人Poul Due Jensen和他的少数员工在1944年从事铁炉和暖气及卫生服务。Poul Due Jensen在1945年收到了一个小型自动水处理设备的订单，当他找不到质量令人满意的电动泵时，他决定自主进行研发。在成立技术团队之后，1946年，他们生产出了第一台格兰富水泵，并在之后按同样的型号和标准，生产了26台。从1946年开始，格兰富一直致力于水泵的生产和开发。在此之后，格兰富公司不断对技术进行创新，扩大产品供应的同时，为客户提供更优质的解决方案。

由于格兰富从创始至今已有70多年历史，在此过程中，经历了多次重要技术的融合，因此在介绍格兰富发展历史的过程中，按照其内部对"格兰富1.0""格兰富 2.0""格兰富 3.0"进行介绍。

"格兰富 1.0"——水泵+专用电机：在 20 世纪 60 年代后期，由于在水泵制造过程中，供应商提供的电机总因外壁受到腐蚀造成水泵机械故障，格兰富开始开发水泵专用的潜水电机。该电机采用薄板不锈钢制造，有效地避免了传统材料不耐腐蚀的缺点。因为电机的改进，格兰富水泵的使用寿命和运转效率得到了大幅提高，进而降低了机械和能源损耗，有效地为消费者降低了设备维护和更换的成本。1976 年，格兰富对该类电机进行了进一步的改良，又一次有效降低了能耗和维护成本，并因此获得丹麦工业设计奖。在此之后，20 世纪 70 年代，格兰富开始尝试在其产品上添加电子控制系统，以进一步控制产品的能耗。

"格兰富 2.0"——专业水泵+微处理器：20 世纪 80 年代，随着全球气候变暖和欧洲市场节能环保要求的不断提高，格兰富开始了新的项目以应对市场的新需求。这些项目包括：微处理器控制的变频器、太阳能驱动的泵系统及世界上第一个用于商业用途的泵计算程序，该程序基于"苹果 2"计算机平台开发，能够通过与水泵上的电子控制系统相连，获取水泵运行效率。1989 年，通过引进了"核心熔炼技术"，格兰富成为世界上第一家能够利用复合材料，生产复杂形状的水泵制造商。该技术有效地帮助格兰富拓展了经营业务，从原有固定形态水泵的生产，到特种泵的定制。之后，随着微型变频处理器的不断发展，格兰富开发了第一台智能循环泵，并于 1995 年推出允许手持的远程水泵控制器。该控制器允许用户远程配置、诊断和维修带有电子芯片的水泵，并能将水泵运行数据传送到小型打印机中，帮助用户方便地获得水泵运行数据。

"格兰富 3.0"——水泵+电机+控制系统：2000 年格兰富推出了其第一台数字计量泵之后，格兰富的水泵产品能够根据客户的需求，提供非常精确的定量液体投放。在格兰富推出该产品之前，精确定量的液体投放对于当时技术是一个缓慢且难以实现的过程。格兰富数字计量系统在隔膜计量泵中引入了全新的驱动原理，辅以按钮控制面板的直接电子数字控制。2001 年，格兰富推出了一款具有自动适应特性的水泵，能够为用户在非高峰时段降低功耗，从而降低能耗成本。该款水泵在为用户提供了更为友好的操作面板界面的同时，能够根据用户需求，对其基本功能进行定制，从而保证满足不同用户的需求。

截至 2015 年，格兰富集团年营业额为 248 亿丹麦克朗（约 237.8 亿元），全球雇员达 17 945 人，在 56 个国家设有 83 家分公司，年产量超过 1 600 万台水泵装置。同时，格兰富是世界上第一家被授权 ISO9001 标准质量证书的水泵厂商，同时通过了 ISO14001 等有关的环保认证。同时，格兰富还是首家获得中国清水离心泵节能产品认证的外资企业，连续多年入选中国节能产品政府采购清单，并在中国完成了包括 2008 年北京奥运会 25 个场馆水泵供给，2010 年上海世界博览会 80%的水泵和水泵系统，以及上海迪士尼的整体泵供应。目前格兰富除丹麦总部外,匈牙利和中国是其主要的制造和研发基地。其在中国一共有 15 个办事处,85 个授权服务网点,主要工厂设置在苏州、无锡、青岛,同时主要研发中心设置在苏州。

从以上对格兰富不同阶段的发展与创新来看,该公司自创立至今,一直以技术创新作为核心竞争优势,并将能耗的降低放在技术创新的最重要位置,从而以优质的产品和较低的能耗不断领跑全球泵市场。在技术创新的同时,伴随全球化的不断推进,格兰富在全球各地均设置了服务中心和网点。但是随着近年来全球经济的萎靡,该公司的水泵业务由于行业技术水平的不断提升和全球需求的持续下降,利润空间缩小;同时全球化过程中,各地环境的不同,导致不同国家的业务水平参差不齐;另外,对于知识产权保护较为落后的国家,格兰富不但面临市场份额被劣质产品挤压的问题,同时还需承担自有技术和专利被窃取的危险。

尽管如此,格兰富通过自身过硬的技术和服务化、智能化的创新,当大部分水泵制造企业销售额在 2014 年、2015 年均呈零增长或负增长的态势时,格兰富 2014 年利润率仍然达到 3.6%,2015 年利润率达到 8.1%,领先于其竞争对手。

2.4.2 格兰富商业模式

作为一家时间较长,同时具有庞大组织网络的企业,格兰富商业模式的创新仍然遵循着传统制造企业的商业模式,即由供应商获取原料后,将成品交由经销商销售给顾客。尽管该商业模式具有收取渠道单一、资产较重、运作环节过多等一系列问题,但鉴于格兰富大部分的收入来源依然是标准化产品的销售,同时在该过程中,其成本控制已达到较为满意的成果;同时对于不同发展水平的市场,规模销售的标准化产品能够有效降低其固定成本(设计、开发、管理经费等过程),因此格兰富依然保持着传统的商业模式。

但随着市场对环保要求的不断升高,同时用户对产品附加服务的需求更加个性化,格兰富通过融合智能芯片及物联网技术,对其传统的价值网络进行了重构。

格兰富智能标准化产品生产方式如图 2-2 所示。格兰富的智能标准化产品能够通过传感器将产品运行数据实时反馈到机载的智能芯片当中,并由智能芯片中的自适应系统对运行情况和运行模式进行判定,从而为用户提供较低的能耗;此外,采集的数据会通过物联网反馈至格兰富的数据库中,由数据库通过使用模式对用户进行分类并标识相应使用特征。该数据的反馈除了引导产品设计的更新和调整以外,同时对产品生命周期有清晰的判断,从而方便为用户提供定制化的保养、维修和更换服务,一旦产品出现异常或系统判断其即将出现异常情况,智能芯片会根据情况及时反馈给格兰富公司,以方便依据系统当前状态提前进行备件。在此过程中,原有单一的产品销售收入结构被数据流的引入,转变为产品+售后服务的形式。通过以上方式将服务与产品捆绑,进而为格兰富赢得稳定的现金流。

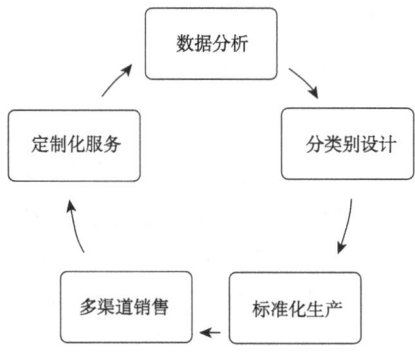

图 2-2　格兰富智能标准化产品生产方式

除传统的保养、维修、更换服务以外,格兰富还根据用户的使用习惯,通过互联网和移动互联网设备,为用户提供产品的运行情况和实施控制。通过移动终端界面,格兰富还进一步推广了收费测试和能源效率优化的服务,帮助用户进一步降低能耗,提升用户使用价值。

除智能标准化产品的提供外,作为常年服务于各类客户的泵制造商,格兰富针对其不同需求的客户,积极寻求利益相关者,为客户提供定制化的解决方案,进一步为客户提供满意的解决途径,满足客户需求。根据访谈材料,截至 2016 年,格兰富 20%的年利润来源于提供定制化解决方案及相关服务。

总结格兰富现有的服务化商业模式(图 2-3),积极开展的创新有:设备使用权租赁服务、城市水环境解决服务、设计并组织运营直接供水服务。其中,设备使用权租赁服务主要面向资金短缺同时拥有较好信誉的客户;城市水环境解决服务主要面向城市或地方政府;针对部分贫困地区或战争地区,格兰富积极引入非营利组织,对当地居民提供设计并组织运营直接供水服务。

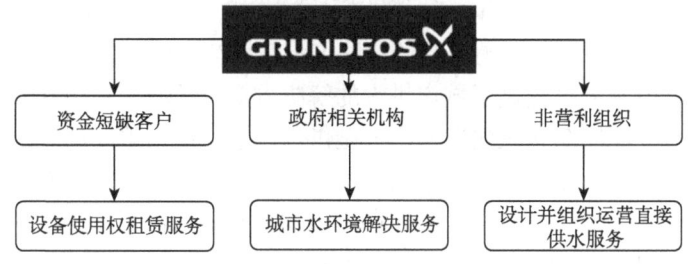

图 2-3　格兰富服务化商业模式一览

(1)设备使用权租赁服务:在访谈中,笔者了解到设备使用权租赁服务的初衷是面向具有较好信用,但缺少资金,或不愿意使用现有资金一次性付清设备费用的用户。该类设备使用权租赁服务流程如图 2-4 所示。

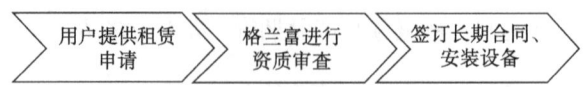

图 2-4 格兰富传统设备使用权租赁服务

由于市场需求的不断下降,宏观经济的萎靡,当前格兰富通过数据挖掘的方法对潜在优质客户进行识别,从其中选择优质的客户,以免费能耗检测服务提供的方式,向客户推销格兰富的产品。之后通过设备使用权租赁服务的方式,帮助客户免费更换即将到期的设备,并根据客户需求与产品定价,设立相应的租赁合同。在此基础上,格兰富积极引入银行,帮助用户进行担保,并从银行获取设备费用。之后,格兰富与用户签订长期合同,并安装设备。通过此类服务的实施,格兰富有效地提高了其产品在市场中的占有率。

(2)城市水环境解决服务:在面向政府客户时,格兰富由传统的大型设施建设和设备提供方转变为整体解决方案的服务提供商。针对政府需求提供城市的整体供水方案,降低项目采购成本的同时,提升附加服务带来的收益。其流程如图 2-5 所示。

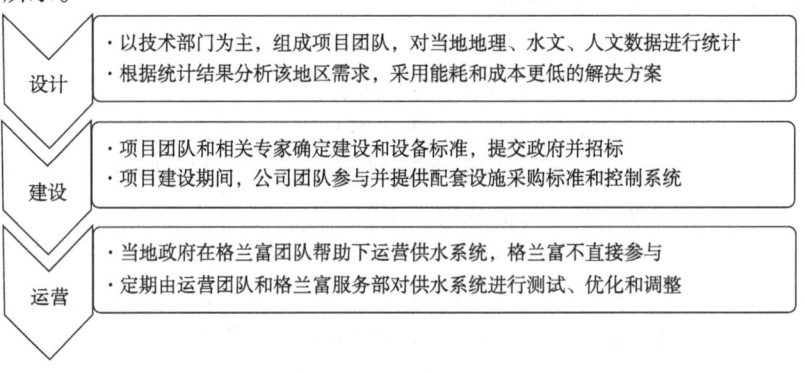

图 2-5 城市水环境解决服务

访谈过程中,格兰富营销总监针对城市水环境解决服务的提供举例:2015 年格兰富为东南亚某城区提供了城市供水的解决方案。该城市有 300 万人口,城市原有的咨询和专家团队建议建造一个大型供水装置。但当地经济建设相对落后,进行大规模建设成本太高;同时,当地主要需求是居民供水,并没有工业和农业大量用水的需求。格兰富从当地实际环境出发,提供三台相对较小的可移动式水泵对城区进行供水,既避免了高额的建造成本,又满足了当地政府和居民的需求。格兰富在提供解决方案的同时,与政府签订了维护合同,从项目中获取持续稳定的利润。

(3)设计并组织运营直接供水服务:作为业界的先行项目,格兰富在肯尼亚和越南两国进行直接供水的尝试。由于两国相对不稳定的政治和经济环境,造成部分地区用户用水困难。为此,部分非营利组织联系到了格兰富,以期格兰富提供咨询和设计服务。在考虑当地情况的前提下,格兰富通过设计自动购水系统,方便非营利组织进行设备的管理和基本运营费用的收取,同时避免了在当地运营的风险。

以上是根据案例调研和实地访谈内容,对格兰富现有商业模式的总结。总体来看,目前格兰富商业模式主要包括智能标准化产品提供和定制化解决方案提供两部分。由于格兰富对低能耗和高技术效率的追求,伴随其深入融合物联网、数据分析等信息化手段,为客户提供更全面的定制化服务,本章认为其商业模式创新符合服务化、信息化、绿色化相结合的趋势。

2.4.3 基于RCOV+PEST框架的格兰富商业模式创新分析

尽管从调研中,笔者了解到格兰富具有四个不同的发展阶段,类似的,每个阶段都有其资源能力、组织结构、价值主张的相互影响和变化。但由于大部分内容无法直接获取,所以在此采用RCOV+PEST对现阶段格兰富商业模式的创新进行分析(图2-6)。

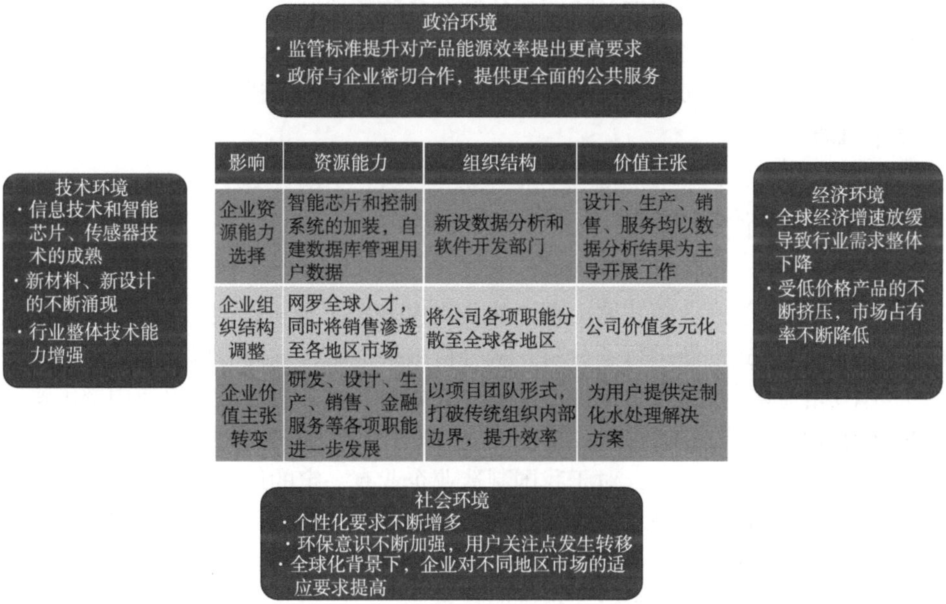

图2-6 格兰富商业模式分析(RCOV+PEST)

从技术环境上,随着物联网、智能芯片、传感器等技术的不断成熟,以及新材料、新设计、新工艺的不断涌现,格兰富得以将智能芯片和控制系统成功研发,并加装到自身产品当中,从而收集用户数据以提供更优质的服务。资源能力的如此变化，导致组织结构新设了数据分析和软件开发部门，并由数据分析对产品的设计、生产、销售、服务进行主导，进一步缩减生产、流通、运营环节的损耗，同时应对了宏观经济和激烈竞争带来的利润空间的下降。

从政治环境上，伴随绿色环保标准的不断提高，政府对于工业产品的节能环保要求逐渐提升，监管力度不断加大，对格兰富产品的能耗标准有着更高的要求；同时社会环保意识的加强，使用户从传统的价格敏感转向了价值敏感。两者互相作用，促进了格兰富对更低产品能耗的优化，进而对组织的研发、设计、生产、销售等提出了更高的要求，同时引起项目管理方式的变革。

从社会环境上，由于各地区市场间的需求差异，对以格兰富为代表的跨国企业提出了更多元、定制、绿色的需求。格兰富在应对上，除将公司市场职能分散至各个地区，积极扩大各地市场份额外，还将原本集中的研发职能分散，满足不同地区定制化的服务方案需求。研发职能的分散使得格兰富的研发机制进一步丰富，根据项目所在地、设计难度、实施难度、设备供应情况，可以从中国、保加利亚等地区分别向目标市场提供多层次产品与服务。

从经济环境上，随着全球化的不断深入，同时出于对降低成本和扩大市场范围的考量，格兰富将公司的各项职能分散至全球各地区，一方面，帮助格兰富获得更多的人才，同时将其销售渗透到不同地区；另一方面，带来的公司价值的多元化，为公司的管理带来新挑战的同时，将产品线与服务进一步多样化，为公司带来了机遇。

2.5 结论及展望

本章采用基于商业模式冰山理论的 RCOV+PEST 分析框架，对丹麦水泵企业格兰富的商业模式创新进行了分析。从分析结果上看，主要有以下结论。

（1）格兰富商业模式的创新，来源于市场环境的不断变化，以及内部因素之间的相互作用。其当前的智能标准化产品生产与定制化服务提供并行的商业模式，作为重资产大企业的代表，对于我国制造业企业有一定的借鉴作用。

（2）采用基于商业模式冰山理论的 RCOV+PEST 的分析框架过程中，发现格兰富在商业模式创新中符合信息化、服务化、绿色化的制造业商业模式发展趋势，从侧面补充了基于文献综述得到的结果。

对于格兰富的案例，从访谈中实际获得更多值得思考的内容。

（1）在访谈中，格兰富运营总监提到发展中国家对于知识产权保护的缺乏，导致该公司在当地最大的竞争对手之一实际上是其产品的模仿者。虽然该企业能够更快地响应客户需求，更好地平衡质量和价格，并在一段时间保持了较快的增长速度，获得越来越多的市场份额。但对于格兰富而言，面对知识产权保护的缺乏和模仿者的竞争，其更愿意将诉讼的费用投入新产品和新技术的研发当中，奖励公司创新。

（2）市场对于新兴业务的接受程度有限，客户对企业抱有不信任态度，同时各地区对于能源效率较高的产品接受程度不同。因此格兰富对客户关系维持的花费与日俱增，同时还肩负了教育市场的职能。

（3）尽管泵解决方案和售后服务为格兰富带来了较多的利润，但其产品优化和咨询服务带来的利润尚不能自给自足，未来仍需进一步调整服务提供的结构和方式，对成本进行控制。

（4）对于格兰富的商业模式创新，由于其主要管理人员大多是技术出身，因此对于商业模式创新的接受程度有限。

（本章作者：杨一帆，蔡强，胡毅，乔晗，汪寿阳）

参 考 文 献

汪蓉，黄培，季建华. 2002. 制造企业的商业模式的转型与创新[J]. 工业工程与管理，7（6）：33-36.
汪寿阳，敖敬宁，乔晗，等. 2015. 基于知识管理的商业模式冰山理论[J]. 管理评论，27（6）：3-10.
Al-Debei M M, El-Haddadeh R E, Avison D. 2008. Defining the business model in the new world of digital business[C]. AMCIS 2008 Proceedings, 300.
Aurich J C, Wolf N, Siener M, et al. 2009. Configuration of product-service systems[J]. Journal of Manufacturing Technology Management, 20（5）: 591-605.
Baines T, Lightfoot H W, Evans S, et al. 2007. State-of-the-art in product-service systems[J]. Proceedings of the Institution of Mechanical Engineers, Part B: Journal of Engineering Manufacture, 221（10）: 1543-1552.
Demil B, Lecocq X. 2010. Business model evolution: in search of dynamic consistency[J]. Long Range Planning, 43（2）: 227-246.
Gebauer H, Fleisch E, Friedli T. 2007. Innovation and ICT in service firms: towards a multidimensional approach for impact assessment [J]. Journal of Evolutionary Economics, 17（1）: 25-44.
Matthyssens P, Vandenbempt K. 2008. Moving from basic offerings to value-added solutions: strategies, barriers and alignment[J]. Industrial Marketing Management, 37（3）: 316-328.
Mont O K. 2002. Clarifying the concept of product-service system[J]. Journal of Cleaner Production, 10（3）: 237-245.

Oliva R, Kallenberg R. 2003. Managing the transition from products to services[J]. International Journal of Service Industry Management, 14 (2): 160-172.

Witell L, Löfgren M. 2013. From service for free to service for fee: business model innovation in manufacturing firms[J]. Journal of Service Management, 24 (5): 520-533.

第3章

从生态学视角看移动医疗行业的商业模式

随着我国医改如火如荼地进行，移动医疗（mobile health）因为可以切实解决一些医疗行业的痛点应运而生。本章的分析视角由大到小，首先简要介绍移动医疗行业的发展状况，并运用商业生态系统的方法分析移动医疗生态系统的演进，与传统医疗生态系统的关系，以及移动医疗对医疗行业的影响和角色定位；其次以平安好医生为典型案例分析移动医疗的商业模式及种群内部的竞争业态；最后给出对应的管理启示。

3.1 引言

改革开放 40 多年来，中国经济实现了快速增长，现已成为世界上第二大经济体。从各国的人均卫生费用支出和人均 GDP 关系的数据来看，国家人均卫生费用支出与人均 GDP 呈现正相关关系（图 3-1），中国也不例外，卫生费用增速基本上超过了 GDP 增速（图 3-2），中国医疗卫生事业随着经济的快速增长取得了飞速发展，城乡居民的健康水平不断提高，在不到 30 年的时间内，平均预期寿命由 1982 年的 68 岁增长到了 2010 年的 75 岁（图 3-3）。

在我国医疗卫生事业取得长足进步的同时，很多问题也随之爆发出来，痛点不容忽视。首先，忽视预防。在我国现行的医疗体系中存在"重疾病和救治，轻预防和康复"的倾向，而世界卫生组织的调查显示，达到相同健康标准所需要在

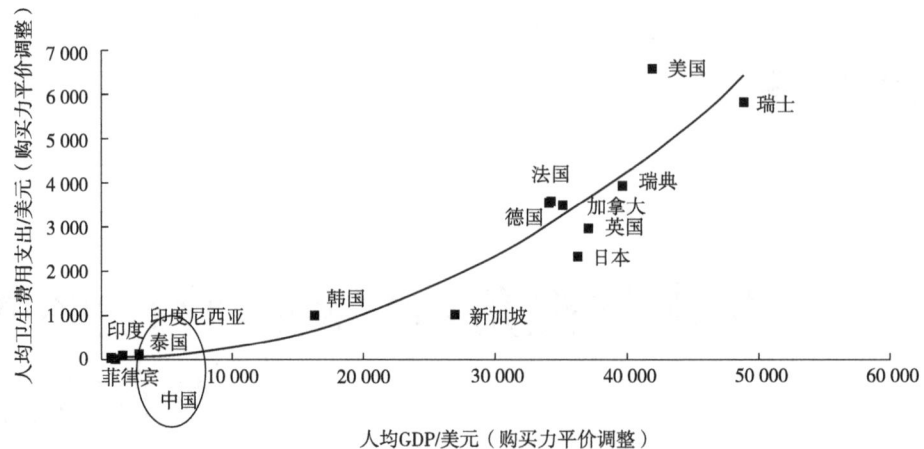

图 3-1　世界主要国家人均卫生费用支出与人均 GDP 关系

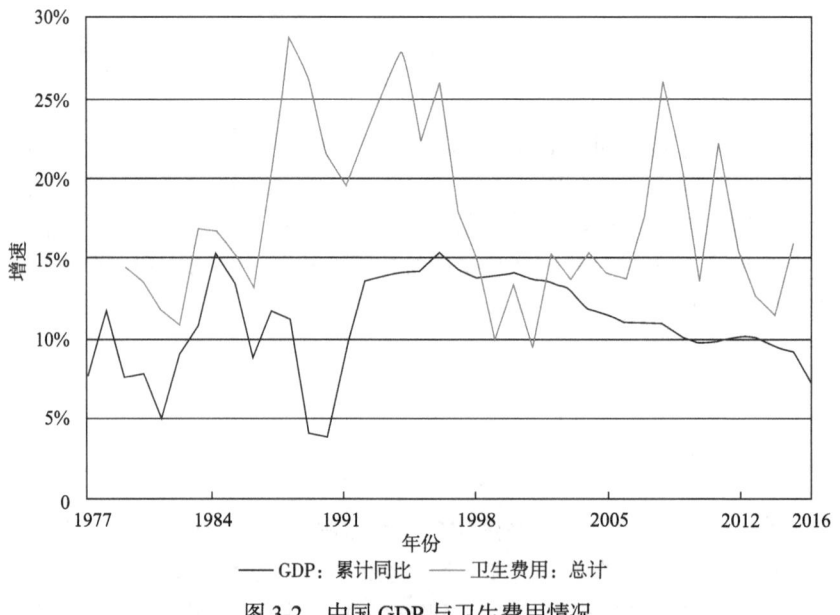

图 3-2　中国 GDP 与卫生费用情况

预防上进行的投入与治疗费、抢救费的比例约为 1∶8.5∶100，即预防上花一块钱，治疗费用就可减少 8.5 元，并节约 100 元的抢救费。其次，患者存在看病难的问题，而这也主要由优质医疗资源分布不均导致，国家卫生健康委员会的统计显示，数量少但集中了优质医疗资源的三级医院集中了 36% 的患者，患者还有从基层卫生医疗服务机构向三级医院集中的趋势。再次，医患关系亟待改善。

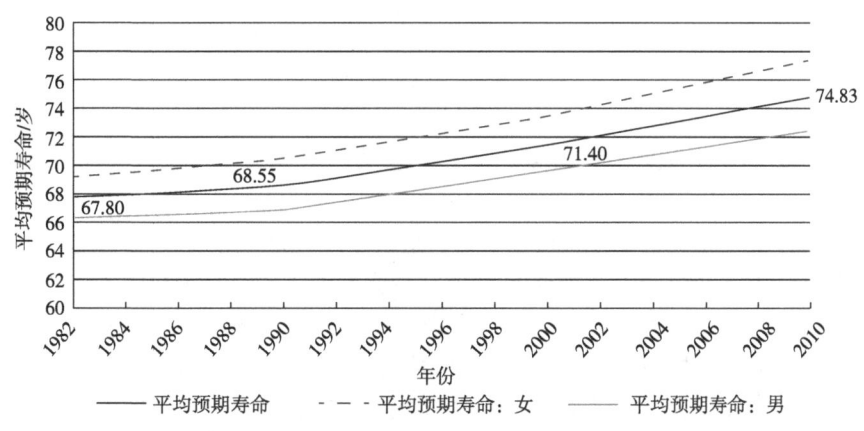

图 3-3 中国平均预期寿命变化

中国社会科学院近年的公共服务满意度调查报道显示，在包含公众对公共基础设施、市政设施、义务教育、社会保障等九项公共服务满意程度的调查中，医疗卫生的满意度历年排名均为最低，而公众对医疗卫生的关注度在基本公共服务要素关注度的排名中历年均为第一，医患冲突频现，医患信任危机的缓解没有出现突破性进展。最后，医生的付出和回报不成正比。从我国医疗体系总体来看，主要参与者的效用都不高，而且我国已经进入老龄化社会，65岁以上人口节节攀升，2016年达到1.49亿人，占总人口的比例达到10.8%（图3-4），老年人对医疗服务的需求更多，也更急迫，医疗行业急需新的商业模式，移动医疗应运而生。

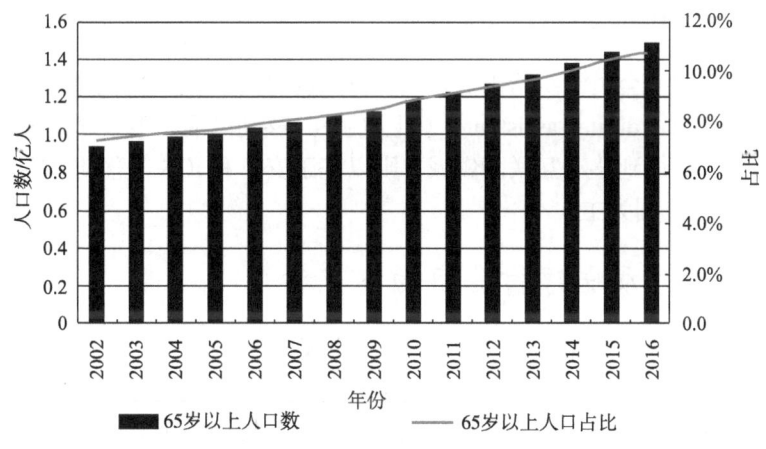

图 3-4 中国65岁以上人口数及占比

世界管理大师德鲁克曾说："当今企业之间的竞争，不是产品和服务之间的竞争，而是商业模式之间的竞争。"虽然商业模式一词于 1957 年正式出现于文献中，但直到 20 世纪 90 年代，伴随着互联网的兴起，商业模式的概念才开始引起广泛的学术关注。对于商业模式概念的严格定义至今都没有形成统一的定论。

学术界普遍认为，Timmers（1998）是最早研究商业模式的学者之一，他提出的商业模式定义包含三个层面的描述：一是关于产品、服务和信息流的体系结构，这其中包括对各种商业活动参与者及其扮演角色的描述；二是商业活动参与者潜在利益关系的描述；三是收入来源的描述。就研究视角而言，有学者从系统的角度阐述商业模式，如 Zott 和 Amit（2010）认为商业模式是一种事务组成要素的体系结构，其架构目的是更充分地利用其所潜在拥有的商业机会。另外，也有学者认为企业的商业模式本质上还是在谈论企业如何运作。

国内学者中，如魏炜等（2012）提出的魏-朱六要素模型指出商业模式是利益相关者的交易结构，并将六要素概括为定位、业务系统、关键资源能力、现金流结构、盈利模式、企业价值；汪寿阳等（2015）提出商业模式冰山理论，认为商业模式是由显性知识和隐性知识所构成的复杂系统，并提出系统集成的商业模式分析方法 CET@I。

3.2 移动医疗行业概况

3.2.1 概念界定

国际医疗卫生会员组织给出的定义为，移动医疗就是通过使用移动通信技术，如 PDA（personal digital assistant，掌上电脑）、移动电话和卫星通信来提供医疗服务和信息，具体到移动互联网领域，则以基于安卓和 iOS 等移动终端系统的医疗健康类 APP 应用为主。

3.2.2 移动医疗行业市场参与者

中国医疗健康行业是指以预防疾病、促进健康为核心的综合行业，主要包括医疗、康复、医药、医疗器械等相关内容。传统的医疗健康行业以医院等医疗卫生服务机构为中心，向外拓展到药品、医疗器械、检测等企业，康体养身和健康管理等企业及与医疗相关的保险、医疗信息等企业（图 3-5）。

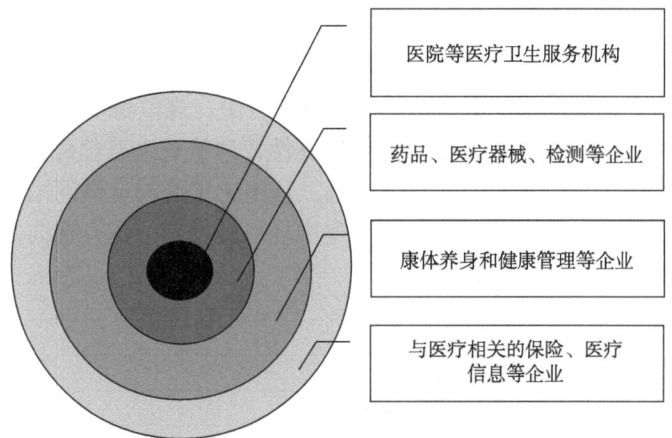

图 3-5　传统医疗健康行业结构

移动医疗行业实现了逻辑的转变,以患者及普通消费者为中心,患者及消费者的体验是关注的重点,围绕着患者的体验,医疗卫生服务机构、医疗从业人员、医药企业及电商、保险等相关金融企业积极为之服务(图 3-6)。

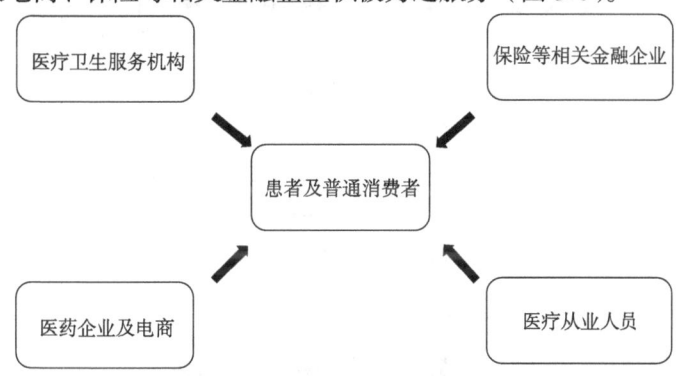

图 3-6　移动医疗行业结构

3.2.3　移动医疗行业发展历程及现状

1. 中国移动医疗发展历程及现状

从 20 世纪 90 年代开始,我国医疗保险的出现推动了大型机构医疗信息化的建设,直到 2011 年移动医疗的概念被提出,随后一系列移动医疗产品开始上线,如 2011 年 3 月好大夫 iPhone 版发布,2012 年上半年杏树林上线,2013 年上半年出现了一大批创业公司,2013 年下半年开始成为投资热点,2014 年资本关注度持续提升,各互联网巨头纷纷入市圈地,跨领域公司开展移动医疗行业布局。2015 年是移动医疗的爆发期,但盈利模式效果甚微,2016 年市场趋于稳定,投资力度开始下降，一些资源丰富，创新能力突出的企业脱颖而出，移动医疗企业继续进行创新尝试，以乌镇互联网医院为代表的互联网医院集中爆发，互联网进一步深入传统医疗行业，推动就医窗口从体制内外移，用户规模稳步增长，2016年第四季度接近3.0亿，移动医疗APP用户使用黏性普遍呈现上升趋势，其中问诊领域人均单日使用市场复合增长率达到15.9%，且用户年龄与全体网民相比偏大，用户集中在24~40岁（图3-7）。用户主要集中在一线城市，但存在向二线及以下城市下沉的趋势（图3-8）。

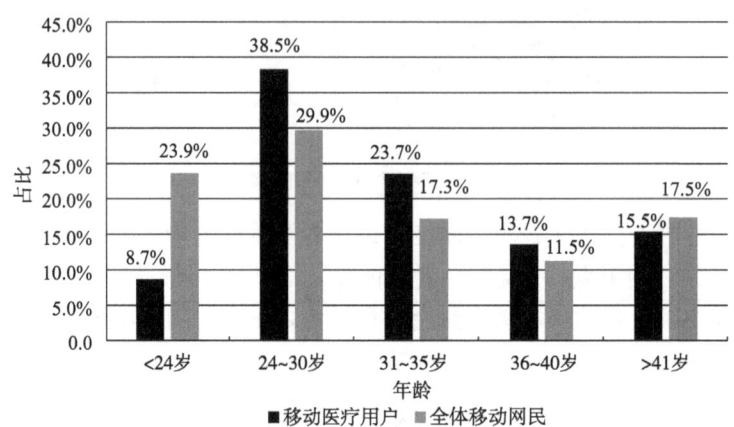

图3-7 中国全体网民与移动医疗用户年龄结构对比

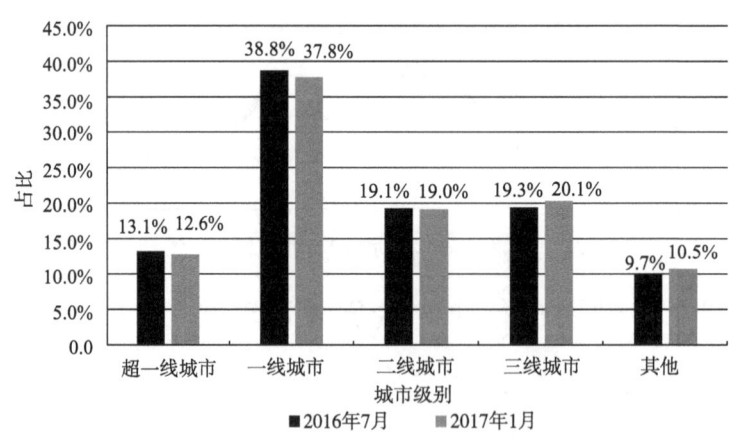

图3-8 移动医疗用户城市级别变化

2. 美国移动医疗发展历程及现状

美国移动医疗的发展经过了几个阶段，先是用户产生内容阶段，患者通过移动社交媒体来了解疾病的相关信息，病人福音等患者交流平台发展起来。随后是医患互动阶段，病人通过移动平台寻找有效的医生，实现医患间的虚拟交流。进入医疗服务改革阶段，基于云计算的健康档案管理系统被应用于现有医疗体系的改革。现在，美国移动医疗行业已进入数据驱动决策阶段，医疗健康数据的搜集、分析及决策支持也发展起来。

美国移动医疗行业已进入数据驱动决策的阶段。相比之下，中国仍处于医患互动和医疗服务改革相关环节的前端，中美移动医疗差距较大。

3.2.4 移动医疗行业 PEST 分析

1. 政治环境

医疗行业相关政策不断放宽，将推动医疗业态创新和产业链延展。具体来看，首先，国家正在稳步推进分级诊疗以合理配置医疗资源。2015 年 9 月，国务院办公厅发布了《国务院办公厅关于推进分级诊疗制度建设的指导意见》，重点提出了"基层首诊、双向转诊、急慢分治、上下联动"的分级诊疗模式；2016 年 5 月，《国家卫生计生委办公厅关于印发县医院医疗服务能力基本标准和推荐标准的通知》，制定了县医院医疗服务标准；2016 年 6 月，国家卫计委等 7 部委发布《关于印发推进家庭医生签约服务的指导意见的通知》，推进家庭医生发展；2016 年 8 月，国家卫计委发布了《关于推进分级诊疗试点工作的通知》，确定了北京等 4 个直辖市，266 个地级市为分级诊疗试点城市；同时，全国卫生与健康大会定位"分级诊疗"为 5 项基本医疗卫生制度。其次，医师多点执业逐步被放开。2016 年 3 月，《国务院办公厅关于促进医药产业健康发展的指导意见》指出，推动医生多点执业，提升基层医疗机构服务能力，加快落实分级诊疗；2016 年 11 月，《国家卫生计生委关于〈医师执业注册管理办法（征求意见稿）〉公开征求意见的通知》规定在职医生可自由执业，可开办诊所。医生多点执业的放开可以盘活医疗供给端的存量资源。此外，药品两票制的推进将改善药品流通环节，在国务院办公厅印发的《关于进一步改革完善药品生产流通使用政策的若干意见》中明确指出要从药品生产、流通系统改革措施，争取到 2018 年在全国推开药品购销"两票制"，医药代表不得承担药品销售任务。另外，在 2016 年 3 月科技部发布的《科技部关于发布国家重点研发计划精准医学研究等重点专项 2016 年度项目申报指南的通知》中鼓励精准医疗研究，2016 年 11 月国家卫计委主任李斌在主旨演讲中提出，要大力发展"互联网+智慧医疗"，要发展技术能力使之成为连接卫生服务体系的有效载体。

2. 经济环境

据国家统计局统计，2016年第四季度居民人均可支配收入为23 821.0元，收入水平显著提高，人们越发重视医疗保健。与此同时，居民人均医疗保健消费支出占总消费支出的比重不断加大（图3-9）。

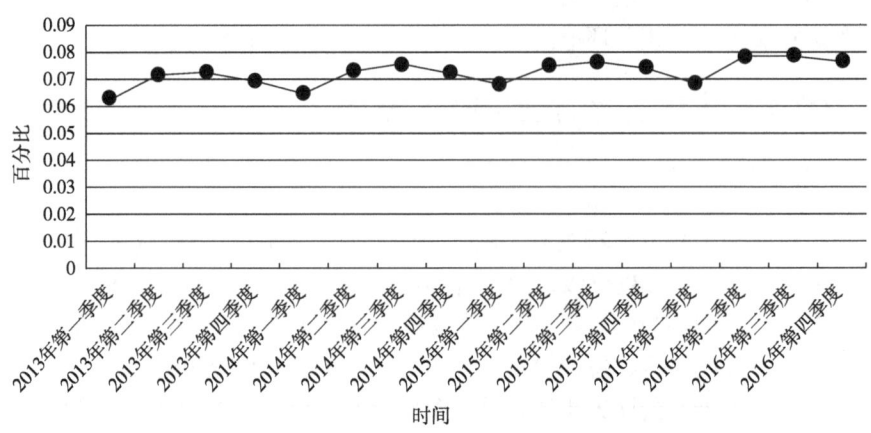

图3-9 居民人均医疗保健消费支出占总消费支出的比重

3. 社会环境

首先，我国问诊服务需求高速增长，2015年全国医疗卫生机构诊疗人次数已经达到76.9亿人次，且人口老龄化问题导致医疗需求不断增加，与高需求相对应的是医疗资源总量的不足，2014年每千人口执业（助理）医师数量为2.06人，且连续多年不变；中国卫生总费用超过3万亿元，仅占GDP的5.57%，而OECD（Organization for Economic Co-operation and Development，经济合作与发展组织）国家卫生总费用占GDP的比重平均为9.3%，医疗卫生机构诊疗人次不断上升，就医流程烦琐，卫生机构处理效率水平较低。

4. 技术环境

基因组学、医疗机器人、可穿戴设备等前沿技术不断发展，推动"互联网+医疗"的创新。2010年以来，IBM、Facebook、Google、阿里巴巴、腾讯和百度等科技巨头纷纷宣布布局人工智能生态，并不断开源，降低初创企业的进入门槛，使得人工智能服务在强大运算能力的基础上得以出现更多医疗场景的应用。此外，医疗数据量级不断增加，为人工智能的发展提供良好基础。据互联网数据中心预测，截止到2020年，医疗数据量将达40万亿吉字节，是2010年的30倍，数据生成和共享的速度迅速增加，且约80%的数据为非结构化数据，医疗大数据的质量不断提高、算法不断优化，为经验医疗和精准医疗的相互结合提供支持。

3.3 移动医疗生态系统

3.3.1 商业生态系统研究

近年来，生态学的思想越来越多地引入经济研究领域，是因为在现实的经济联合体中有和自然生态系统相类似的生产者、竞争者、消费者等自然有机体及其赖以生存和发展的外部市场环境。在这个系统内部，利益相关各方构成了一个统一整体，它们之间相互联系，相互协同，相互竞争，共同推进产品、服务及价值的增值。

Moore（1996）最先提出了商业生态系统的概念，他认为商业生态系统是以组织和个人的相互作用为基础的经济联合体，组织和个人是商业世界的有机体。这种经济联合体生产出对消费者有价值的产品和服务，消费者是生态系统中的成员，有机体成员还包括供应商、主要生产者、竞争者和其他风险承担者。由此可以看到商业生态系统的三个重要方面：一是这种经济联合体成员范围广；二是各成员之间是相互作用、相互依赖的关系；三是这个经济联合体必须共同创造出对消费者有价值的产品和服务。Iansiti 和 Levien（2004）认为一个企业就像生态系统里的一个物种，最终会和整个网络共命运，因此聪明的企业会采用一种有利于每个利益相关者的策略，促进生态系统的健康和稳定，决定自己在生态系统中的位置然后采用相应的策略。

一个商业生态系统健康与否可以用三个指标来评估，即生产效率、生命力及缝隙市场创造力。可以将商业生态系统的角色定位分为三种，即骨干型企业（key stone）、缝隙型企业（niche player）及主宰型企业（dominator）。其中，骨干型企业在系统中扮演极为重要的角色，位于中枢位置，通过提供一系列稳定、有预见性的有价值资源和商业模式来改善系统健康，为系统创造价值的同时积极与其他企业分享价值；缝隙型企业遵循填补市场缝隙战略来设计其商业模式，高度专业化，专注于某一细分市场，承担了系统大部分的价值创造和创新，其对系统有天然的依赖；主宰型企业占据了系统的关键位置，一定程度上控制系统，为系统创造有限价值的同时积极榨取更多价值。一个商业生态系统要健康稳定发展，需要培育一个或几个骨干型企业支撑系统，指明价值创新方向，建立价值创造平台；需要大量的缝隙型企业承担创造价值的具体工作；还需要剔除主宰型企业的价值压榨和剥削。

生态学中的共生关系也被运用在商业生态系统的研究中。"共生"的概念最早是由德国生物学家德贝里（Anton de Bary）于1879年提出的，指的是由于生存的需要，两种或多种生物之间必然按照某种模式互相依存和相互作用地生活在一起，形成共同生存、协同进化的共生关系。优胜劣汰的生存竞争只是共同生存和协同进化的一种特殊形式。物种之间不仅有竞争的模式，更有互补性协同进化的模式，它使整个系统变得更加协调，也就是说，生态系统作为相互依赖的系统，重要的不是种群个体，而是种群个体之间的相互关系。杨玲丽（2010）提出了共生理论在社会科学领域，如哲学、工业生态学、管理学、经济学、社会学中可以进行应用，具体运用到商业生态系统的研究中，企业间存在三种共生关系，即寄生关系、偏利共生及互利共生。寄生关系是指双方之间存在一种内在供需联系，其关键特征是能量或价值的转移。根据上述商业生态系统的角色定位可知，主宰型企业与整个系统的关系类似于这种寄生关系。主宰型企业从整个系统中拼命榨取价值，这种榨取速度大于系统生产价值的速度时，系统将崩溃；当榨取速度小于系统生产价值的速度时，对系统发展有利，并且这种榨取速度越慢，对系统越有利，达到一定程度时转化为偏利共生甚至是互利共生。偏利共生是指系统中一方受益，另一方不受害，系统能够创造出新能量或价值。作为获利方的企业要制定对非获利方的补偿机制，使其更好地长期为企业服务。例如，系统企业与其他非营利组织之间的关系。互利共生是双方在分工合作关系基础上产生新能量或新价值，然后按照某种规则进行分配。系统中存在多边的交流机制，可以扩大共生的范围并提高效率，也表现为共生能量增大而共生损耗减少，如骨干型企业和缝隙型企业的关系。

3.3.2 移动医疗生态系统

从生态学的角度看，医疗行业与自然界的生态系统有极大类似，在这个系统中，参与医疗卫生保健的利益各方（包括患者、医院、设备供应商、药厂、保险机构、公共卫生机构等）组成一个相互联系、相互促进的有机体，它们相互依赖，和谐共生，在竞争中求得系统的动态平衡，最终实现整个系统的价值增值，这就是医疗卫生行业生态系统。

在移动医疗生态系统中，医疗机构、卫生行政部门、药厂、医保机构及众多设备厂商、企业作为有生命的经济实体，同时还作为经济细胞，组成和推动着整个社会经济的发展，形成一种功能协调、优势互补、和谐增长的共生共荣的生态环境。自然生物学角度上的生态系统是生物和它们周围的物理环境之间进行着连续的能量和物质交换所形成的一个生态整体，而移动医疗生态系统是一种按生态系统理论建立起来的新型医疗服务架构，它强调商业生态位的思想，系统成员之间具有命运不同、地位不同、协同进化的特征,即处于不同生态位的成员在合作与竞争中协同发展。

医疗生态系统处于不断发展演进中。从20世纪90年代的医疗信息化开始,病人到配备了医疗信息化软硬件的医院就诊,同时医院与医保机构合作,这就构成了整个商业模式;之后远程医疗发展起来,由于电信网络提供商的加入,医院之间的交流变得便利,病人去医院A就诊的同时也可以获得医院B医生的专业服务;随着浙江桐乡市政府2015年11月批复首家乌镇互联网医院,互联网医院兴起。互联网医院是指具有医疗机构资质,可以从事诊疗活动,具有线上线下协同特质,具有专业的医疗人员和诊疗规范的医院。通过医患对接中介将病人、实体医院和医生团队连接起来,最显著的特征是医生团队并不一定绑定于单一的医院,医生团队可以多地远程问诊。互联网医院的发展受益于政策利好,国家政策支持互联网医疗落地,在《"健康中国2030"规划纲要》中首次将有关健康医疗产业的纲要提高至国家层级的战略,贵州省及四川省将远程医疗服务纳入基本保险基金支付范围。尽管政策支持,但互联网医院仍然存在很多问题,并未完全深入行业,盈利模式还处于探索阶段,患者付费习惯尚未建立。医疗生态系统演化到移动医疗的阶段,数据成为重要的元素,用户、数据的消费机构(如公共卫生服务机构、药厂等)、电子支付服务提供商、健康设备生产商、应用软件提供商、服务平台和中间件提供商、数据存储服务提供商通过电信运营商集成起来,实现用户健康数据的实时监控。

移动医疗的引入可以提高医疗生态系统的多样性和稳定性,有利于生态系统对患者价值的创造,并通过升级生态系统带来商业模式的增长空间,达到医疗行业生态系统双向信息流动,提高了整个系统的效率。具体来看,患者通过嵌入式移动医疗设备接入移动网络中,患者的数据经过存储和分析构建其个人健康档案,医生也可以通过移动设备查看患者的临床电子病历,整个过程不受移动服务提供商的支配。

在传统的医疗系统中,重症病病人、常见病病人、慢性病病人都倾向于去大医院诊治,常见病病人去不了大医院也会选择普通医院,慢性病病人还会选择社区医院进行补充治疗,健康和亚健康人群会倾向于去健康管理机构,如体检机构等就诊。总的来说,不论大病小病,人们一旦有病症就去大医院,导致大医院人满为患,小医院门可罗雀。而移动医疗着眼于供需关系匹配失衡问题,移动医疗及互联网医院引入医患对接中介(线上分诊),并且引入电子支付、群体协作(即医生团队)、远程复诊和远程会诊等服务,使得就诊、支付活动更加方便快捷。通过线上分诊使得重症病病人去大医院,常见病病人去普通医院,慢性病病人去社区医院,以及健康和亚健康人群去健康管理机构,如体检机构等。

3.3.3 传统医疗和移动医疗生态系统的关系

医院等传统医疗服务提供机构是骨干型企业,仍是医疗行业生态系统的主流,占据着最重要的生态位,联结着系统中的其他成员,如药厂、医疗器械制造商等,并适当地与成员分享价值以吸引和留住成员。移动医疗企业是缝隙型企业,在医生资源和医疗器械、诊断技术等方面对医院有很大依赖,但其可以专注于疾病预防、日常病、慢性病的细分市场,走专门化、差异化之路,提高自身竞争力。

移动医疗还未出现的时候,传统医院问题重重,移动医疗通过线上分诊来提高传统医院的效率,通过普及医疗知识来减少信息不对称,并将常见病、慢性病分流,使得传统医院可以将有限的资源运用到大病治疗和急救中去,提高服务水平,并通过智能设备跟踪数据来改善医院工作流;此外,移动医疗对传统医院存在依赖性,如其最关键资源——医生主要来自传统医院,医生通过传统医院的实践获得经验,移动医疗可以借助传统医院的等级来间接判断医生的水平等级,并且移动医疗的智能诊断数据库来源于传统医院等。另外,传统医院和移动医疗相互依赖,彼此受益,通过医生和患者流动的交换机制来减少生态系统的损耗,创造新的价值,通过动态地协同进化来实现整个系统价值最大化,同时各自从中获利,增加自身可持续性,也满足了患者的需求,是互利共生的关系。

3.4 移动医疗种群内部研究

3.4.1 移动医疗种群内部竞争业态

目前来看,以提高医患互动为核心的平台竞争加剧,许多综合类移动医疗平台发展定位不同,但目前商业模式同质化严重,竞争激烈(春雨医生、平安好医生、好大夫、寻医问药等);而综合类与垂直类平台之间也存在竞争,垂直类平台可以锁定具有特定需求的用户,在细分领域竞争优势比综合类强(如冬日中医、康大预诊、爱牙等)。本章接下来将对典型的移动医疗企业——平安好医生的商业模式进行分析。

3.4.2 平安好医生商业模式分析

1. 公司简介

平安健康云联网股份有限公司是中国平安集团旗下的全资子公司,云联网业务板块的重要成员,于 2014 年 8 月成立,总部设在中国上海。公司依托核心产品"平安好医生"这一在线健康咨询服务平台,建立了由上千名专职的专业医生组成的在线问诊和咨询的平台，以这一独特的线上及电话服务作为切入口，用线上咨询、预约、问诊和挂号及线下健康管理、体检、看病相结合的方式，为客户提供形式多样、内容丰富的个性化医疗及健康管理服务。"平安好医生"APP已于2015年4月正式上线，2019年注册用户已突破3亿。公司力争成为中国云联网健康服务第一入口，解决当今人们看病就医的痛点。

平安好医生的服务涉及在线问诊、医患管理、药品到患者的O2O、电子健康档案、慢病管理、儿童健康服务等医疗健康的多个细分领域，公司以中国移动云联网时代智慧医疗的领航者为目标，致力于打造用户健康管理一站式解决方案提供商，构建一个中国最大的云联网健康产业生态圈。

2. 关键资源能力

平安好医生的关键资源能力为专业化的专职医生团队，贯通线上线下。平安好医生通过在社会上招聘具有十数年公立医院工作经验的医生，建成公司内部的专业医生队伍，为用户做线上或电话的问诊、咨询服务、体检报告解读，并以此为核心提供网上挂号预约等线上服务。这使得使用者在线下就医前就享受到了专家级服务，对自己的健康情况有了充分的认知，再针对病症、病情有的放矢地选择适当的医院和科室来就诊。经线上问诊咨询后，用户可以通过平安好医生的药店购买医生推荐的药品，O2O平台一小时送药上门，在任何地方都能实现无缝的服务对接。这些功能大大节约了患者因为误诊、挂号、换科室、换医院、买药所花费的宝贵时间，极大地缓解了当前中国医疗资源分配不均衡带来的大众看病难的问题。

3. 目标群体

平安好医生的目标服务人群包括三类群体，涵盖所有人群。首先是健康人群，平安好医生为这类人群提供健身、保健、疾病预防等方面的健康管理服务。其次是亚健康人群，此类人群没有明显病症，不需要住院手术，但身体状况不好或者可能存在家族遗传疾病的风险。例如，平安好医生将为患颈椎病等职业病的用户提供专业的有针对性的体检服务，或是为有家族疾病遗传史的用户提供基因检测服务；最后是对于疾病人群，有专业医生全天候提供的线上咨询和问诊，实现无时间限制、不间断的医生咨询。

2019年平安好医生日均问诊量近40万次，以协和医院为例，平安好医生的日均问诊量已超过十家协和的日问诊量之和。平安好医生注册用户已达3亿，每个月的注册用户量还在快速提升，市场不断扩展，销售业绩不断提升。目前平安好医生各项服务位列第一，已是移动医疗行业的独角兽企业，并且能够背靠平安集团的资源，拥有独特的核心服务的竞争资源，现已经过了A轮融资，未来计划单独上市。

4. 产品和服务

平安好医生的服务通过卡片的形式实现，通过下载平安好医生 APP 即可了解并享受相关服务。目前平安标准卡产品正通过集团内部包括产险、寿险、银行、信托、证券等渠道销售。标准卡涵盖了以家庭医生在线问诊咨询和健康管理、体检预约与报告分析、基因检测、名医预约挂号为基础的核心服务。在标准卡范畴内的特色卡或 VIP 卡包括了特色的增值服务和高端服务。

具体来看，通过家庭医生在线问诊咨询和健康管理服务，用户可以享受由平安好医生的专职医生中具有三甲医院背景的副主任医师级的家庭医生团队提供在线咨询和健康管理服务。线上问诊可以通过文字描述、电话、视频等多种形式进行，专家作为家庭医生实现一对一的服务。用户的医疗咨询问题能够快速得到回复，还可以根据医师的建议更有针对性地进行线下求医。用户通过 O2O 平台购买医生推荐的药品，享受一小时送药上门的服务。平安好医生在医生方面做的重资产投资一是为了专业，二是为了时效，让用户在遇到突发性的、急性的疾病时可以随时随地找到医生，解决问题。通过体检预约与报告分析服务，客户可以随时随地通过手机预约在全国四个最大的连锁体检机构进行统一的标准化体检，同时可享受体检报告电子储存、家庭医生线上解读报告、制订健康管理计划的一体化服务。通过基因检测服务，用户可以了解自身遗传基因的问题，了解发病率高的疾病，提前发现可能发生的疾病或及时开始相应的预防。通过名医预约挂号服务，用户可以依托平安的强大渠道，为使用者预约全国著名三甲医院专家名医，进行挂号、电话问诊，力求实现最优质的服务，解决患者排队难、挂号难的问题。除了基础产品外，平安好医生还提供其他特色产品，如老年人慢性病检查、高端海外体检、口腔健康服务等。

5. 盈利模式

平安好医生的赢利点主要分两块。一是线上的广告收入，2016 年 APP 中的植入广告收入实现 6 亿元。二是用户服务费用，如家庭医生卡，180 元一张，有 60 次的问诊机会，每次 15 分钟。同时，平安好医生也带动了保险的收入，寿险一年销售额 5 亿元，产险、银行包括其他公司的销售达到 2 亿~3 亿元，累计贡献将近 10 亿元的销售收入。

3.5 总结

2016年移动医疗投资降温，由于缺乏成熟的商业模式，且市面上一度爆发出现的2 000多款移动医疗APP大多存在功能单一、重合率高等问题，很多移动医疗平台被迫关闭。就医160（2017年更名为健康160）、寻医问药、好大夫在线等企业也接连被曝出裁员新闻，而知名医药电商"药给力"因为融资未果停止运营。由于移动医疗行业的关键资源——医生，尤其是高质量的医生数量有限且培养周期长，在有限资源约束条件下平台不断提高自己获取和利用资源的能力，先进入的企业会有先发优势，患者的信任和平台的口碑对用户的选择影响很大，所以最终可能只会有部分综合性平台凭借较强的资源能力和较完善的商业模式在竞争中存活下来。企业需要突破传统狭义的价值网络，从更大的价值生态范围探寻商业模式价值网络重构的可能，并重新审视当前价值网络的商业模式。对于行业骨干型企业而言，时刻关注基于战略空间层面竞争的同时，还需要"跳出盒子"，从商业模式空间和共生体空间的角度分析行业的发展，并适时地调整自身的商业模式来应对来自不同空间的潜在竞争。对于市场的后来者而言，直接与市场骨干型企业进行战略空间层面的竞争很难，要找到缝隙市场与骨干型企业的商业模式进行互补。

（本章作者：杨泓，胡毅，乔晗，汪寿阳）

参 考 文 献

汪寿阳，敖敬宁，乔晗，等. 2015. 基于知识管理的商业模式冰山理论[J]. 管理评论，（6）：3-10.
魏炜，朱武祥，林桂平. 2012. 基于利益相关者交易结构的商业模式理论[J]. 管理世界，（12）：125-131.
杨玲丽. 2010. 共生理论在社会科学领域的应用[J]. 社会科学论坛，（16）：149-157.
Iansiti M, Levien R. 2004. Strategy as ecology[J]. Harvard Business Review, 82（3）：68-81.
Moore J F. 1996. The Death of Competition: Leadership and Strategy in the Age of Business Ecosystems[M]. New York: Harper Business.
Timmers P. 1998. Business models for electronic markets[J]. Electronic Markets, 8（2）：3-8.
Zott C, Amit R. 2010. Business model design: an activity system perspective[J]. Long Range Planning, 43（2）：216-226.
Zott C, Amit R, Massa L. 2011. The business model: recent developments and future research[J]. Journal of Management, 37（4）：1019-1042.

第4章

基于动态能力理论的动漫衍生品商业模式创新分析：以奥飞娱乐为例

中国动漫产业近年来处于快速发展期，具有较为良好的政策、经济环境鼓励，接近于国际先进水平的技术及广大的社会需求。本章以奥飞娱乐股份有限公司（简称奥飞娱乐，SZ：002292）为案例，基于商业模式冰山理论和 CET@I，分析其从轻工制造业向动漫产业转型过程中，其原有产业背景作为隐性知识对其转型的重要性，以及其原有行业类别（C）、环境（E）和科技（T）各要素在其发展过程中的影响。利用动态能力理论，分析其在商业模式演进过程中，模式形态及各要素的变化，最后分析其商业模式演进过程中的优势与不足。总体上，在劳动密集型轻工制造业企业向科技密集型、资金密集型现代服务业企业转变时，本章可为其提供商业模式演进分析模式的一种参考。

4.1 引言

进入 21 世纪，中国动漫产业的发展得到了国家的大力支持，2006 年 4 月《关于推动我国动漫产业发展的若干意见》的出台，明确了发展动漫产业的发展方向。紧接着出台的《国家"十一五"时期文化发展规划纲要》和《文化产业振兴规划》都把动漫产业列为重点发展门类，《中华人民共和国国民经济和社会发展第十二个五年规划纲要》也明确指出"大力发展文化创意、影视制作、出版发行、印刷发行、印刷复制、演艺娱乐、数字内容和动漫等重点文化产业"，这是中国政府首次把动漫产业提升到国民经济和社会发展的高度。

近年来，我国动漫产业发展迅猛，国产动画片数量不断增加，从 2001 年的不足 2 万分钟到 2015 年超过 20 万分钟，从不足 20 部到超过 400 部，动漫总产值从 2010 年的 470.84 亿元到 2015 年突破 1 200 亿元。

在这个过程中，涌现出一批知名的动漫 IP（intellectual property，知识产权），如《喜羊羊与灰太狼》《巴啦啦小魔仙》《大圣归来》《大鱼海棠》《镇魂街》《雏蜂》等。这些 IP 背后的控股人，均为奥飞娱乐。这家公司以动漫衍生品及玩具制造业起家，在发展过程中，不断调整业务构成，进行产业转型升级，并在多个阶段取得成功。目前，公司发展进入泛娱乐文化产业的关键时期，离其树立的成为"中国的迪士尼"的目标已经非常接近。对其在产业转型升级的不同时期，商业模式如何进行创新开展分析，可以为其他类似的轻工制造业企业的转型升级提供借鉴与参考。

4.2 背景

4.2.1 政策环境

近年来，国家和地方政府出台多项深化发展和扶持文化产业、电影产业的宏观政策和动漫产业内部政策文件。

4.2.2 经济环境

当前中国经济仍处于经济增长速度换挡期，结构调整阶段，经济平稳增长。国民经济的持续增长，为动漫产业投资融资提供了经济支撑；城乡居民收入的稳步增长，为居民文化消费奠定了物质基础。

从产业的角度出发，在政府提出"中国制造 2025"的大方针下，中国将从劳动密集型产业为主的出口经济，逐步转变为以技术密集型及知识密集型为主的创新经济。动漫产业具有拥有广大的消费群体，市场的需求大，生命周期长，制作成本高，利润高，产业附加值高的特点。发展动漫产业可以促进中国经济结构调整和产业结构升级，可以推动经济的增长、扩大就业。动漫产业直接产品包括影视作品、游戏、音像产品等，衍生品多，包括玩具、服装、图书、教育等，通过衍生品的开发、生产和销售，势必带动传统产业的发展。

4.2.3 技术发展

信息技术的发展催生了各种各样的新媒体，三网融合极大地促进了信息产业和文化产业的融合发展。

随着新媒体技术的持续变革，人们的生活方式、文化意识、消费习惯及传播媒体的形式和内容都在发生翻天覆地的变化，在互联网应用持续普及，社交网站、电子商务、在线视频观看成为人们生活方式的同时，以"粉丝经济""O2O"等为代表的互联网思维不断跨界，"互联网+"的跨行业融合发展应运而生，对传统行业产生了颠覆性的影响。

4.2.4 社会需求

从社会角度出发，动漫产业能满足人们不断增长的精神需求，作为文化创意产品，人们对作品的精神性、文化性和娱乐性的要求很高。

中国目前儿童食品每年的销售额为 350 亿元左右，玩具销售额为 200 亿元左右，服装销售额达 900 亿元，现在青年人对于玩具和游戏的需求量很大，且以上这些消费品种类均可以与动漫相结合，完善动漫产品衍生品的市场，中国拥有很大的动漫潜在市场。尤其当 80 后甚至 90 后逐渐成长为社会消费主力时，中国动漫消费市场迎来了新的消费机遇，这批从小被动漫环境熏陶的一代，是中国动漫产业的主力消费人群。人口结构的持续变化和动漫消费群体的成长发展，为国产动漫由适应低幼儿童、青少年和年轻人等不同年龄群体的需要转向全年龄化市场模式发展奠定了坚实的消费受众基础。

4.3 文献综述

4.3.1 商业模式创新分析综述

关于商业模式创新的研究在学术界是比较受到关注的，这些研究成果大致可以概括为：第一，关于商业模式创新动力方面的研究。Gambardella 和 McGahan（2010）以生物制药企业为例，认为技术市场化是商业模式创新的前提。Sosna 等（2010）提出商业模式创新是在商业环境变化的压力下进行的。Lindgardt 等（2009）提出创新可以帮助企业在经济倒退时抓住商业机会。第二，关于商业模式创新途径方面的研究。主要包括商业模式组成要素创新（Johnson et al., 2008）、商业模式系统创新（原磊，2007；Zott and Amit, 2010）、价值链视角的商业模式创新（Magretta, 2002；高闯和关鑫，2006）、战略视角的商业模式创新（Mitchell and Coles, 2003）。第三，商业模式创新的实施研究。例如，Johnson 等（2008）提出了应该进行商业模式创新的五种时机，Chesbrough（2007）从商业模式升级角度介绍了企业优化其商业模式的方法和步骤。第四，商业模式创新的阻力研究。Chesbrough 和 Rosenbloom（2002）提出企业内已建立的商业模式会强烈影响商业模式创新决策过程中所需信息，Chesbrough（2010）、Sosna 等（2010）提出组织结构的不完善、快速变化的市场都可能成为商业模式创新的阻力。

虽然商业模式创新这一领域已经普遍受到国内外学者的关注，但是对于新技术如何运用于现有企业分析得较少。而且以往都是针对在主营业务变动较小情况下，制造业企业的商业模式变化，而对动漫产业相关的企业，特别是主营业务不断应时调整的动漫衍生品制造企业缺乏相应的分析研究。因此本章拟聚焦于动漫衍生品制造企业，分析其在产业转型升级过程中商业模式的变动方式。

4.3.2 动态能力理论

动态能力的概念由 Teece 等（1997）提出，他们认为动态能力中的动态是指企业为了迎合商业运行环境的需要而对自身已有能力的重新调整和构建，而能力是指恰当调整、整合和重构组织内外的技能、资源和功能。

Zollo 和 Winter（2002）认为企业的动态能力是一种可以学习模仿的模式，其实质就是一种可以变化的惯例，体现为企业对已有知识的存量及对新知识的开发。Zott（2003）认为动态能力是寻找替代资源配置的能力。所谓的"动态"表明机会稍纵即逝，要及时抓住，及时更替，要走在市场前沿，市场难以预测，企业需要创新地应对市场环境的变化。"能力"是强调对企业内外部组织资源、技能及职能竞争力的适当配置、重组、整合，以适应环境变化的要求。

4.4 方法与资料

4.4.1 方法

本章采取单案例分析方法。以国内动漫衍生品行业的知名企业为研究对象，深入分析其商业模式的演变，归纳其在发展过程中调整商业模式及企业经营重点的规律和方式，为我国同类型轻工业制造类企业的转型升级提供参考。

在具体分析方法层面，本章将动态能力理论与商业模式分析方法结合，首次应用于动漫衍生品行业的分析。而且该分析是根据业内领军公司的发展状况及几次重大转型事件进行的动态分析。

本章开展商业模式分析的理论是汪寿阳等（2017）基于知识管理和系统工程思想，提出的商业模式冰山理论和 CET@I 方法论。冰山理论揭示了商业模式中隐性知识的重要性，而 CET@I 方法论则通过界定并分离相关要素概念，将隐性知识具体化为行业类别、环境和科技，体现集成分析的重要性。这个理论体系，在研究中，既可区别表象的显性知识，还有助于根据数个不同的角度全面思考一个组织的商业模式成功之处或不可复制的原因，强调了环境对商业模式形成和演变的重要影响。

4.4.2 资料

本章需收集案例公司往年的主营业务、经营状况等资料，以及公司转型调整中发生的兼并等行为的情况。资料的收集基于企业官方发布、期刊文章及 Wind 资讯等。

4.4.3 案例选择

本章选择奥飞娱乐作为研究对象。该公司以玩具制造起家，通过代工国外优秀动画作品的衍生品接触动漫产业。企业经过数次调整，已经较为成功地将自身从谷底的代工制造向下游的市场营销、渠道推广端及上游的 IP 创意、内容制作扩展，逐步形成了自己的优势，在国内成为业内龙头。一些企业，如美盛文化，也正在学习奥飞娱乐的发展方式，扩展自身在全产业链上的覆盖范围，以获得更高的利润。

4.5 案例分析

4.5.1 案例描述

1. 奥飞娱乐发展历程

奥飞娱乐是中国目前最具实力和发展潜力的动漫及娱乐文化产业集团公司之一，以发展民族动漫文化产业，让快乐与梦想无处不在为使命，致力于构筑东方迪士尼，包括内容创作、影视、游戏、媒体、消费品、主题业态等。

自1993年成立至2004年，以玩具制造为主，通过引入海外热门动漫 IP 来促进玩具的销售；

2004年到2009年开发原创动漫，形成动漫+玩具商业模式；

2009年至2013年，构建动漫全产业链商业模式，布局创意、动画片制作播出、动画形象授权、衍生产品、动漫玩具开发与销售等动漫全产业链；

2014年至今，其发展战略是：确立以 IP 为核心打造泛娱乐生态系统的战略，强化 IP 开发及运营能力，同时布局游戏、电影、教育等泛娱乐领域。

2. 动态能力的提升

通过回顾奥飞娱乐的发展历程，可以看出，在其成立初期，与其他玩具代工工厂类似，以为国外游戏、动漫厂商生产国外品牌的玩具为主营业务。在代工生产过程中，为提高利润，经营者必须要做出调整。一方面，对接自产动漫，提高品牌溢价；另一方面，在已有的较强销售渠道基础上，获得媒体渠道，推动品牌知名度的提升。此时，盈利中开始包含品牌价值。近年来，奥飞娱乐一直走在同行的前面，通过收购相关公司，提升自身的 IP 创造、培养能力。与之前的扩张不同，在这次扩张后，奥飞娱乐的盈利能力受到一定影响。产业链拉长、资金链紧张、新业务收益慢等很多在全产业链扩张时可能遇到的问题也出现在奥飞娱乐身上。因此，有必要以冰山理论，从不同因素的角度，对其商业模式进行分阶段的分析。

4.5.2 不同扩张阶段的商业模式演进

在冰山理论中，商业模式分为显性知识和隐性知识，隐性知识为内部环境和外部环境，而对显性知识的界定众说纷纭，包括商业模式画布分析法的九要素、魏-朱六要素等。由哈佛大学教授约翰逊（Mark Johnson）、克里斯坦森（Clayton Christensen）和 SAP 公司的 CEO 孔翰宁（Henning Kagermann）共同撰写的《商业模式创新白皮书》中提到：任何一个商业模式都是一个由客户价值（价值主张）、企业资源和能力（经营模式）、盈利方式构成的三维立体模式。

为了能够对奥飞娱乐各阶段进行详尽对比分析，本章选取上文的三维立体模式作为商业模式显性知识进行界定，即价值主张、经营模式及盈利方式。

以下将基于动态能力理论，对奥飞娱乐商业模式的演化进行分析。

1. 成本为先：轻工制造业为主时期的商业模式

这一时期为 1993~2003 年，奥飞娱乐还处于奥迪玩具公司阶段，以生产玩具为主营业务，处于产业链的最末端，其商业模式主要如下。

价值主张：在初创阶段，以制造类企业常有的提高质量、制造消费者满意的商品的理念为价值定位。这一时期，质优价廉是公司生产追求的主要目标。随着企业规模扩大，知名度提高，企业也提出新的价值定位。在质量方面，奥迪公司于 2002 年一次性通过德国 TUV 和 CQC 认证并提出质量方针——"锲而不舍，追求卓越，为顾客持续提供新颖优质的智能、娱乐产品，用科技创造欢乐"，而企业的价值理念也调整为"为社会创造效益、为市场创造繁荣、为顾客（合作伙伴）创造利润、为员工创造价值"，立志成为中国玩具行业的领头羊。

经营模式：奥迪玩具彼时的业务系统类似于其他较为成功的轻工制造业企

业，拥有占地上百亩①的工业园区，数千名员工，较为完善的产品原材料供应链体系，适应不同类型产品的制造流水线，质量控制、检测部门，改进产品性能的研发部门，庞大的市场营销队伍、代理商，以及物流等辅助部门。这些都是传统制造业企业中存在的部门。

盈利方式：类似于传统制造业企业，主要盈利点为收入和成本之间的毛利润。毛利润的高低在于对市场的把握。即便在当时，奥迪玩具公司也在制造方面采取了不同方式，既包括自主设计玩具，也有对知名品牌的模仿改造，特别是对四驱车的仿制改进，迅速打开了市场，并奠定了企业在行业中的位置。经过不断发展，奥迪玩具公司在当时的主要经营活动包括设计、开发、生产、经营竞技类玩具、遥控玩具和智能数码系列及女孩玩具系列等近千个品种，品牌知名度位居国内行业榜首。

内部环境：与多数当时发展的轻工制造业企业类似，企业的经营者自身有较强的创新意识和身先士卒的勇气与魄力，很多事情亲力亲为。强调创新，是奥迪玩具公司成功的重要因素。经营者拍板引进国外优秀动画片，如1997年引进日本的《四驱小子》，借动画片之势宣传玩具品牌，以成熟的玩具制造业和良好的质量巩固口碑。尽管后来随着动画片的播放，也出现了"山寨"产品，但"动漫+玩具"的方式，已经给企业的发展带来了启发。

外部环境：20世纪90年代是改革开放进一步深入的时期，奥迪玩具公司地处有"中国玩具之城"称谓的广东省汕头市澄海区，既有天然的对外开放性，较早、较快接触到外界的先进理念，又有较好的玩具制造传统和配套供应链，兼具信息及制造优势。同时，国内玩具市场有大量空白需要填充，而电视台也需要新的动画片片源。奥迪玩具公司在21世纪初以"动漫+玩具"的方式开始在两个领域的空白处发展，也为企业的转型做好铺垫。

2. 营销为先：运营下游渠道时期的商业模式

该阶段为2004~2010年，2004年奥飞文化传播有限公司成立，成为奥飞公司走向文化产业，向产业链下游扩张的标志。

价值主张："玩具+动漫""玩具先行，动漫内容辅助发展"，此阶段奥飞公司以玩具生产为核心，以动漫形式提高衍生品玩具的知名度，扩大市场份额。

经营模式：此时的奥飞公司，业务系统不再局限于制造业企业的各个子系统。此阶段的初期，补充了与外方动漫企业开展联盟合作的对外合作部门，以及根据外方的动漫形象进行衍生品改造的设计开发部门。此后，为减少对联盟企业的依赖并降低版权费、代理费等成本，又新增了自主动漫的设计制作部门。此时的对

---

① 1亩≈666.67平方米。

外合作部门,也从单纯对国外、境外的合作,转向同地方电视台等宣传渠道的合作,直到收购嘉佳卡通频道,获取了完整的宣传渠道。

盈利方式:由于玩具仍是核心业务,因此,其产业运营营收在总收入中依然占据较高比例。但是随着企业内动漫部分的逐渐壮大,动漫创作、开发、推广,也逐渐成为盈利点之一。而且,其玩具生产,既有现有动漫产品的衍生品开发模式,又有自主动漫占据宣传渠道,玩具产品反哺动漫开发的模式。前者的典型盈利方式是同迪士尼合作,生产米奇等形象的玩具产品,后者则是通过拍摄动漫作品及影视剧来带动玩具销量,提高品牌溢价。

内部环境:经营者坚持到底的决心、创新的发展路径和团队优秀的执行力是这一时期奥飞动漫成功的重要内部原因。奥迪玩具公司做的是制造业,奥飞动漫要做的是文化产业,这种跨界经营难免会带来困难,但经营者仍坚持运营。同时,在接受经营者的运营思路后,奥飞动漫的团队坚持玩具制造这一核心业务,以动漫作品作为玩具品牌的营销手段,再辅之以其后拥有的媒体渠道,最终开拓出当时新的动漫衍生品企业转型模式。

外部环境:奥飞动漫选择的"玩具为主,动漫辅助"的发展路径,既是因为在玩具行业占有优势地位,也是因为当时的外部环境并不利于学习迪士尼"内容先行,以衍生品收回成本"的方式。动画行业在我国被认为是儿童节目,广告吸引力小,各电视台的采购成本也随之降低至制作成本的1/10甚至更低。而当时动画作品的媒体渠道主要集中于电视台,互联网视频尚处于初级阶段,这也决定了企业如果单纯依靠动画作品将是入不敷出,难以为继的。因此,外部环境对奥飞动漫基于自身禀赋选择发展路径有很大影响。

3. 内容为王:泛娱乐时期的商业模式(2011年至今)

价值主张:当前,奥飞娱乐的企业口号为"让快乐与梦想无处不在",价值定位也调整为"致力于构建中国领先的动漫及娱乐产业运营平台,为消费者提供创新文化及周边产品和服务"。2016年,奥飞动漫发布公告,"广东奥飞动漫文化股份有限公司"更名为"奥飞娱乐股份有限公司",这次更名意味着奥飞从"动漫+玩具"转型为"内容+互联网化+国际化+科技化"的泛娱乐发展的模式,是围绕IP所进行的商业模式升级和产业价值链的深化。

经营模式:在这一时期,奥飞动漫为向产业链的上游扩张,大规模投资收购或参股不同类型的动画制作、剧目演出和互联网推广等不同类型的公司,使这些业务出现在总体的布局之中。同时,在获得业务能力的同时,IP获取及开发也成为公司的重要业务之一。奥飞动漫对IP的态度是"以IP为核心,以IP连接一切"。获取IP的著名投资包括2013年收购《喜羊羊与灰太狼》品牌及其制作团队,原创动力。开发方面则是2015年以9.04亿元收购中国大型原创漫画平台"有妖气",借此将

IP 受众延伸到全年龄段，也为未来衍生品向全年龄段扩展奠定了基础。

盈利方式：业务方面的多路投入，自然希望能获得多重回报。由图 4-1 可知，从毛利的绝对量看，自 2007 年奥飞动漫上市以来，由于新业务开展时间尚短，主要的盈利仍来自玩具销售类，2016 年，这一比例为 57.5%。但动漫玩具业在玩具销售盈利中所占的比例逐步提升至 80%以上，反映出即使在主营业务中，品牌效应带来的溢价也非常可观。从毛利率的角度看，新业务的势头不可小觑（图 4-2）。游戏类业务从一直保持在 80%及以上的毛利率，动漫影视类保持在 50%左右，设计及制作虽然毛利贡献很低，但毛利率很高，而且可以为其他业务提供支持。电视媒体的毛利及毛利率虽低，但作为宣传渠道，其作用也至关重要。而且，奥飞动漫还与好莱坞合作，投拍影视作品，如《荒野猎人》《刺客信条》等，进一步提升了公司的知名度。

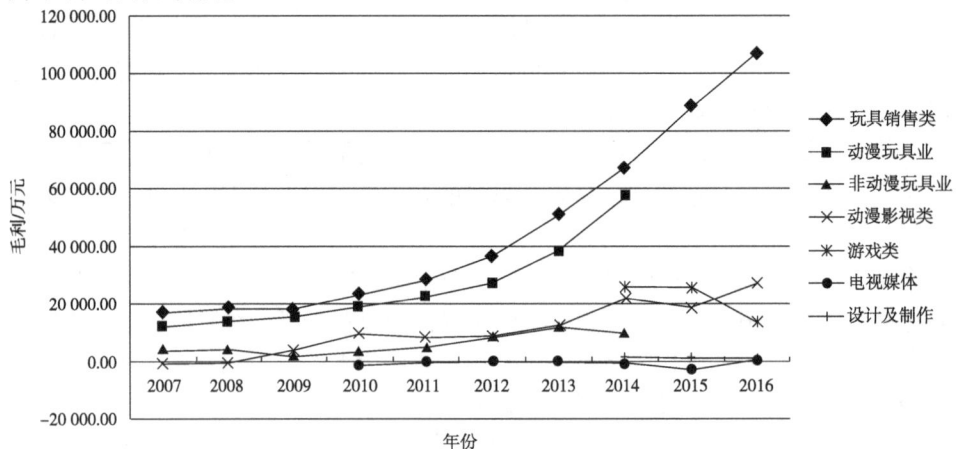

图 4-1　2007~2016 年各主营业务毛利

资料来源：Wind 资讯数据库

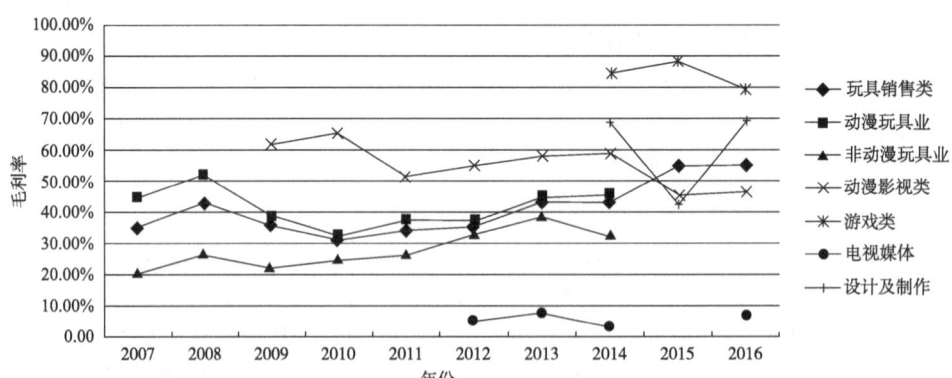

图 4-2　2007~2016 年各主营业务毛利率

资料来源：Wind 资讯数据库

内部环境：这一阶段，融合发展、共同发展成为奥飞动漫内部管理的方式。由于收购、参股了多家动漫工作室，并在多个行业开展投资，奥飞动漫面临着跨界经营多品牌的风险。奥飞选择建立集团化管控模式，以事业群和业务单元为核心经营主体，下沉职能管理，充分授权。同时，鼓励机制创新，允许不同的管理方式存在，就是为了提高团队竞争力和效益。

外部环境：奥飞娱乐的转型升级，恰好拥有天时地利。在天时方面，在奥飞涉足动漫产业初期，政府大力发展动漫产业和一系列扶持产业发展的政策出台，促使奥飞迎来了转型发展的契机。针对玩具产业劳动密集型生产特征、粗放型增长的发展模式，奥飞所在的澄海区把提高企业文化创新能力放在突出位置，促使玩具业向创意产业、文化产业等高端产业发展，大力实施科技兴区战略，精心构筑动漫玩具发展服务平台，为玩具企业提供研发创新技术支持。使玩具礼品业向创意产业、文化产业等高端产业发展。在地利方面，澄海区是中国著名的玩具礼品出口基地，是广东玩具生产企业最密集、科技创新能力最强及科技含量最高的地区。得益于欧美市场复苏和"一带一路"倡议的带动，澄海玩具企业得到了更多的市场订单。澄海玩具企业还借助迅速崛起的各类电子商务平台，实现新的市场延伸。

4.5.3 商业模式演变的优势与不足

1. 优势

奥飞开展"动漫+玩具"的经营模式，先以原创动画片推广玩具销售，再以动漫原创为核心，产业链条不断延长。在成功上市后，通过注资、收购等方式从嘉佳卡通、魔屏、爱看动漫等平台获得渠道能力，以热门 IP 作为连接点，向动漫、游戏、影视等产业延伸，已构建起一条从内容创作、衍生品生产销售、形象授权、媒体传播到产品设计、市场营销的完整动漫产业链。

如今，奥飞已经从最初单纯的产业链延伸扩展到相关性更弱的领域。公司正向产业生态圈迈进，2015 年公司基本完成 IP 创造、IP 传播与 IP 衍生产业相互协同发展的泛娱乐生态圈的构建。2016 年奥飞泛娱乐多元产业生态圈全面加速。公司已构建以 IP 为核心，涵盖动漫、玩具、婴童、游戏、授权、媒体、电影等的多元产业格局，形成各产业相互协同、深入发展的泛娱乐生态圈。奥飞多年积淀的强大动漫 IP 运营能力，有力地激发了公司多元产业群全面加速发展，同时借助互联网渠道不断优化各业务板块的运营模式。

2. 不足

尽管奥飞将业务拓展到动漫全产业链，一旦成功，将获得如迪士尼一般的伟大成功，但目前的商业模式，也存在一些不足，主要包括以下三点。

一是 IP 孵化的长时间引起的盈利能力减弱。

IP 孵化需要一定的时间才能变现，前期存在较大风险和不确定性。例如，奥飞收购的漫画平台"有妖气"最为人知的 IP 之一《十万个冷笑话》经过了 5 年时间才实现了从漫画到动画，再到大电影、游戏授权的阶段，而下一个 IP 孵化也至少需要 3~5 年的时间。

前期投入增加及收入不稳定，使奥飞的盈利能力有所减弱。2015 年，奥飞营收 25.9 亿元，同比增长 6.65%，归属上市公司净利润为 4.88 亿元，同期增长 14.10%（增长率低于 2014 年同期数据 85.33%）。这其中，占总营收 60%以上的玩具业务营收增速放缓，为 2.32%（上年同期为 33.03%）。奥飞的电视媒体业务、表演类业务和信息服务类业务则处于亏损状态。

二是目标消费群体范围亟待扩大。

在国内，动漫的消费群体通常被定义为 K12，同时奥飞的禀赋及优势也在于玩具制造，这些都导致奥飞的目标消费者被局限于儿童，从而降低消费能力更强的中青年客户成为消费者的可能性。

在互联网经济时代，制造业的利润率相对较低。如前文所述，尽管游戏部门的业务才刚刚开始，其毛利率就已经达到很高的水平。由于奥飞于 2015 年才收购"有妖气"，刚刚将目标客户群拓展至全年龄段，因此有必要在做好目前主营业务的情况下，针对中青年客户群的需求和习惯，从玩具（手办类）、游戏等多方面开发新产品，将他们对动漫及品牌的支持，转化为实际的消费行为。

三是加快产品升级，减小知识产权被侵犯风险。

我国轻工制造业品牌不容易做大做强的一个重要原因，就是知识产权保护的力度不够，致使仿制成本低廉，"山寨"品比正品畅销，劣币驱逐良币。奥飞娱乐作为玩具制造商，动漫类玩具有很大可能遭到仿冒或侵权。在这种情况下，只依靠打假、诉讼等手段，成本太高，并非长久之计。有必要提高非玩具类业务盈利能力，如游戏、演出、影视等。这些业务仿冒成本很高，经营有道又可产生较高的利润率。因此，商业模式转型的情况下，主营业务也有必要逐渐调整，以减小知识产权被侵犯的风险。

4.6 总结与启示

4.6.1 总结

本章以企业基于动态能力扩张，谋求转型升级为基础，以冰山理论为方法指导,以奥飞动漫为研究对象,对其不同时期的商业模式进行分析。奥飞动漫的经营者根据企业自身禀赋及外部环境,在不同时期就进行或准备进行商业模式调整,从最初从事玩具生产、代工,到通过获得下游渠道推广自身品牌产品,再到向上游扩张开发培育 IP。这些调整,都在一定程度上获得了成功,也为其他类似曾经从事代工制造的企业适应国家提出的"供给侧结构性改革",开展转型升级提供了可供借鉴和参考的对象。

4.6.2 启示

1. 环境的推动力

企业内外环境的变化,带给企业机遇与挑战。企业只有顺势而为,稳步调整,抓住机遇,避开风险,才有可能在不断变化的环境中获得成功,一成不变的企业,终会因不适应环境而消亡。在 2008 年之前,玩具加工出口行业受到我国加入世界贸易组织这一有利环境的激励发展迅速。奥飞在享受出口带来的利益时,也注意培养跨界发展理念,积累跨界资源。在 2008 年全球金融海啸来临之际,单纯外贸企业或贴牌制造企业纷纷受到冲击,而奥飞则以"玩具+动漫"的华丽转身进一步巩固自己的市场地位。商业模式中的显性知识准备越充分,在面对环境变化时,企业的应对也将越从容。

2. 企业家精神对企业发展的作用

需要指出的是,奥飞动漫的成功,既有内外环境及显性知识的共同作用,也与其经营者对企业发展的责任感和对事业的执着有很大关系。奥飞的经营者在公司建立后很早就秉持要将企业打造为"中国的迪士尼"。经营模式的演变,实际就是企业家本人将奥飞动漫对标迪士尼的过程。在转型过程中,机遇与压力并存。为了增强公司的资金运转能力,2016 年 5 月董事长蔡东青及家族共减持 6 000 万股,套现约 21 亿元作为公司的无息贷款。企业家能不安于现状,不忘初心,以现有所得补事业成功路上之所失,坚持向既定目标进发,才可能最终获得成功。无论最终的成败,企业家的执着都是奥飞动漫的特质,也是不容易为其他企业所学的要素之一。

(本章作者:李淑沁,胡毅,乔晗,汪寿阳)

参 考 文 献

高闯,关鑫. 2006. 企业商业模式创新的实现方式与演进机理——一种基于价值链创新的理论解释[J]. 中国工业经济, (11): 83-90.

汪寿阳, 乔晗, 胡毅, 等. 2017. 商业模式冰山理论: 方法与案例[M]. 北京: 科学出版社.

原磊. 2007. 商业模式体系重构[J]. 中国工业经济, (6): 70-79.

Chesbrough H. 2007. Business model innovation: it's not just about technology anymore[J]. Strategy & Leadership, 35 (6): 12-17.

Chesbrough H. 2010. Business model innovation: opportunities and barriers[J]. Long Range Planning, 43 (2~3): 354-363.

Chesbrough H, Rosenbloom R S. 2002. The role of the business model in capturing value from innovation: evidence from Xerox Corporation's Technology Spin-Off Companies[J]. Industrial and Corporate Change, 11 (3): 529-555.

Gambardella A, McGahan A M. 2010. Business-model innovation: general purpose technologies and their implications for industry structure[J]. Long Range Planning, 43 (2~3): 262-271.

Johnson M W, Christensen C C, Kagermann H. 2008. Reinventing your business model[J]. Harvard Business Review, 86: 50-59.

Lindgardt Z, Reeves M, Stalk G, et al. 2009. Business Model Innovation. When the Game Gets Tough, Change The Game[R]. The Boston Consulting Group, Boston.

Magretta J. 2002. Why business models matter[J]. Harvard Business Review, R0205F.

Mitchell D, Coles C. 2003. The ultimate competitive advantage of continuing business model innovation[J]. Journal of Business Strategy, 24 (5): 15-21.

Sosna M, Trevinyo-Rodríguez R N, Velamuri S R. 2010. Business model innovation through trial-and-error learning: the naturhouse case[J]. Long Range Planning, 43 (2~3): 383-407.

Teece D J, Pisano G, Shuen A. 1997. Dynamic capabilities and strategic management[J]. Strategic Management Journal, 18 (7): 509-533.

Zollo M, Winter S G. 2002. Deliberate learning and the evolution of dynamic capabilities[J]. Organization Science, 13 (3): 339-351.

Zott C. 2003. Dynamic capabilities and the emergence of intraindustry differential firm performance: insights from a simulation study[J]. Strategic Management Journal, 24 (2): 97-125.

Zott C, Amit R. 2010. Business model design: an activity system perspective[J]. Long Range Planning, 43 (2~3): 216-226.

第 5 章

生态型商业模式的多层次协同效应模型:以万达文化产业为主的多案例对比研究

5.1 引言

21世纪的第二个十年,商业关系正以前所未有的速度发生改变。商业模式成为当今企业获得核心竞争力的关键,成功的商业模式往往可以使企业保持核心竞争力、占领市场份额,从而获取持续利润。随着信息技术的发展和交易成本的降低,企业比以往更加关注商业模式创新,越来越多的组织和群体间缔结起复杂的竞合网络,形成了全新的竞争格局。

在这一背景下,生态型商业模式成为大型多元化企业竞相追逐的目标,亚马逊、百度、阿里巴巴、腾讯、小米、乐视等众多知名企业都在筹建着各自的商业生态系统。商业生态系统,是指以组织和个人(商业世界中的有机体)的相互作用为基础的经济联合体,是供应商、生产商、销售商、市场中介、投资商、政府、消费者等以生产商品和提供服务为中心组成的群体。各成员在一个商业生态系统中承担着不同的功能,各司其职,但又形成互赖、互依、共生的生态系统。在这个商业生态系统中,虽有不同的利益驱动,但各成员互利共存,资源共享,注重社会、经济、环境综合效益,共同维持系统的延续和发展。

商业生态系统在理论上是一种十分合理的商业模式,但企业界在实践的过程中又遇到了新的问题。某些企业的商业生态系统稳定高效、充满活力,能够可持续发展，另一些企业虽然完成了生态系统的布局，但各成员间未能形成有机的整体，甚至为企业的发展带来了负面效应。生态型的商业模式成功的关键因素是什么？如何真正构建可持续发展的商业生态？这些问题也推动了商业生态系统理论的进一步研究。

本章的创新之处在于，现有文献大多关注于集群内部企业之间的协同效应，而较少关注企业商业模式涉及的协同问题。本章结合新的商业时代背景，针对当今社会普遍关注的大型多元化企业，认为生态型商业模式成功的关键因素之一是商业生态系统的协同效应，并提出生态型商业模式的多层次协同效应模型，探索企业如何布局商业生态系统，并产生有效的协同效应。

本章基于商业生态系统的理论视角，提出了生态型商业模式的多层次协同效应模型，为大型多元化企业构建商业生态系统提供了参考。依据本章提出的理论模型，本章进行了多案例的分析研究。首先，本章分析了万达文化产业的商业生态系统和协同效应，强调协同性是商业生态系统成功的关键因素之一。除万达文化的案例分析外，本章还分别对万达文化与乐视生态、星美影业和迪士尼公司进行多案例对比研究，从不同视角展现了万达文化的优势与挑战，同时为企业实践提出了忽略生态协同的警示。本章的理论模型与多案例研究对学术界和企业界均有一定的启示作用。

本章余下的部分安排如下：5.2 节对商业模式、商业生态和协同理论进行文献综述；5.3 节提出生态型商业模式与多层次协同效应模型；5.4 节和 5.5 节分别分析了万达文化产业的案例以及万达文化与乐视网、星美影业和迪士尼公司的多案例对比研究，为企业实践提供参考和警示；5.6 节总结主要结论与启示。

5.2 文献综述

5.2.1 商业模式与商业生态

商业模式研究是学术界近 20 年来的一个新兴领域，涉及的主要研究问题有商业模式的定义、组成要素、分析与设计方法、创新途径等。不少学者依据一个或几个企业的实践案例，提出了商业模式的分析方法与框架。Osterwalder 和 Pigneur（2010）提出了商业模式画布；Zott 和 Amit（2010）基于业务系统的视角，提出了包含内容、结构和治理三个要素的分析框架；Teece（2010）的分析框架是一个首尾相接的环状模型；魏炜等（2012）提出了商业模式六要素模型。

尽管上述研究成果在学界和企业界被广泛用于商业模式的分析，但现有文献中的分析方法很难清晰和完整地刻画地域环境、行业类别等外部因素对商业模式的影响。针对这些局限，汪寿阳等（2015）提出了商业模式冰山理论和 CET@I 方法论，指出商业模式具有显性知识和隐性知识，应该系统科学地对商业模式进行分析。在冰山理论的框架下，提出 CET@I 方法论用于分析商业模式的隐性知识。商业模式冰山理论能够解释"为什么成功的商业模式难以被复制"，为企业进行商业模式创新提供了重要参考和借鉴。汪寿阳等（2016）对多个行业的商业模式展开了一系列研究，取得了一些有启示意义的研究成果。

随着有关商业模式的研究越来越深入，商业模式的概念已不仅仅局限于企业内部的组织和运营，企业如何与外部的利益相关者保持合理的竞合关系也是商业模式研究的重要课题。因此，商业生态系统的视角逐渐受到了学术界和企业界的广泛关注。产业生态系统与自然生态系统的进化过程具有一定的相似性。Frosch 和 Gallopoulos（1989）提出产业系统应向自然生态系统学习，并可以建立类似于自然生态系统的产业生态系统。Moore（1993）首次提出了"商业生态系统"的概念，即以组织和个人（商业世界中的有机体）的相互作用为基础的经济联合体。

借鉴生态学的相关理论，相关学者研究了商业生态系统的组成、结构和功能，探索商业生态规律，进而优化商业生态系统，促进企业和行业的可持续发展。Karhu 等（2011）构建了电子商务生态系统的概念框架，解释了企业如何与客户共同创造商业机会。梁运文和谭力文（2005）构建了成功商业生态系统的价值结构模型，讨论了与成功商业生态系统相匹配的企业角色，并定义了与企业角色相匹配的战略任务。商业生态系统还重塑了学者们研究传统供应链的视角。例如，Rong 等（2015）探究了物联网如何重构传统供应链，促成商业生态系统的协同进化。

5.2.2 协同理论

协同的概念来自系统科学的协同学理论，Ansoff（1965）提出了企业协同的概念，认为协同是指相对于各独立部分进行简单汇总而形成的企业集群整体的经营表现，即两个企业之间共生依存的关系。协同学表达了整体价值大于各部分价值简单加和的思想。协同理论主要包括协同效应原理、序参量原理和自组织原理。其中，协同效应原理是指由于协同作用而产生的结果，即复杂开放系统中大量子系统相互作用而产生的整体效应或集体效应（哈肯，1984）。

近年来，协同学理论也被许多学者应用于企业战略与组织管理的领域。例如，有些学者研究了企业兼收并购的协同效应。Chatterjee（1986）将并购协同效应分为合谋的、经营的和财务的协同效应三类。Lubatkin（1987）将协同效应分为技术的、货币的和多元化的协同效应三类。此外，企业集群间的协同竞争与协同发展也受到了许多学者的关注。刘友金和杨继平（2002）构建了集群中企业协同竞争博弈模型，并通过对博弈模型的分析，提出集群中企业进行合作创新的四个条件。肖建华等（2016）利用我国服务业样本数据，比较分析了不同治理模式下智力资本协同效应。

另外，商业生态系统的协同效应是商业生态理论的重要研究领域。Bakshi 等（2015）构建了技术生态协同的可持续发展的商业生态框架。陆杉和高阳（2007）提出了供应链企业的协同合作模式，在商业生态系统的不同发展阶段实现供应链合作企业之间的高度整合，最终形成健全的商业生态系统，和系统内的成员共同进化。洪柳（2010）基于价值链角度，分别从资源、管理、知识、资金和人员等方面分析商业生态系统内企业间的协同问题，总结提出了企业间的协同创新效应、协同竞争效应和协同文化效应。

总结来看，现有文献不管是从企业战略管理还是商业生态系统的视角出发，大多关注于企业之间的协同效应，而较少关注企业商业模式涉及的协同问题。本章的创新之处在于针对当今社会普遍关注的大型多元化企业，探索企业所布局的产业链内部、不同产业链之间及不同产业产生的协同效应，提出生态型商业模式成功的关键因素之一是商业生态系统的协同效应。

5.3 生态型商业模式与多层次协同效应模型

5.3.1 基于生态视角的商业模式

本章认为，商业生态系统各成员间能否有效协同往往是商业模式能否成功的关键因素之一。协同性指各个子系统相互作用而产生系统规则。复杂性模式的出现实际上是通过底层（或低层次）子系统的竞争和协同作用而产生的，而不是外部指令。商业生态系统是一个复杂适应系统，在一定的规则下，不同种类的、自我管理的个体的低层次相互协同作用，推动着系统向高层次有序进化。

本章提出的生态型商业模式如图 5-1 所示，其中包括从内到外的三层次生态系统。最内层和最核心的部分是核心产业链，指的是焦点企业具有固有优势或发展较为成熟的产业链。中间层和最外层分别是生态圈流动要素和生态圈衍生产业，模型展现了企业利用核心产业链积累的资源（即生态圈流动要素），向相关产业链进行扩展和衍生，构建完整的商业生态系统和商业生态圈的过程。其中，生态圈流动要素可能包括但不限于资本（资金、人力、知识等）、资产（固定、流动、隐形等）、客户（忠诚度、口碑等）。此外，不同的生态圈衍生产业之间及与核心产业链之间需存在一定的协同效应，以加强整个生态系统的效率与稳定性。

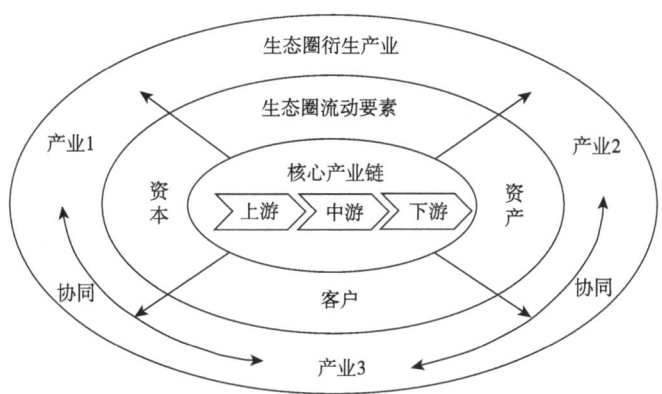

图 5-1　生态型商业模式的层次结构

本章提出的生态型商业模式具有一定的合理性。第一，企业基于相对优势的核心产业链进行商业生态系统的扩展有较大成功的可能性。企业的核心产业链能够为企业积累多余的资产、资本和品牌影响，这些流动要素为企业构建生态圈提供了良好基础，提升了企业拓展新产业的抗风险能力。第二，生态型商业模式的层次内部和层次之间应具有协同效应，否则额外的生态圈产业还可能为企业带来额外的负担和风险。据此，本章提出生态型商业模式的多层次协同效应模型。

5.3.2　多层次协同效应模型

协同进化是协同理论在商业生态系统中的另一个重要应用。协同进化可以理解为一种进化机制，生态系统各部分并不是独立的，不同物种相互影响共同演化。本章认为，对于商业生态系统，协同进化指生态系统中某一部分的价值提升对其他部分所带来的溢出效应。

基于以上基本观点，本章提出了生态型商业模式的多层次协同效应模型。如图 5-2 所示，模型是一个从下至上（bottom-up）的层次结构，共分为三个层次，依次为：产业链内部的协同，产业链之间的协同和不同产业之间的协同，分别代表不同的产业范围和规模。

本章的多层次协同效应模型中，产业链内部的协同是指产业链上下游的不同环节整体布局、相互协同，资源配置平衡，形成战略性的有机整体。产业链之间的协同是指同一大类产业的不同产业链之间优势互补，或利用某一产业的隐性资产带动其他产业的发展。不同产业之间的协同属于第三层次，也是规模最大、范围最广的层次。这一层次的协同使得企业在不同领域的所有产品和服务形成稳定高效、有机联系的商业生态系统。

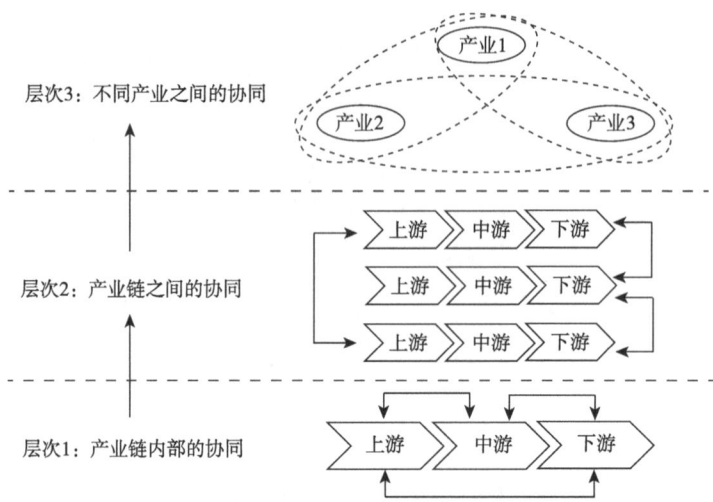

图 5-2 生态型商业模式的多层次协同效应模型

5.4 万达文化产业案例分析

5.4.1 案例背景

万达文化产业集团于 2012 年注册成立，资产 903 亿元，旗下涉及影视、体育、旅游、字画收藏等四大行业。图 5-3 是万达文化产业集团历年的收入和增长情况。其中，注册成立当年就获得了将近 200 亿元的收入。2015 年，万达文化产业集团收入 512.8 亿元，完成年计划的 114%，同比增长 45.70%。本节分别对万达影视产业、体育产业、旅游产业和字画收藏的基本情况进行介绍。

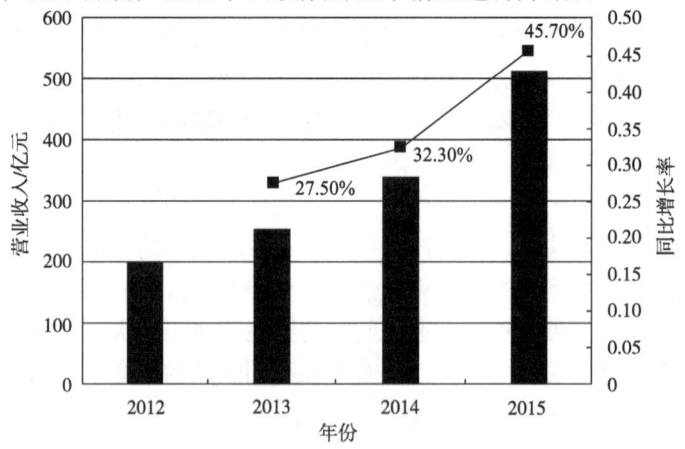

图 5-3 万达文化产业集团营业收入及同比增长率

万达的影视产业是万达文化产业的主力军,创造了万达文化产业集团的大部分收入。万达电影院线股份有限公司(002739.SZ,简称万达院线)成立于2005年,隶属于万达集团。截至2015年底,万达院线约占全国14%的票房份额,连续七年票房收入、市场份额、观影人次稳居全国第一。2015年,万达院线正式发布"会员+"战略,意在打造全球领先的电影生活生态圈,这标志着万达院线全面启动由一个连锁电影放映终端向科技型、平台型、生态型公司的跨越转型。

图5-4展示了近年来万达院线的收入情况。万达院线自2005年成立以后,票房收入持续增长,9年内平均增速达到53.63%,超过全国票房收入平均增速37.31%。万达院线从2009年开始票房收入排名第一,之后连续七年蝉联票房冠军。2015年万达院线收入80亿元,同比增长49.9%;票房63亿元,同比增长49.64%;观影人次1.51亿人次,同比增长48.9%;已开业影院292家,2 557块银幕。

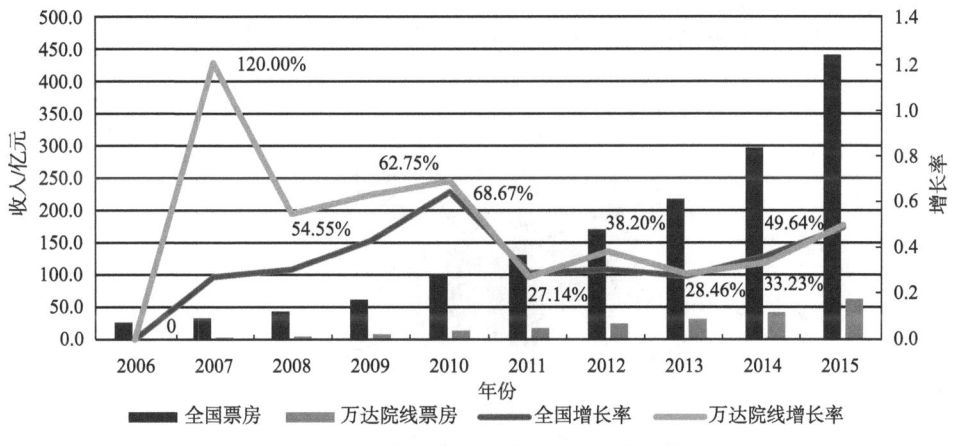

图5-4 万达院线年度票房收入及增长率

万达体育控股有限公司(简称万达体育)注册资本10亿元,旗下拥有瑞士盈方体育传媒、美国世界铁人公司等企业。万达形成了体育赛事举办、运动员经纪、赛事营销、赛事转播的体育产业链。目前,万达运营着冰雪、足球、铁人三项等20多项体育运动,在全球13个国家设立25个办公室,在冰雪、足球运动的赛事转播、营销领域位居世界第一,是冬季运动七个主要国际协会的战略合作伙伴,拥有足球世界杯亚洲区转播权。

北京万达旅业投资公司是万达文化旅游产业链的一部分,为万达文化旅游项目输送客源。2014年收入75亿元。万达投资35亿元在武汉建设的全球唯一的电影乐园已于2014年正式营运,并在哈尔滨、无锡、合肥、广州等地建设同类项目。万达投巨资在西双版纳、哈尔滨、合肥、南昌、无锡、广州等地建设世界一流的大型室外主题乐园。在全国各地建设的万达购物中心中,万达自主研发设计了不同业态的室内主题乐园，和室外主题乐园形成互补，使旅游不受气候影响。

在字画收藏领域，万达专注收藏中国近现代一流名家字画，20多年已收藏百位大师千幅馆藏级作品，市值超百亿元，多次代表国家参加对外交流活动。2004年，万达先后斥巨资在北京和法国举办吴冠中作品展，引起巨大反响。2011年和2012年的上海艺术博览会上，万达以300平方米的展位和高水平的展品成为当年上海艺术博览会最大的亮点。

5.4.2 万达文化产业的生态型商业模式分析

本小节首先对万达文化产业整体的商业生态系统进行分析。基于本章5.3.1节提出的生态型商业模式的模型，万达文化产业的商业生态系统的结构如图5-5所示。其中，万达文化产业以电影产业为核心产业链；在生态圈流动要素方面，万达文化产业主要依靠"资本+"、"IP+"和"会员+"进行生态圈产业的扩展；万达文化产业的生态圈衍生产业主要包括互联网、游戏、主题乐园、衍生品等。

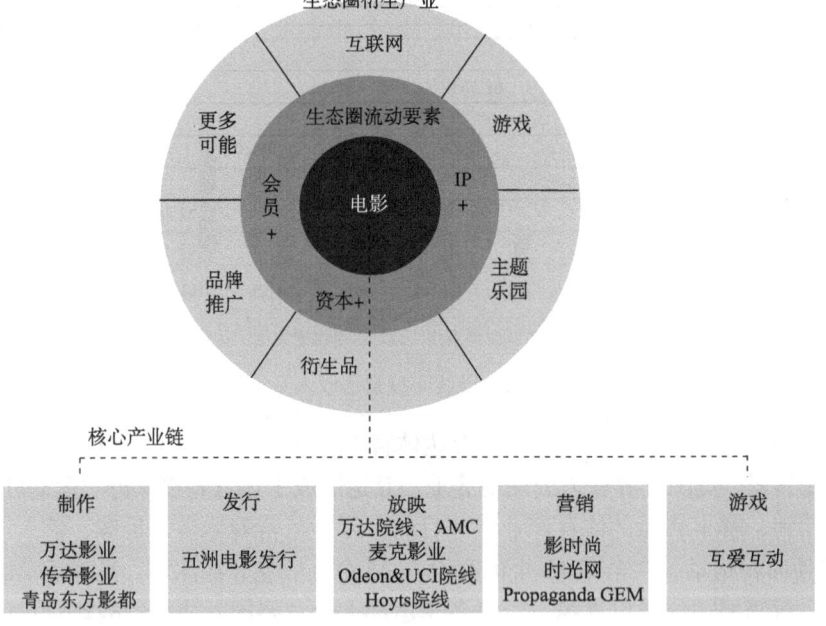

图 5-5　万达文化产业生态结构

万达的电影核心产业链包括影视投资、制作、发行、放映及后市场等全产业链业务。电影产业链上游，万达于2011年成立万达影视传媒有限公司，标志着万达集团正式进军影视行业；2014年，以万达影视为主导，合资成立五洲电影发行有限公司，是整合各自优质资源、打通彼此产业链、拓展全新商业模式的智慧型产物。在电影下游放映端，万达拥有全球第一院线运营商——万达院线，并且分别于 2012 年和 2015 年收购美国 AMC 麦克影业和澳洲第二大电影院线 Hoyts。

万达文化产业生态圈流动要素主要分为以下三个方面：①"资本+"打通电影上下游产业链。万达通过资本进行并购首先考虑的因素是在生态系统内的协同效益，业务上能完善万达影视的产业布局；其次是协同效益在区域地理位置上形成互补；最后是并购的公司有成长性和成长空间。②"会员+"强化生态效应。"会员+"战略主要有五个部分，即会员+互联网、会员+电影衍生品、会员+游戏、会员+品牌跨界、会员+新技术。万达拥有 7 000 万名会员，据万达公布，目前会员贡献收入占比达 85%，万达正是用 7 000 万名会员来连接外部，共营线下商业生态，强化生态效应。③"IP+"增强在电影世界的话语权。2016 年 1 月，万达收购拥有多年好莱坞电影投资和制作经验及众多知名 IP 的传奇影业；2016 年 7 月，万达收购时光网，发力电影整合营销及衍生品开发业务。

万达文化产业利用积累的生态圈流动要素，在互联网领域、游戏、主题乐园和电影衍生品市场等产业进行生态布局。通过 2.8 亿美元对时光网的并购，万达院线希望通过 O2O 布局，将线上线下资源与平台打通融合，发力电影整合营销及衍生品开发业务。此外，万达在武汉、哈尔滨和南昌开设了电影乐园，并与万达地产行业和旅游行业形成了协同效应。

5.4.3　万达文化产业链内部的协同效应

产业链内部的协同效应属于多层次协同效应模型中的第一层次。万达文化产业链内部的协同效应主要体现在电影产业链和体育产业链。在这两个产业链中，上游负责电影或体育赛事的制作，中游是发行和营销，下游是院线或播放等销售的环节。

万达的电影产业链的结构与协同作用如图 5-6 所示。万达是全球唯一拥有完整的影视产业链的企业。在上游的电影制片环节，万达旗下有万达影视传媒公司，2015 年制作了《夏洛特烦恼》《滚蛋吧！肿瘤君》《唐人街探案》等多部高票房影片。2016 年 1 月，万达以约合 230 亿元收购美国传奇影业，增加了万达在全球电影市场的话语权，也可以学习借鉴传奇影业的成功经验。在中游的电影发行环节，万达旗下的五洲电影发行公司通过采取统一的发行和排映策略，做好影片与院线放映的桥梁。下游的院线和影院环节，万达院线定位于高端、优良品质的院线品牌，年票房收入排名全国第一。此外，万达还收购全球各地区排名前列的院线公司，如美国 AMC 麦克影业、澳洲 Hoyts 院线和欧洲 Odeon&UCI 院线等。

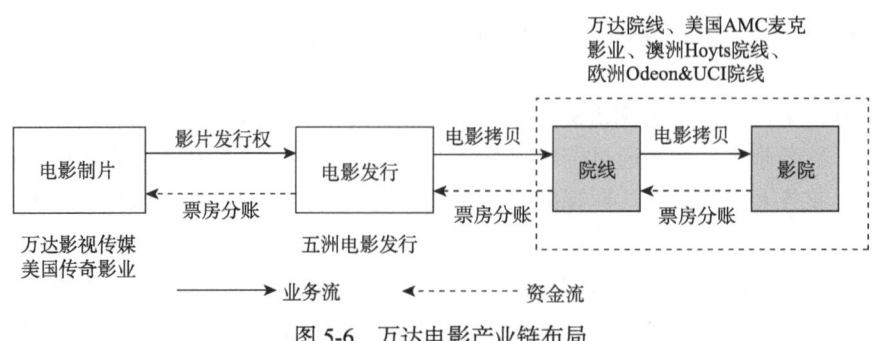

图 5-6 万达电影产业链布局

万达在体育产业的发展战略主要是布局体育产业链上游，具体做法是收购国际上有影响力的版权，扩大在全球体育产业中的影响力，带动中国体育产业的发展。万达先以 4 498 万欧元的价格收购了马德里竞技俱乐部 20%的股份；后又以10 亿欧元收购全球第二大体育市场营销公司——瑞士盈方体育传媒，该公司所拥有版权的媒体转播涵盖 25 个体育项目，在足球和冬季运动领域全球排名第一；同时，万达控股的盈方收购意大利足球营销公司 Gsport 和体育传媒公司 Sporto9；2015 年 8 月，万达以 6.5 亿美元收购铁人三项公司。万达体育全球总部落户于广州，与其拥有较为发达的体育产品制造业及良好的体育投资环境有关系，同时更有利于体育产业下游的布局。

总之，产业链内部的协同效应可以使各环节之间、不同产品之间实现战略性有机协同。这种协同效应能使企业资产在产业链不同环节的布置更加有效率，把企业的价值体现在产业链的不同环节上，将资源自然地向价值高的环节上集中，同时可以平滑盈利的波动性，提升经营效率，减少交易成本和风险，使企业更有竞争力。

5.4.4 万达文化产业链之间的协同效应

万达文化产业集团旗下涉及影视、体育、旅游、字画收藏等四大产业，这四大产业之间也存在协同效应，即多层次协同效应模型中的第二层次：产业链之间的协同效应。万达文化产业链之间的协同效应主要有两个方面，即影视产业对旅游产业和其他产业的协同效应，以及字画收藏对其他产业的协同效应，如图 5-7所示。

影视产业和其他产业的协同效应主要体现在两个方面。第一，影视产业创造了众多知名的 IP，这些 IP 会对万达的旅游产业、儿童娱乐行业带来很大的协同效应。例如，万达结合万达影视传媒制作的一些高票房影片，建造电影乐园和室外主题乐园，为旅游产业带来溢出效应。反之，主题乐园的游客还可能因此对万

第5章 生态型商业模式的多层次协同效应模型：以万达文化产业…

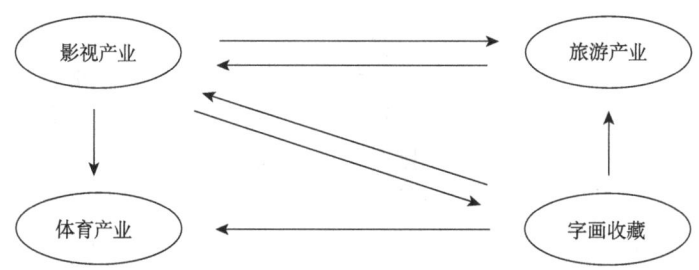

图 5-7　万达文化产业链之间的协同效应

达的知名 IP 产生关注，从而带动影视产业的协同发展。第二，影视产业发行和播放的渠道积累还有利于体育产业链下游的布局，产生正向的溢出效应。

万达的字画收藏看似与其他产业之间关联不大，但实际上也存在协同效应。万达举办画展的主要目的是弘扬优秀的本土艺术家，增加中国在世界艺术品市场的话语权。一方面，万达在文化产业中树立了良好的企业形象和信誉，为其他产业的发展增加隐形资产；另一方面，万达可以提高文化产业中的知名度和话语权，引导公众关注万达的其他产业，助力于其他产业的发展。

由于产品的类型不同，产业链之间的协同发展更多地体现为渠道、知名度和声誉等隐性资产的创造、共享和交互。这类隐性资产在文化产业中的作用更加明显，因此万达文化在不同产业链之间能够有机协同，互相产生溢出效应，使万达的所有文化产业构成有机联系的生命体。

5.4.5　万达文化产业与商业地产的协同效应

在多层次协同效应模型中，不同产业之间的协同属于第三层次，也是规模最大、范围最广的层次。万达的文化产业和商业地产之间属于不同的产业，但彼此之间仍然做到了有机协同。本章认为，万达的不同产业之间的协同效应主要体现在构建场景和资源优势共享两个方面，如图 5-8 所示。

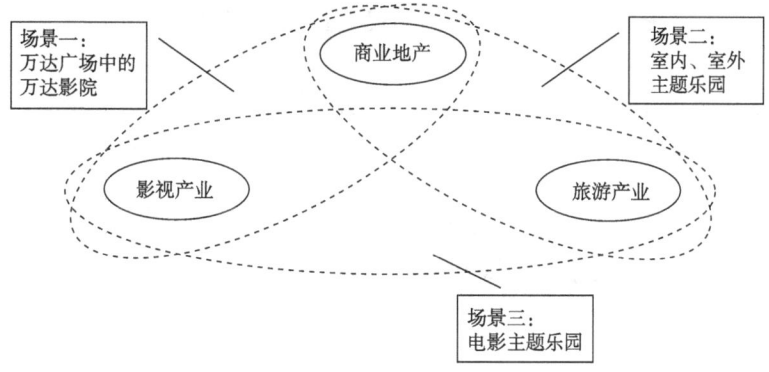

图 5-8　万达商业地产与文化产业之间的协同作用

万达商业地产的核心产品是以"万达广场"命名的万达城市综合体，业务包括三个主要板块：①开发、租赁和管理持有作为长期投资的商业物业，主要为购物中心；②开发及销售物业，包括商铺、写字楼、家居办公、住宅楼等；③开发及经营豪华酒店。作为率先实现全国布局的大型商业地产投资及运营商，万达地产在中国商业地产行业内居于绝对领先地位，是中国商业地产的领军企业。截至2016年6月30日，已开业142个万达广场，已开业79家酒店。

万达文化产业借助于商业地产，构建了一个个实际的消费场景。文化产业不属于实体资产，如果没有实体消费场景的构建，很难在短期内有效变现，为企业带来实际的盈利。以"万达广场"为核心的商业地产全方位满足和创造文化产业的消费需求，从而有效拉动和刺激消费。例如，万达广场中的万达影院构建了影视产业的消费场景；万达地产的各种主题乐园构建了旅游产业和影视产业的消费场景；万达酒店与旅游产业协同发展；等等。

商业地产与文化产业的协同效应还体现为商业地产的优质资源共享。万达在中国商业地产的领先地位使得万达能以相对优势的价格获得旅游地产的土地，降低开发成本。此外，商业地产大量而稳定的现金流能够保证文化产业的投资资金，减轻文化产业的盈利压力，为文化产业的布局提供坚实的基础。

5.5 基于生态与协同视角的多案例对比研究

5.5.1 万达文化与星美影业的对比研究

中影星美电影院线公司成立于2001年12月，是由中国电影集团与星美传媒共同投资成立的院线管理公司。截至2014年底，院线影院已达365家，银幕1 751块。2014年院线票房已经迈入20亿元大关，达到24.47亿元，位居全国第二名。院线经营方式主要为签约加盟，其中包括58家中影国际影城、101家星美国际影城、200多家加盟的民营影城和以"中影星美国际影城"冠名的影城。

图5-9展现了万达院线和星美影业的票房收入对比。星美影业虽然9年内平均增速达到34.84%，但是低于全国平均水平；从最初连续三年的票房冠军，到最后被万达院线大幅赶超，位居第二。

进一步对万达院线和星美影业的电影产业链协同效应进行对比研究，如表5-1所示。万达院线与星美影业同属于电影产业的龙头企业，其各自具有独特的产业链优势。万达院线除先进的硬件设备外，还注重客户会员管理，营造良好的口碑

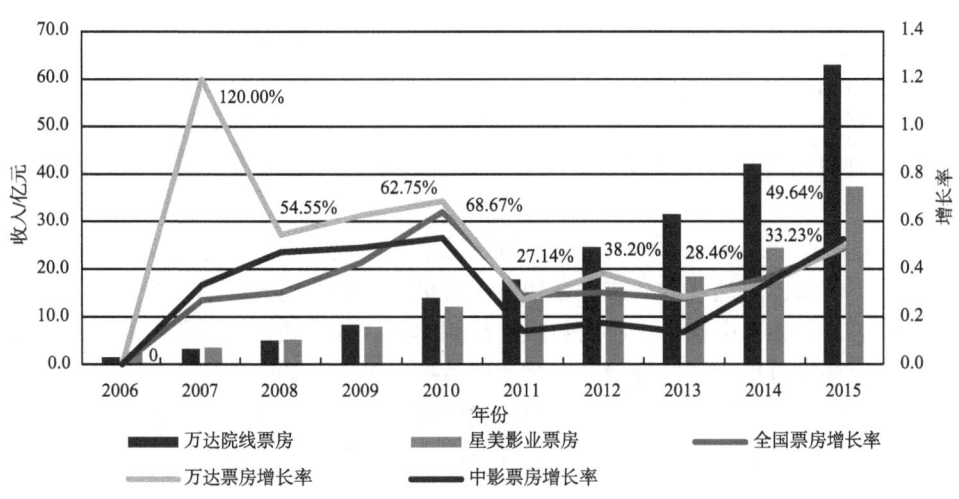

图 5-9 万达院线与星美影业票房收入及增长率对比

和品牌效应。星美影业相比万达院线成立较早，依托中影股份和星美集团的 13 年行业经验，着重打造强大和经典的品牌形象。

表 5-1 万达院线与星美影业的电影产业链对比

项目	万达院线	星美影业
核心产业链优势	硬件：设备先进统一，观影环境舒适；服务：CRM（customer relationship management，客户关系管理），"会员+"战略；口碑良好，宣传力度大，良好的品牌效应	硬件先进，依托中影股份和星美集团的 13 年行业经验，打造强大和经典的品牌形象
电影产业链内部协同	资本联结型：直接控股，管理高效。电影产业链上下游之间"统一品牌、统一排片、统一经营、统一管理"	签约加盟型：扩张迅速，各影院加盟商自主管理
与其他产业的外部协同	CED(central enterainment district, 娱乐中心分布)模式：院线必须建立在购物中心，用商业地产充足的现金流提供电影初期发展的资金及以后扩大再生产的资本。与商业地产协同发展，产生联动效应，优势互补	影院选址没有统一规划，地理位置不占优势，没有产业的外部协同

然而，在产业链内部和外部协同方面，万达院线则比星美影业更加具有优势。通过比较万达院线和星美影业商业模式中的电影产业链内部协同，得出结

论：资产联结型经营模式比签约加盟型模式主要具有两方面的优势：一方面，资产联结型经营模式放大了品牌效应，使企业管理变得更加高效，增强了企业的核心竞争力；另一方面，资产联结型经营模式强化了电影上下游之间的协同性，通过控制排片和分账比例，增强了产业链下游的话语权，使得彼此联系更加紧密。

除电影产业链的内部协同之外，万达院线也注重电影产业链与其他产业的外部协同。例如，万达院线从成立之初就一直贯彻 CED 模式，即院线必须建立在购物中心，打造以电影为中心的新娱乐休闲中心；其主要优势是用商业地产充足的现金流提供电影院初期发展的资金及以后扩大再生产的资本。此外，电影产业与商业地产协同发展，产生联动效应，优势互补。与此相比，星美影业影院选址没有统一规划，地理位置不占优势，没有产生产业链外部的协同效应。

5.5.2 万达文化与迪士尼公司的对比研究

本小节通过比较万达文化和迪士尼公司在电影衍生品领域的发展，来说明电影衍生品对于延长电影生命周期和扩大电影生态圈的作用，以及强调电影生态圈"内容为王"的核心。迪士尼娱乐公司全称为 The Walt Disney Company，取名自其创始人华特·迪士尼，是总部设在美国伯班克的大型跨国公司，主要业务包括娱乐节目制作、主题公园、玩具、图书、电子游戏和传媒网络。

迪士尼在电影衍生品领域获得巨大成功的主要原因可总结为以下三点：① 迪士尼在为每个电影形象做衍生品设计前，都会由专业化团队，先出一本详尽的风格指导手册，并遵循一个重要准则，即产品与源头的影视作品在天然属性上能有紧密的关联性，保证影视角色形象能顺利地渗透。②迪士尼在衍生品设计环节有一种头脑风暴活动，所有员工聚集在一起对衍生品的设计生产提出建议，范围和部门不限，最大限度激发了创意的诞生。③做到产品制作与电影制作同步，电影上映，产品同步或提前开卖，使得电影衍生品与电影产业链达到有机协同。

进一步对万达文化与迪士尼在电影衍生品的协同效应方面进行对比研究，如表 5-2 所示。万达于 2015 年 7 月与时光网达成衍生品战略合作，电影衍生品发展起步较晚；迪士尼在电影衍生品领域起步较早，于 1930 年首次出售米奇和米妮形象的使用权。迪士尼依托多年来打造的众多经典的 IP 资源，拥有专业的电影衍生品运作团队，处于发展的成熟阶段；相比之下，万达的 IP 资源比较欠缺，还未形成电影衍生品制作的坚实基础。

表 5-2 万达文化与迪士尼公司电影衍生品的协同效应对比

项目	万达文化	迪士尼公司
电影衍生品发展开始时间	2015年7月，与时光网达成衍生品战略合作	1930年，出售米奇和米妮形象的使用权
电影衍生品的发展路径	起步阶段，发展较晚；IP资源相对比较欠缺；国内知识产权保护缺失	成熟阶段，拥有专业的电影衍生品运作团队；IP资源丰富；国外知识产权法律比较健全
电影衍生品产生的协同效应（对盈利模式的改造）	电影衍生品尚未产生明显的盈利收入，目前票房收入和广告收入占90%	轮次收入模式+授权：以动画为源头产品，将影视娱乐、主题公园、消费产品等不同产业环节演变成环环相扣的财富生产链

在电影衍生品产生的协同效应方面，着重对比电影衍生品对企业盈利模式的改造。迪士尼通过打造完善的电影衍生品市场，形成了轮次收入模式+授权的新型盈利模式，以动画为源头产品，将影视娱乐、主题公园、消费产品等不同产业环节演变成环环相扣的财富生产链。相比之下，万达电影衍生品尚未产生明显的盈利收入，目前票房收入和广告收入占90%。

总结来看，迪士尼品牌取得巨大成功，商业生态难以复制，主要是由于：电影衍生品延长了电影的生命周期，经典形象深入人心；电影衍生品扩大了电影生态圈的内涵，不断拓展延伸品的开发；强调了电影生态圈的核心——内容为王。在未来，万达想打造电影衍生品对原有产业的协同效应，需借鉴迪士尼的成功经验。

5.5.3 万达文化与乐视网的对比研究

乐视成立于2004年，创始人贾跃亭，致力于打造基于视频产业、内容产业和智能终端的"平台+内容+终端+应用"完整生态系统。自成立以来，乐视网始终坚持正版长视频影视内容，拥有70%以上国内热门影视剧的独家网络版权。乐视生态包含4层架构11大引擎。11大引擎包含平台层的云视频平台、电商平台、用户运营平台、广告平台和大数据平台；内容层的内容运营和内容库；终端层的硬件及LetvUI系统；应用层包括Letv Store和应用服务。

然而，乐视构建的互联网生态却在2016年迎来了危机。2016年10月，外媒报道，乐视同法拉第成立的汽车合资公司收到工厂的警告信，要求10天之内收到9月拖欠的2100万美元工程款，逾期未解决就停工。11月2日，又有自媒体曝出，乐视欠款供应商100多亿元，被拒绝供货。乐视甚至采取了缓发员工工资、对用户预购的手机停止出货来筹措现金的方式保证乐视汽车工厂的开工。11月6日，贾跃亭突然发布公开信，表示公司发展节奏过快，在资金和资源有限的情况下下子将全球化战线拉得太长，承认了乐视资金遇到问题。

一系列危机事件的负面影响直接体现在了乐视的股价方面。图5-10展示了

2016年下半年乐视网的股市收盘价趋势图。如图 5-10 所示，2016 年下半年乐视网的股价基本处于下跌状态，由 6 月 1 日的每股 56 元左右下跌至每股 35 元左右的低位。2016 年 12 月 7 日，在经历了又一轮暴跌之后，乐视网停牌。

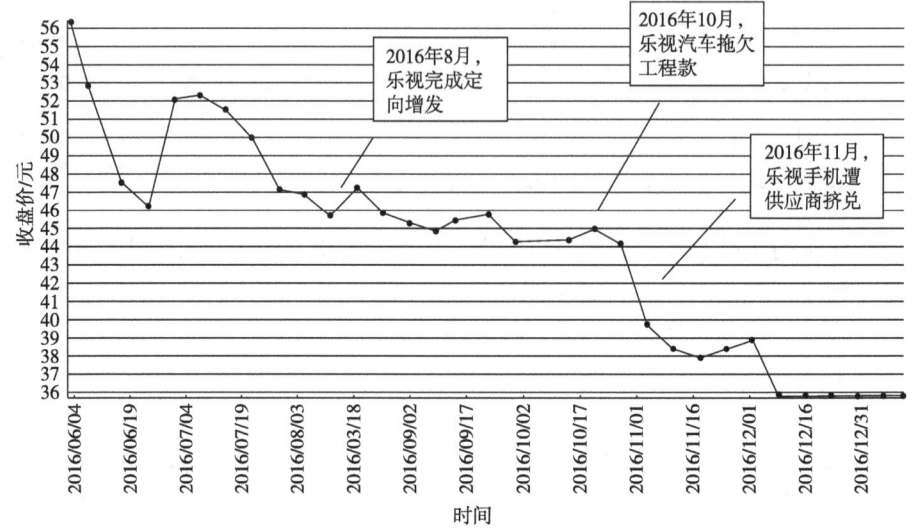

图 5-10　乐视股市收盘价及重要事件

乐视面临危机的一个重要原因正如贾跃亭的公开信中所说：公司发展节奏过快，发展战略过于冒进。但本章认为，乐视危机的另一个重要原因是忽略了商业生态的协同作用。乐视生态共有七大支柱，分别为金融生态、互联网技术生态、内容生态、大屏生态、汽车生态、手机生态和体育生态。然而，这七大生态实际上并没有牢固的根基，互相之间也并未产生有效的协同作用。

作为乐视生态的核心竞争力，乐视的内容生态与腾讯、爱奇艺和优酷强大的用户基础相比并没有绝对的优势；类似地，乐视在互联网技术生态上与百度、腾讯和阿里巴巴相比也没有核心的技术壁垒；乐视的大屏生态和手机生态虽然销量上有所上升，但仍未扭转亏损的态势，手机生产更是遭供应商挤兑；乐视金融生态不具备一行三会[①]颁发的正规金融牌照，这意味着乐视金融难以有实际动作；汽车生态和体育生态耗费了乐视大量的资金投入，但是无法预期在什么时候能够产生盈利。

依据本章提出的多层次协同效应模型，本章将乐视生态与万达文化产业进行对比，进一步说明乐视生态协同效应的缺失。如表 5-3 所示，在产业链内部，乐视并未布局全产业链结构，与外部供应商关系紧张，并未在上下游环节实现协同

---

① 一行三会：中国人民银行、中国银行业监督管理委员会、中国证券监督管理委员会、中国保险监督管理委员会。

一致的发展；在产业链之间的协同上，虽然内容生态、大屏生态和手机生态能够产生协同效应，但视频内容很难产生盈利，与市场竞争对手相比没有绝对优势；在不同产业之间的协同上，汽车生态和金融生态与其他生态脱节发展，耗费大量资金却未能带来溢出效应。

表 5-3 万达文化产业与乐视生态对比

层次	万达文化产业	乐视生态
层次1：产业链内部的协同	影视产业链和体育产业链上下游环节资源配置平衡、附加值高	并未布局全产业链结构，与外部供应商关系紧张，上下游环节并未协同一致
层次2：产业链之间的协同	影视产业和旅游产业协同发展，影视产业和字画收藏为其他产业带来溢出效应	内容生态、大屏生态和手机生态能够产生协同效应，但视频内容很难产生盈利，与市场竞争对手相比没有绝对优势
层次3：不同产业之间的协同	商业地产为文化产业构建消费场景，共享优质资源，提供充足稳定的现金流	汽车生态和金融生态与其他生态脱节，耗费大量资金却未能带来溢出效应

总之，未能做到生态协同也许不是乐视危机的唯一原因，但一定是主要原因之一。如果商业生态系统能够发挥协同效应，即使发展速度过快、耗费大量资金，也可以渡过暂时的危机，最终构建稳定高效、可持续发展的商业生态系统。乐视生态的案例为当今社会的大型多元化企业起到了警示作用。

5.6 结论与启示

随着信息技术渗透到各行各业，生态型商业模式成为大型多元化企业竞相追逐的目标。然而，企业界在实践的过程中仍然遇到了一些阻碍。本章结合新的商业时代背景，针对当今社会普遍关注的大型多元化企业，提出生态型商业模式的多层次协同效应模型，并进行了多案例的分析研究。本章得出的主要结论如下：

第一，本章提出生态型商业模式的多层次协同效应模型，认为当今的大型多元化企业应注重商业生态系统中不同层次的协同作用。其中，产业链内部的协同是产业链上下游不同环节的整体布局、相互协同。产业链之间的协同是同一大类产业的不同产业链之间的优势互补，或利用某一产业的隐性资产带动其他产业的发展。不同产业之间的协同是规模最大、范围最广的层次。这一层次的协同使得企业在不同领域的所有产品和服务形成稳定高效、有机联系的商业生态系统。

第二，本章认为生态型商业模式成功的关键因素之一是商业生态系统的协同效应。本章通过多案例的对比分析，从不同视角论证了这一观点。首先，万达院线与星美影业的对比研究说明，万达院线在电影产业链内部和外部形成了较好的协同效应，与星美影业相比形成了较强的竞争优势。其次，万达文化与迪士尼在电影衍生品方面还具有不小差距，IP资源不丰富，协同效应不明显，在未来还需借鉴迪士尼的成功经验。最后，通过分析万达文化产业的成功案例，以及乐视生态危机的失败案例，强调协同性是商业生态系统成功的关键因素之一，为企业实践提供参考和警示。万达文化产业能够在产业链内部、产业链之间和不同产业之间形成不同层次的协同作用，构建了稳定高效、可持续发展的商业生态系统；而乐视生态既没有在产业链内部进行协同发展，也不能使不同产业链之间互相利用溢出效应，导致面临资金崩盘的危机。

本章的研究能够为当今致力于构建生态型商业模式的企业提供一定的启示：商业生态系统是当今商业巨头追求的终极目标，然而炒作概念、盲目扩张版图、单纯追求生态系统的"多样性"可能会适得其反。"多样性"和"协同性"缺一不可，只有能够相互协同的商业生态系统才能构建屹立不倒的商业帝国。

（本章作者：李雪蓉，杨先端，杨志华，胡毅，乔晗，汪寿阳）

参 考 文 献

哈肯 H. 1984. 协同学：引论[M]. 北京：原子能出版社.
洪柳. 2010. 商业生态系统内企业间协同问题研究[J]. 商业经济研究，10（8）：21-22.
李靖宇，冯骁毅，张茜，等. 2016. 电视传媒行业商业模式研究[J]. 管理评论，28（4）：79-88.
李雪蓉，张晓旭，李政阳，等. 2016. 商业模式的文献计量分析[J]. 系统工程理论与实践，36（2）：273-287.
梁运文，谭力文. 2005. 商业生态系统价值结构、企业角色与战略选择[J]. 南开管理评论，8（1）：57-63.
刘友金，杨继平. 2002. 集群中企业协同竞争创新行为博弈分析[J]. 系统工程，20（6）：22-26.
陆杉，高阳. 2007. 供应链的协同合作：基于商业生态系统的分析[J]. 管理世界，23（5）：160-161.
任小勋，乔晗，黄稚渊，等. 2015. 商业模式钻石模型——平安金融旗舰店案例研究[J]. 管理评论，27（11）：231-240.
汪寿阳，敖敬宁，乔晗，等. 2015. 基于知识管理的商业模式冰山理论[J]. 管理评论，27（6）：3.
汪寿阳，乔晗，胡毅，等. 2016. 商业模式全景图[M]. 北京：科学出版社.
魏炜，朱武祥，林桂平. 2012. 基于利益相关者交易结构的商业模式理论[J]. 管理世界，（12）：125-131.
肖建华，张栌方，孙玲. 2016. 我国虚拟集群治理模式与协同效应研究：以服务业为例[J]. 科技进步与对策，33（15）：44-49.
杨怡欣，吕鑫，刘彬蔚，等. 2016. 系统工程与服务行业商业模式[J]. 系统工程理论与实践，36（4）：817-833.
张茜，李靖宇，饶佳艺，等. 2015. 基于利益相关者分析"女神的新衣"：如何构建TV+商业模式[J]. 管理评论，27（8）：234-240.
Ansoff H I. 1965. Corporate Strategy: An Analytic Approach to Business Policy for Growth and

Expansion[M]. New York: McGraw-Hill Companies.

Bakshi B R, Ziv G, Lepech M D. 2015. Techno-ecological synergy: a framework for sustainable engineering[J]. Environmental Science & Technology, 49(3): 1752-1760.

Chatterjee S. 1986. Types of synergy and economic value: the impact of acquisitions on merging and rival firms[J]. Strategic Management Journal, 7(2): 119-139.

Frosch R A, Gallopoulos N E. 1989. Strategies for manufacturing[J]. Scientific American, 261(1): 144-152.

Karhu K, Botero A, Vihavainen S, et al. 2011. A digital ecosystem for co-creating business with people[J]. Journal of Emerging Technologies in Web Intelligence, 3(3): 197-205.

Lubatkin M. 1987. Merger strategies and stockholder value[J]. Strategic Management Journal, 8(1): 39-53.

Moore J F. 1993. Predators and prey: a new ecology of competition[J]. Harvard Business Review, 71(3): 75-83.

Osterwalder A, Pigneur Y. 2010. Business Model Generation: A Handbook for Visionaries, Game Changers, and Challengers[M]. New York: John Wiley & Sons.

Rong K, Hu G, Lin Y, et al. 2015. Understanding business ecosystem using a 6C framework in internet-of-things-based sectors[J]. International Journal of Production Economics, 159(1): 41-55.

Teece D J. 2010. Business models, business strategy and innovation[J]. Long Range Planning, 43(2~3): 172-194.

Zott C, Amit R. 2010. Business model design: an activity system perspective[J]. Long Range Planning, 43(2~3): 216-226.

第6章

传统出版企业商业模式创新研究

数字技术、信息技术和移动互联网技术的快速发展对我国出版行业产生了深刻的影响，研究出版行业的商业模式创新具有重要的理论和现实意义。创新商业模式，应用于移动互联环境下的出版传媒行业，有利于加强媒介融合、发展新型传媒，对促进我国出版行业健康有序发展具有重要意义。本章运用多因素分析方法结合冰山理论区别分析显性知识和隐性知识的思想，构建新型商业模式分析框架，为深入分析和研究商业模式提供新的思路。本章以科学出版社（http://www.sciencep.com）为研究对象，应用新型商业模式分析框架，设计出版企业的新型商业模式。具体地，本章设计了科学出版社的显性商业模式，分析其隐性商业模式，进而在集成分析外部环境的基础上，得出科学出版社应当向知识服务提供商转型的建议，为传统出版企业转型升级提供借鉴。

6.1 引言

出版是人类社会的经济、政治、文化发展到一定阶段的产物。出版物集中反映了科学技术的发明创造，集聚了社会实践活动的经验与成果，凝结着人类的思想和智慧，反映了人类经济社会生活的各个侧面。人类通过各式各样的出版物掌握科学技术知识、人文社会科学知识和进步思想，提高生产力，推动社会向前发展。出版传媒行业是人类社会发展的重要推动力之一，是人类文明不可或缺的一部分。

中国改革开放40多年来，随着国民经济的高速发展，出版行业得到前所未有的巨大发展。在出版规模上，1977年我国出版图书12 886种、期刊628种，到

2015年，我国出版图书47.58万种、期刊10 014种，出版规模增长数倍。在体制建设上，改革开放以来，我国在发行体制方面开展了一系列改革，形成了以国有新华书店为主体，多种流通渠道、多种经济成分和多种购销形式并存的图书发行体制。例如，2014年，全国共有出版物发行网点169 619处，图书批发市场遍布全国各地，各种各样的书展、订货会和书市都极为活跃。

进入21世纪的第二个十年，互联网正在以意想不到的速度改变着各个行业，也深刻改变着传统出版行业的格局，传统出版行业正面临前所未有的机遇和挑战。从数据上看，在2014年，图书出版品种的增速出现大幅回落，全国出版图书种类较2013年的增速回落6.5个百分点；报刊出版量大幅下滑，经营困难加剧，2014年全国出版报纸总份数降幅达到3.8%，较2013年减少18.5亿份；期刊出版营业收入较2013年降幅达到4.5%，减少10.0亿元，相应地，利润总额降幅为5.4%，减少利润1.5亿元。46家报刊出版集团主营业务收入与利润总额分别降低1.0%与16.0%，17家报业集团营业利润出现亏损（国家新闻出版广电总局，2014，2015，2016）。以上数据表明，包括图书报刊在内的传统出版行业面临着严峻挑战。

与此形成鲜明对比的是，我国数字出版保持较高增长速度，数字出版在整个出版传媒行业中的地位持续提升。国家新闻出版广电总局公布的《2015年新闻出版产业分析报告》显示，2015年数字出版实现营业收入4 403.85亿元，较2014年增加1 016.15亿元，增长30%，增长速度继续高于新闻出版的其他行业，总体经济规模超过出版物发行，跃居行业第二。电子出版物的增长幅度为13.96%，远高于新闻出版业的总体水平。这些统计数据显示，数字出版已经表现出非常蓬勃的活力，正在成为出版传媒行业持续发展的重要新兴力量。

在此背景下，出版行业如何抓住时代发展的机遇，创新传统出版的商业模式，突破转型瓶颈，迎来新的跨越式发展，是出版行业各利益相关者共同关注的重要问题。中国出版行业的发展正处在一个极为关键的十字路口，整个行业未来将如何发展，值得业界和学术界共同关注，深入研究出版行业的商业模式创新具有重要的理论和现实意义。

本章余下的内容安排如下：6.2节简要综述出版行业及商业模式研究的有关文献。6.3节设计新型商业模式分析框架，并提出新型商业模式分析框架的六个应用步骤。6.4节探讨出版行业商业模式创新，应用新型商业模式分析框架，以科学出版社为研究对象，设计出版企业的新型商业模式，得出科学出版社应当向知识服务提供商转型的建议。6.5节给出本章的研究结论。

6.2 文献综述

出版行业是一个传统的行业,有着悠久的历史。近年来,数字技术蓬勃发展,互联网技术和移动通信技术逐渐成熟,与此同时,数字出版、互联网出版、手机出版等新的出版业态不断涌现,出版行业得到迅猛发展。行业的不断发展促进国内外相关的研究逐渐增多。许多学者着手研究新技术给出版行业带来的影响,新时代下出版行业该如何发展,如何变革传统出版的形式及传统出版如何应对技术发展带来的挑战等问题。

在关于出版行业数字出版转型的研究中,已有文献从组织管理、战略和营销等视角,主要关注出版行业面临的技术障碍、版权保护和盈利模式这几个问题。数字出版代表的不是某一个出版环节的数字化(如数字印刷、数字化营销),而是整个出版全流程的数字化,出版价值链上的每个环节都需要运用数字化手段重新再造。这给传统出版向数字化转型带来了诸多技术障碍。吴江文(2010)指出,我国数字出版的三个特点是资源分布散乱、数字出版机构规模小及产品格式多,由此造成数字出版的生产过程中出现了两个问题,即横向不统一和纵向不统一。横向不统一是指,在同一个出版企业内部,各部门采用不同体系的数字流程;纵向不统一是指,同一个体系的数字流程,在各个不同时期的文件格式不一样,这两个问题严重影响了数字出版的发展进程。另外,也有许多学者指出,我国数字出版标准不统一的问题大量存在。张书卿(2008)认为,数字出版物文件格式不统一的问题给读者带来了很大困扰和不便,读者需要购买支持不同格式的文件阅读器或者需要下载不同的阅读器软件,这在很大程度上阻碍和制约了我国数字出版的健康发展。

诸多学者关注的另一个焦点是我国数字出版的版权保护问题。例如,屠媛媛等(2013)提出了我国版权保护整体认识存在误区、数字出版产权保护的相关法律仍不完善、数字版权资源分散、无法形成版权保护的有效体系等问题。不少学者提出了很多完善数字版权保护体系的策略和建议。例如,黄先蓉和李晶晶(2012)从法律、产业和技术这三个层面分析了数字版权的保护策略;王欢妮(2013)从利益平衡的角度研究了数字版权保护的问题,提出应当区别对待不同著作权人的利益诉求,建立能够实现著作权人和用户双赢的版权保护策略。

数字出版商业模式分析中一个非常重要的因素是对于盈利模式的分析,数字出版企业能否获得成功,很大程度上取决于是否能够设计合理的盈利模式和选择合适的营销策略。近年来,在数字出版盈利模式的研究方面,出现了大量令工业界深受启发的成果。例如,乔丽(2009)总结了欧美发达国家数字出版的盈利模式，包括图书及资讯内容收费、收取增值服务费及由第三方付费等三种模式。曹胜利和谭学余（2010）分析了国外几家大型专业出版社的盈利模式，包括爱思唯尔（Elsevier）出版集团的文摘和引文数据库模式、施普林格（Springer）出版集团的图书和期刊数据库模式、泰勒&弗朗西斯（Taylor&Francis）出版社的在线服务模式，以及牛津大学出版社（Oxford University Press）的按需出版模式。

商业模式的概念早在20世纪50年代就已被提出，这个名词最早出现于Bellman等（1957）发表于1957年的文章中。1960年，Jones（1960）首次将商业模式作为一个确切的研究主题进行讨论。20世纪80年代，得益于快速发展的互联网技术，互联网领域开始研究与应用商业模式及其相关理论。关于商业模式真正意义上的研究开始于20世纪90年代末，特别是随着互联网行业、电子商务和即时通信等现代服务业的迅速崛起，商业模式的研究成为学术界和实业界的热点，众多研究成果不断涌现。商业模式从一个全新的视角来审视企业的经营，它将价值创造、价值传递与价值获取这三个方面有机地整合，注重从整体上系统性地对企业进行描述，是企业核心竞争力的重要组成部分。国内外对于商业模式的研究，主要是结合不同行业的特点，探讨商业模式的影响因素、商业模式的创新行为、商业模式与绩效的关系和商业模式的作用机理等。

国外的研究中，Timmers（1998）将商业模式定义为涵盖产品、服务和信息流这三种结构的组合，商业模式涉及角色、关系和收入。具体地，角色指各种商业主体、行为人及他们在商业中的位置和角色，关系指商业中各个参与者之间的相互关系及潜在的利益关系，收入则涉及收入来源及获取收入的方法。Timmers（1998）认为，要评估商业的运作状况和生存能力，仅仅分析和观察商业模式还不够充分，还需要了解企业如何构建竞争优势、如何进行市场定位，以及如何运用营销策略等。Hamel（2001）认为，企业需要创造一种全新的并且能够成功的商业模式，才能摆脱困境并持续发展。他把商业模式分成了包括核心战略、战略性资源、顾客界面和价值网络在内的相互关联的四个要素，可以通过某种连接将其中的某两个要素配合起来。例如，资源配置方式可以连接核心战略与战略性资源，顾客利益可以连接核心战略与顾客界面，公司疆界可以连接战略性资源与价值网络等。

Chesbrough和Rosenbloom（2002）从认知架构的层面研究商业模式。他们认为商业模式是一种架构，反映价值创造、价值提供和价值分配。商业模式架构有六种功能：第一，要明确这家企业的产品和服务能够为客户创造什么样的价值，即企业的价值主张；第二，要明确这家企业为哪些客户提供产品和服务，即企业的目标客户群体；第三，要明确这家企业生产产品的方式和流程，即定义企业内部的价值链结构；第四，分析产品（或服务）的成本结构和利润空间，即掌握企业如何盈利；第五，描述价值网络中的各种实体（包括供应商、分销商与顾客在内）所处的位置及它们与这家企业的关系，即厘清利益相关者关系；第六，以长期发展和持续获得竞争优势为目标，制定相应的竞争策略。

国内的研究中，王波和彭亚利（2002）研究了两个类型的商业模式。他们将商业模式分为运营性商业模式和战略性商业模式，这两类商业模式分别描述和解释了企业如何在现有条件下和动态的环境中实现持续盈利。罗珉（2003）认为，对于一个组织而言，商业模式既包括建立和运作组织的基本条件和假设，也包含组织的经营行为及企业所采取的各项措施。他将商业模式分为盈利性组织的商业模式与非营利性组织的商业模式。他认为企业的商业模式一定要具备两个条件：第一，商业模式不仅是某个单一的构成要素，而必须是由各种要素组成的系统的整体；第二，要通过内在联系将商业模式的各种组成要素紧密结合，使得各个要素之间互相支持、相互作用，让商业模式成为一个有机的整体。

很多学者在研究一个或几个企业案例的基础上，提出了商业模式的不同分析方法与框架。例如，Osterwalder 和 Pigneur（2010）提出了商业模式画布，用展示企业创造收入逻辑的九个要素来描述商业模式，具体包括价值主张、客户关系、客户细分、核心资源、渠道通路、收入来源、成本结构、关键业务和重要合作伙伴。商业模式画布分析法是目前使用较为广泛的分析工具之一。Zott 和 Amit（2010）基于业务系统的视角，提出了一个包含内容、结构和治理三个要素的分析框架，并归纳了四种商业模式的分类，即创新型、锁定型、互补型和效率型。Teece（2010）的分析框架是一个首尾相接的环状模型，依次包括选择技术特征、决定客户收益、识别市场细分、证实盈利来源和设计价值机制。魏炜和朱武祥（2009）提出商业模式六要素模型，并强调利益相关者的交易结构不仅可以描述商业模式，而且可以从全方位的视角调整和设计商业模式。

上述研究成果被学术界和企业界广泛用于分析和研究商业模式，但这些分析方法都以核心企业为中心，关注企业内部及其利益相关者，却很难完整和清晰地刻画包括行业类别、外部环境等在内的外部因素对商业模式的影响。针对这些局限，汪寿阳等（2015）提出了商业模式冰山理论和 CET@I 方法论，指出商业模式具有显性知识和隐性知识，应该运用系统科学的方法和整体的分析框架对商业模式进行分析。在冰山理论的框架下，为了进一步分析包括外部环境在内的商业模式的隐性知识，汪寿阳等（2015）提出 CET@I 方法论。商业模式冰山理论能够回答"为什么成功的商业模式难以被复制"这个问题，为企业创新商业模式提供了重要参考和借鉴。汪寿阳等（2016）对多个行业的商业模式展开了一系列研究，取得了很多有重要启示意义的研究成果。

6.3 设计新型商业模式分析框架

科学合理的分析框架对于研究商业模式而言至关重要，本节将在已有研究的基础上，设计新型商业模式分析框架。第一，回顾常用的几类商业模式多因素分析框架；第二，运用多因素分析方法结合冰山理论区别分析显性知识和隐性知识的思想，设计新型商业模式分析框架，具体分析新型商业模式显性知识和隐性知识的各个要素，并讨论新型商业模式分析框架的应用步骤。

6.3.1 常用的几类多因素分析框架

从分析框架的层面，一般可以把商业模式看作由多个因素构成的系统。研究商业模式的多因素分析方法，较为常见的有 Johnson 等（2006）的四要素框架、Osterwalder 和 Pigneur（2010）的商业模式画布、Teece（2010）的环状逻辑模型及魏炜和朱武祥（2009）的商业模式六要素模型等。

Johnson 等（2006）的四要素框架将商业模式看成由价值主张、资源、流程和盈利模式这四大部分组成的相互依存的系统。价值主张是创建成功商业模式的起点，目的是让产品或服务能帮助客户更便捷、更有效率、更低成本地完成工作。为了向客户传递价值主张，管理者需要投入人力、物资、工具、设备、知识产权和现金等资源。为了成功达成目标，管理者需要反复努力和不断调整进而形成规范的流程。流程指相对固定的协作方式，表现为按计划完成重复出现的任务，流程决定了为传递价值主张而整合资源的方式。最后，为了平衡在传递价值主张时所耗费的资源及作业流程的成本，保证商业模式可以持续，需要一定的价格、利润、毛利率、资本周转和资本容量，即盈利模式。

Osterwalder 和 Pigneur（2010）的商业模式画布，包含价值主张、核心资源、客户关系、客户细分、收入来源、成本结构、渠道通路、关键业务和重要合作伙伴等九个可以展示企业创造收入逻辑的、相互关联的要素。这九个要素分别覆盖了客户、产品或服务、基础设施和财务能力这四个方面，可以较为全面地分析组织的静态商业模式。该分析法通常称为九模块模型，是目前广泛运用的商业模式分析工具之一。

魏炜和朱武祥（2009）将商业模式定义为利益相关者的交易结构，并将商业模式的要素分为定位、业务系统、关键资源能力、现金流结构、盈利模式和企业价值，称为魏-朱六要素模型。该模型可以为描述、调整和设计商业模式提供全方位的视角。

商业模式是一个复杂系统，由易于分析的显性知识和难以分析的隐性知识共同构成。相比于显性知识，隐性知识体量更大并且更加难以分析。基于这一特点，可以将商业模式形象地看成具有类似于冰山的结构，冰山的水上部分代表商业模式的显性知识，冰山的水下部分代表商业模式的隐性知识。正如冰山的结构一样，隐性知识的体量远远大于显性知识。现有的商业模式画布、魏-朱六要素模型等工具，可以用来分析商业模式的显性知识；而研究商业模式的隐性知识，则需要建立新的研究方法。汪寿阳等（2015）首次提出商业模式冰山理论，用系统集成的方法研究商业模式的显性知识和隐性知识（图6-1）。他们认为，商业模式的隐性知识包括行业类别、组织外部环境、技术等要素，在此基础上，他们提出用于分析商业模式隐性知识的 CET@I 方法论。

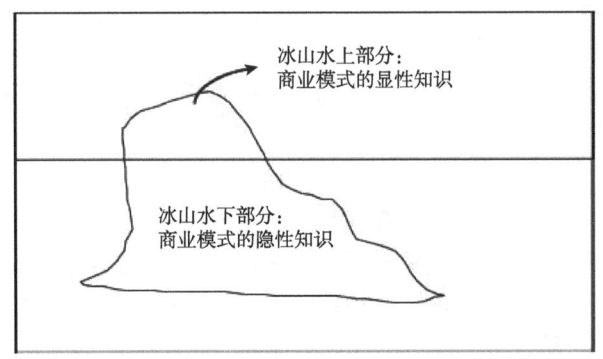

图 6-1　商业模式冰山理论示意图（汪寿阳等，2015）

依据商业模式冰山理论，除了易于分析的商业模式显性知识以外，企业的发展还受到地域差异、社会制度、政策环境、法律环境、文化等因素的影响。因而，分析企业的商业模式，在关注易于分析的显性知识的基础之上，还需要进一步挖掘隐性知识。把企业的商业模式作为一个复杂的系统，将显性知识和隐性知识相结合进行分析，这样才能得出科学合理的结论。

6.3.2　新型商业模式分析框架

本小节以商业模式冰山理论分析框架为基础，结合现有的几种商业模式多因素分析模型，设计新型商业模式分析框架。

先应用冰山理论的思想，将完整的商业模式划分为显性知识、隐性知识和环境。接下来，分析并识别商业模式的各个要素。显性知识和隐性知识都是企业自身的内部因素。显性知识指那些易于被识别的要素，如业务系统和盈利模式等，现有的几类常用的多因素分析模型，如四要素框架、六要素模型和九模块模型等，主要关注商业模式的显性知识。本章提出，资源禀赋、业务系统、盈利模式和价值网络这四个要素可以完全刻画商业模式的显性知识。资源禀赋是基础，业务系统是核心，盈利模式是支撑，价值网络是保障。隐性知识指那些不易识别或难以直接分析的要素，如企业文化和市场机会等。结合已有研究成果及作者的理解和思考，本章提出，商业模式的隐性知识包含企业战略、企业文化、企业品牌、市场机会、企业家精神及敬业精神等。相较于显性知识，隐性知识拥有更大的体量，对于科学合理地分析企业的商业模式更为重要。环境包括企业所属的行业类别、面临的外部环境及技术水平等外部因素，对企业的商业模式产生重要的影响。企业需要根据所处的行业类别选择适当的商业模式，随着外部环境的变化和技术水平的提高，企业的商业模式也应当做适当的调整。

总结以上分析，我们提出新型商业模式分析框架如下：商业模式是一个复杂的系统，可以形象地看成在海水中漂浮的冰山，由显性知识（即冰山水上部分）、隐性知识（即冰山水下部分）和环境（即冰山外部的海水）构成。显性知识包括资源禀赋、业务系统、盈利模式和价值网络；隐性知识包括企业战略、企业文化、企业品牌、市场机会、企业家精神及敬业精神等；环境主要指企业面临的环境因素，包括企业所处的行业类别、外部环境和技术水平等外部因素（图 6-2）。

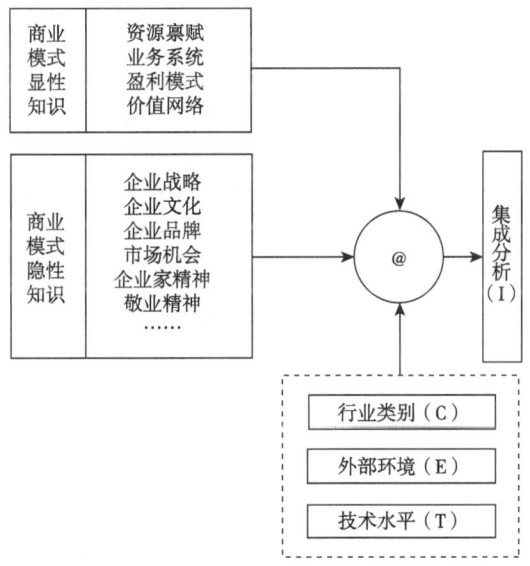

图 6-2 新型商业模式分析框架

资源禀赋，包括物质资源（实物、电子化的、数据化的）、人力资源、政策资源、所有者权益（产权、所有权、使用权、著作权）和资金等。资源禀赋是组织存在和发展的基础。不论是创业，还是促进企业的可持续发展，资源禀赋都是必须首要考虑的因素。在资源禀赋的基础上，要设计合理的资源分配方式和有效的激励机制。业务系统指企业在资源禀赋基础上的生产经营活动或资产的组合，是企业实现目标的过程系统。盈利模式指企业的收入结构和相应的目标利润，合理的盈利模式能够保证企业获得持续足量的现金流，实现企业盈利的基本目标。价值网络指企业为创造资源、扩展和交付产品而建立的合伙人和联盟合作系统，包括企业价值链上下游的全部利益相关者，也包括与企业有关的其他有价值的关系。这四个要素能够完整刻画商业模式显性知识。具体分析时，我们从企业拥有的资源禀赋出发，构建适当的业务系统，设计合理的盈利模式，建立恰当的价值网络。

对于商业模式的隐性知识，需要分析企业战略、企业文化、企业品牌、市场机会、企业家精神及敬业精神等。深入分析隐性知识有助于清晰识别不同企业之间的差异，有助于解释表面看起来相同的商业模式之间的区别和联系。

对于环境的分析通常涉及行业类别、外部环境（包括政治环境、经济环境、社会环境、法律环境、文化环境、地域环境等）和技术水平等外部因素。具体分析时，可以用 CET@I 方法论（汪寿阳等，2015）来对显性知识、隐性知识和环境进行集成研究。

整合新型商业模式分析框架的各个要素并赋予冰山结构，可以构建新型商业模式冰山框架（图 6-3）。

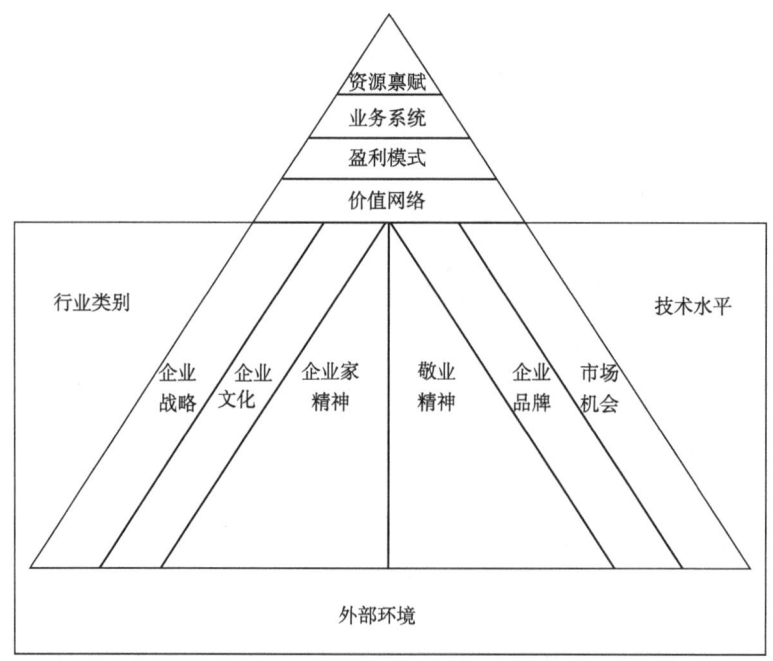

图 6-3　新型商业模式冰山框架

图 6-3 的新型商业模式冰山框架中，资源禀赋、业务系统等显性要素"浮在水面之上"，企业战略、企业文化等隐性要素"沉在水面以下"，行业类别、外部环境和技术水平成为包围冰山的"海水"。资源禀赋是商业模式的基础，处在显性

要素的首位，是分析商业模式的起点。企业具备一定的资源禀赋，才能在此基础上构建业务系统、设计盈利模式、形成价值网络。商业模式的隐性要素是冰山框架的支撑，它们是企业内在的特征，彼此之间相互作用，共同构成冰山的基础。环境因素方面，行业类别直接影响企业战略，企业需要根据所处行业的特征设定战略；技术水平直接影响市场机会，技术的进步会创造新的市场机会；政治、经济、社会等外部环境对隐性要素的各个方面都会产生影响。

6.3.3 新型商业模式要素分析

6.3.2小节设计了新型商业模式分析框架，本小节将具体分析商业模式显性知识和隐性知识的各个要素。

1）资源禀赋

资源是指企业所控制的能够实施企业战略，从而提升企业绩效的特性，包括金融资源、人力资源、合作伙伴关系、企业营销网络等。如果两个企业所处的行业不同、自身的规模不同、所属的类型不同、应用的商业模式不同，或者处于不同的发展阶段，那么即便它们具有相同的资源禀赋，这两个企业也不尽相同。

资源禀赋是企业能够控制或可以利用的有形或者无形资产。"能够控制"表明不仅输入组织的事物而且在企业中积累形成的事物都是企业资源，"可以利用"表明不仅组织内部的事物而且企业外部的能够为企业接近和利用的事物都是企业资源。在信息技术的带动下，企业的运作已经突破了企业的边界，竞争优势的取得或者战略的实施都要借助组织外部的可利用的事物来实现，所以把企业外部的可以利用的资源纳入企业资源分析的框架。

能力是由资源禀赋组成的系统，利用资源禀赋从事任务或者活动，从而完成企业的预期目标，包括企业的设计能力、研发能力、生产能力、执行能力、营销能力等。资源和能力在企业竞争优势的获取过程中是相辅相成的关系，能力以资源为基础，资源要经过能力的激活才能发挥潜能，企业的竞争优势是资源和能力相互作用的共同结果，必须把资源和能力进行整合才能准确地研究企业的竞争优势。同时，资源和能力在竞争优势的获取过程中的作用不同，资源带给企业的竞争优势是短期的，而能力带给企业的竞争优势是长期的，能力是企业深层次的竞争优势。

随着商业的发展，企业的边界已经泛化，固有边界已经非常模糊，企业战略联盟、虚拟企业等已经成为企业重要的运作方式，外部技术资源、外部人力资源等成为企业不可或缺的一部分。企业寻求外部资源的过程，正是弥补企业资源或者能力缺口的过程，企业关注外部资源或者能力有利于企业制定或者实施更多的战略选择。

2）业务系统

一个好的商业模式需要相应的运行机制来实施，这套运行机制包括业务系统、盈利模式和价值网络，其中业务系统是商业模式的核心要素，业务系统之间的差异是商业模式差异的直接表现。

业务系统包含两个层面，即单一企业的业务系统和价值网络层面的业务系统。对单一企业而言，业务系统是企业利润的源头，决定了企业在行业中的地位。以模块划分，业务系统包括产品规划、生产平台、营销管理、客户服务管理和客户关系管理。产品规划解决产品种类和目标用户的问题，需要运用科学的分析工具，判断企业的市场选择是否合理，以及如何合理规划未来市场；生产平台解决产品如何生产的问题，需要采取合理的管理手段和流程控制，及时、准确、高效地完成产品的生产；营销管理解决产品如何销售的问题，通过分解销售流程，形成规范化的操作手册，实现产品销售；客户服务管理解决如何服务好客户、增强客户黏性的问题，通过建立标准化的客户服务体系，推进主动服务，提升客户满意度和客户黏性；客户关系管理解决如何实现反复多次销售的问题，通过建立客户分级管理标准，区别对待级别不同的客户，力争实现每个层级客户价值的最大化。

在价值网络层面，业务系统由工作流、信息流、实物流和资金流组成，表明企业与价值网络中各种利益相关者之间的关系。在价值网络层面，构建业务系统需要确定企业与其利益相关者之间的关系，各自分别应该占据价值网络中的哪些位置，以及各自分别应该从事价值网络中的哪些业务活动。

企业与利益相关者之间的关系，包括单纯的市场关系、一定时间和约束下的契约关系，以及参股、控股、合资等资产关系。构建业务系统，需要针对不同的利益相关者确定彼此之间关系的种类及与之相应的交易内容和方式。

各类相关的业务活动整合为一个整体的系统，根据各自的资源禀赋为不同的利益相关者分配角色，确定各利益相关者在价值网络中的位置及其与其他各方的关系。相互合作的业务系统让内外部各方共同形成一个价值网络，该价值网络明确了用户、企业、供应商、分销商及其他合作伙伴在价值增值过程中所扮演的角色。

业务活动是构成业务系统的基本单元，价值网络中的各方通过从事相关的业务活动来与其他主体相互作用。每一个位于价值网络中的主体必须明确如下几个问题：它从事什么样的业务活动；价值网络上下游的主体可以为它提供哪些业务活动；它可以为与之相互作用的主体提供什么样的价值；它如何将自己的业务活动与其他主体的业务活动相互作用，共同形成一个有机的价值网络，实现网络中所有利益相关者的共赢。

业务系统从全局的角度来设计布置自己与利益相关者的关系，着眼于全局的成功，看重整个系统的整体利益。

3）盈利模式

盈利模式指按照利益相关者划分的企业的成本结构、收入结构及相应的目标利润，是企业通过自身及相关利益者资源的整合而形成的实现价值创造、价值获取、利益分配的组织机制及商业架构。它是商业模式的重要要素，也是管理学的重要研究对象之一。盈利模式有多种类型，以用户关系和价值作为核心要素，存在以下几种盈利模式。

关系服务模式：通过与用户建立长期稳定的关系，实现产品和服务的多次销售，获得稳定利润的盈利模式。为了实现持续盈利，企业要在提供基本产品和服务的基础上，重点培养和维护长期用户关系，提供优质的产品和服务。

个性挖掘模式：通过挖掘用户个性，发现用户需求，提供产品或服务，获得利润的盈利模式。在这种模式下，要求企业善于挖掘用户现有的需求和潜在的需求，并能在了解用户需求之后快速反应。

用户解决方案模式：为用户提供整体解决方案，以解决用户面临的现实问题及潜在问题的盈利模式。企业需要深入了解用户的业务特点，发现用户面临的现实问题及潜在问题，然后设计出相应的产品，提供问题解决方案。

4）价值网络

随着互联网和信息技术的发展，市场竞争日趋激烈。为了适应新形势下的竞争环境，满足顾客不断增长的需求，企业逐步将传统的供应链转变为价值网络。

传统的供应链模型，首先预测用户的需求，并以此作为产量计划，继而安排产品生产。企业可能面临两个问题：第一，在预测市场未来的可能状况时，企业会面临诸多变量，如果选择了不恰当的变量作为预测的依据，预测的结果就会出现偏差；第二，企业的预测往往是基于当前的需求，而市场的实际需求随时都在变化，这就导致产品生产出来以后，可能已经无法满足未来的需求。传统的供应链，由于难以对市场变化做出及时的反应，可能会导致价值不断流失。一般而言，供应链中的单一企业很难对市场需求做出及时有效的反应。另外，对于某个企业而言，可能完成某个任务的成本较高或者该企业不具备完成能力，而这项任务对于另外一个企业而言可能是简单的任务。在这种情况下，需要多个企业协作来快速应对不断变化的市场。有了互联网和不断发展的信息技术作支撑，价值网络应运而生。

价值网络是动态的网络，用户、供应商及其合作伙伴、产品、资金和信息都在价值网络中流动，信息技术是连接价值网络中所有实体的桥梁，用户的实际需求是价值网络流动的动力。审视价值网络，可以看出它具有以下一些特质：首先，价值网络以用户需求为中心，所有的生产活动都是基于用户的实际需求，而企业所关注的是如何使用户的价值最大化；其次，价值网络中的实体高度协作，所有实体都关注整个网络中全体成员共同效率的提高，因此企业可以充分利用自身的资源及合作伙伴的能力；再次，价值网络实现了快速反应，信息技术水平的迅速提升提高了价值网络中各个成员沟通的效率，使得整个价值网络能够对市场需求做出快速而且准确的反应；最后，价值网络实现了总体的低成本，由于使用信息技术而降低的交易成本大于信息技术基础设施建设方面增加的成本，因而降低了价值网络中各个企业的成本。

价值网络由多个相互关联的企业和实体构成，企业之间主要存在两种关系：一种是由一个企业主导整个价值网络，其他企业都围绕这个企业来运作，主导价值网络的企业可能是某个单一的企业，也可能是由几家企业构成的一个企业联盟；另一种是所有企业都处于平等地位，企业之间不存在从属关系。一般而言，第一种价值网络的稳定性高于第二种。

5）企业战略

战略是用来获取竞争优势和开发核心竞争力的一系列协调、综合的约定和行动。企业战略是企业各种战略的统称，包括竞争战略、发展战略、品牌战略、营销战略、融资战略、技术开发战略、资源开发战略、人才开发战略等。

企业的战略类型包括稳定型战略、发展型战略、收缩型战略、成本领先战略、差异化战略和集中化战略。

6）企业文化

企业文化是企业在经营活动中形成的价值观念、经营理念、经营目的、经营行为、社会责任等的总和，是企业生存、竞争和发展的灵魂。

企业文化由三个层次构成：①表面层的物质文化，包括企业外貌、产品造型、外观、质量等；②中间层的制度文化，包括管理体制、人际关系及规章制度等；③核心层的精神文化，包括价值观念、行为规范、企业的群体意识、企业传统和员工素质等，是企业文化的核心。

企业文化的内容包括价值观念、企业使命、经营哲学、企业精神、企业道德、团体意识、文化结构、企业制度和企业形象（刘开云，2012）。

7）企业品牌

企业品牌包含商品品牌和服务品牌，传达的是企业的文化、价值观念、经营理念及企业对用户的态度等。无形的服务品牌和有形的商品品牌相互结合，成就了企业品牌，是提升企业核心竞争优势的重要因素。企业建立有别于竞争对手的富有企业文化内涵的独特的产品和服务品牌，才能不断提升企业品牌的价值。

8）市场机会

市场机会也称潜在市场，指客观上已经存在或即将形成的市场。市场机会具有三个方面的基本特性，即公开性、时效性及理论上的平等性与实践上的不平等性。

判定市场机会需要做好两项工作：一要深入调查、研究、了解现状，包括分析政治环境、经济环境、技术环境、法律环境和社会文化环境等；二要准确地把握经济发展及经济演变的规律，预测未来。

9）企业家精神

企业家精神是企业家所具有的独特的思维模式、价值取向及个人素质的抽象表达，是企业家经营和管理企业的综合才能的表达，是企业家群体的共同特征。企业家精神的主要特征是企业家内在的胆魄、理念、经营意识和魅力。企业家精神是企业核心竞争力的重要来源，对于企业的成功非常重要，是企业长存的关键。

企业家精神具有一些典型特征：创新是企业家活动的最为典型的特征，是企业家精神的灵魂；企业家拥有甘冒风险和承担风险的魄力，因而企业家精神的天性是冒险；企业家擅长合作，而且能将合作精神扩展开来，因而企业家精神的精华是合作；企业家对事业忠诚、充满责任感，因而企业家精神的动力是敬业；企业家持续学习、终生学习，因而企业家精神的关键是学习；企业家坚持不懈，因而企业家精神的本色是执着；诚信是企业家精神的基石，是企业家的立身之本。

10）敬业精神

敬业精神是对工作、对事业全身心投入的精神境界。敬业精神的构成要素包括职业理想、职业信念、立业意识、从业态度、职业情感和职业道德。具体表现为：追求崇高的职业理想；工作态度踏实认真、精益求精；具有积极向上和艰苦奋斗的精神；工作中保持高昂的热情；有正确的人生观和价值观。

敬业精神的基本要求包括：忠于职守，热爱本职工作；尽职尽责，有强烈的事业心；脚踏实地，有勤勉的工作态度；精益求精，有旺盛的进取意识；有无私的奉献精神。

6.3.4 新型商业模式分析框架的应用步骤

本章提出的新型商业模式分析框架，不仅可以用于分析企业的商业模式，而且可以通过比较商业模式显性要素和隐性要素，诊断特定企业商业模式存在的问题和不足，找出改进的方向，进而为特定企业设计合理的商业模式，促进企业持续发展。

具体应用新型商业模式分析框架时，可顺次采取分析、比较、诊断、设计、实施、效果评估等六个步骤。

第一步是商业模式分析，首先分析企业商业模式的显性要素，包括资源禀赋、业务系统、盈利模式和价值网络，其次分析企业战略、企业文化、企业品牌、市场机会、企业家精神及敬业精神等隐性要素，再次分析行业类别、外部环境和技术水平等环境因素，最后对各个要素进行集成分析。

第二步是商业模式比较，将研究对象的各个要素与标杆企业（或理想化的企业，即具有理想的商业模式的企业）进行比较，识别要素之间的异同。处于相同行业的两家企业，面临相同的外部环境和技术水平，可能具有相同或相似的商业模式显性要素，它们之间商业模式的区别可能集中体现在一个或几个隐性要素上，因而准确识别商业模式隐性要素尤为重要，这也显示出本章设计的新型商业模式分析框架的强大之处。与此相对照的是，现有的几类常用的商业模式多因素分析方法专注于分析商业模式的显性要素，往往难以识别出商业模式隐性要素之间的差异。

第三步是商业模式诊断，在与标杆企业进行商业模式比较的基础上，发现企业当前商业模式存在的问题和不足，找出改进的方向。

第四步是商业模式设计，对照理想的商业模式，针对企业的问题和不足，在充分考虑环境因素的基础上，设计商业模式的显性要素，以企业拥有的资源禀赋为基础，调整业务系统，设计盈利模式，再造价值网络；进而调整商业模式的隐性要素，设定企业战略，营造企业文化，塑造企业品牌，发掘市场机会，激发企业家精神，强化敬业精神。

第五步是商业模式实施，推动企业根据商业模式设计的结果，调整隐性要素和显性要素，促进企业向新的商业模式转变。

第六步是商业模式效果评估，评估新的商业模式给企业带来的收益、价值和提升，发现新的问题和不足，持续改进。

以上六个步骤环环相扣，缺一不可。商业模式的分析和比较可以同时进行，商业模式的诊断和设计相辅相成。商业模式分析和设计的目的是实施新的商业模式，促进企业持续发展。新的商业模式实施的效果如何，需要进行具体的评估，可以设计商业模式评估的指标体系来开展评估。

6.4 传统出版企业的新型商业模式设计

本节以科学出版社为研究对象，设计出版企业的新型商业模式。显性要素方面，遵循资源禀赋、业务系统、盈利模式、价值网络的顺序。隐性要素方面，分析科学出版社的企业战略、企业文化、企业品牌、市场机会、企业家精神和敬业精神。环境方面，分析科学出版社所处的行业类别、外部环境（包括政治环境、经济环境和社会环境）、技术水平等环境因素。通过对商业模式各个要素的集成分析，得出科学出版社应当尽快向知识服务提供商转型的结论。

6.4.1 科学出版社情况描述

科学出版社成立于1954年，2007年转企改制成为科学出版社有限责任公司，

2011年变更设立为中国科技出版传媒股份有限公司,2017年1月在上海证券交易所挂牌上市。

科学出版社的宗旨是为科技创新服务、为传播与普及科学知识服务、为科学家和广大读者服务。成立六十多年来,科学出版社依托"科学家的出版社"的品牌优势,挖掘国内外最优秀的出版资源,形成了以科学、技术、医学、教育、人文社会科学(英文简称STMEH)为主要出版领域的业务架构。

科学出版社拥有完善的出版、发行网络,下属二十多个分、子公司,包括《中国科学》杂志社、北京中科进出口有限责任公司等,在成都、武汉、南京及美国和日本等地设立了分支机构。科学出版社每年出版图书万余种、期刊近300种,在全国图书出版单位综合评价中名列前茅。科学出版社不仅拥有《中国科学》系列期刊和《科学通报》《国家科学评论》等一批国家重点高端学术刊物,还拥有多学科、多品种、高水平、高质量的期刊,是中国科技期刊出版领域的"国家队"。经过多年的发展,科学出版社与上百家国内外的出版公司和出版机构建立了良好的合作关系,国际出版业务成绩斐然,历年输出图书版权均位居全国出版单位前三甲。

科学出版社在数字化转型的浪潮中大胆创新,推出中科医学资源库、科学文库等多款数据库产品,研发爱医课数字化互动教学平台、中国科技期刊开放获取平台,积极推动科技出版产业转型升级。

6.4.2 显性商业模式设计

应用本章建立的商业模式分析框架,本小节分析并设计科学出版社的显性商业模式。首先分析科学出版社包括内容资源、作译者资源和人才资源在内的特有的资源禀赋;接着在资源禀赋的基础上,设计科学出版社的业务系统;与业务系统相适应,我们构建科学出版社传统出版和数字出版的盈利模式;最后设计科学出版社的价值网络。

1. 资源禀赋分析

(1)内容资源。内容资源是科技出版的核心资源。多年以来,科学出版社依托"科学家的出版社"的品牌优势,积累起丰富的优秀内容资源和极强的资源获取能力,在内容资源方面具有得天独厚的优势。科学出版社出版的图书和期刊一直都以"高层次、高水平、高质量"著称。依托中国科学院高水平科研机构这一高端平台,科学出版社出版了大量国家重大科技项目和重点科研项目的重要成果。长期以来,科学出版社出版的图书和期刊都反映了科技研究前沿的最高水平,具有权威性。

科学出版社是国内拥有科技图书内容资源最多、质量最高的出版单位之一,每年出版各类图书上万种；出版经营的近300种学术期刊中，大多数期刊都被国内多家评价机构选为最核心刊物，每年发表学术论文2.5万余篇。国内众多科研机构都与科学出版社密切合作，愿意将高端科技成果放到科学出版社出版，成为科学出版社的重要优势。

（2）作译者资源。高水平的作译者队伍是持续出版高水平、高质量学术著作的前提。科学出版社成立六十多年以来，相继出版了一批批凝聚国家重大科技项目和重点科研项目的重要成果，与众多高水平作者建立了紧密的联系和深厚的感情，助力科学出版社维护了高层次的作译者资源。有800余位两院院士都是科学出版社的作者及译者，很多杰出的科学家，包括一些境外著名的科学家，都愿意在科学出版社出版他们最重要的学术著作。另外，作为国内重要的学术交流平台，《中国科学》系列期刊和《科学通报》通过院士平台办刊，也集聚了一大批具有国际一流水平的编委和作者群。

（3）人才资源。科学出版社营造并形成了育才、引才、用才、聚才的良好环境，重视人才队伍建设，编辑人员年龄结构合理、覆盖科技各个领域。多年以来，科学出版社培养了一大批科技出版领域的杰出编辑。例如，作为中国出版领域最重要的荣誉奖项，"中国韬奋出版奖"、"中国出版政府奖优秀出版人物奖"和"全国新闻出版行业领军人才"仅授予极为杰出的编辑出版人才，20世纪90年代以来，科学出版社先后有十余人次获得这些奖项。

2. 业务系统设计

本小节将在掌握科学出版社资源禀赋的基础上，为科学出版社设计适用于移动互联环境的业务系统。具体地，首先分析科学出版社当前的主营业务，其次为其设计未来的拓展业务。本小节具体结构如图6-4所示。

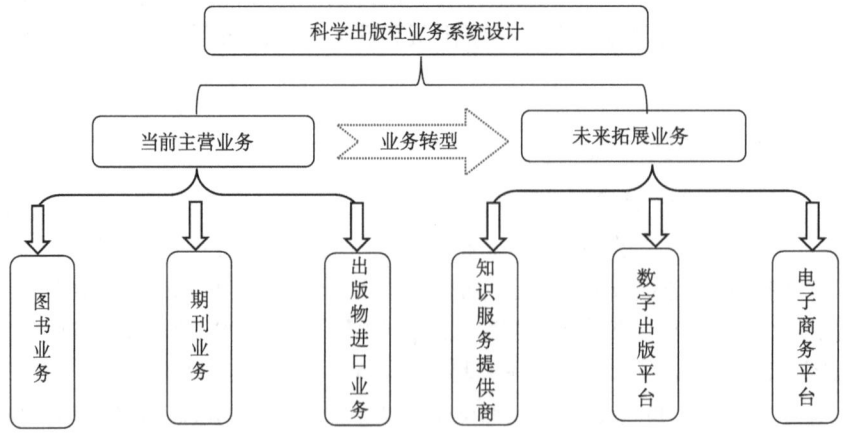

图6-4 科学出版社业务系统设计图

第6章 传统出版企业商业模式创新研究

1）科学出版社当前主营业务

科学出版社主营业务涉及图书业务、期刊业务及出版物进口业务。图书业务涵盖科学、技术、医学、教育、人文社会科学等领域，品种丰富，是中国最大的综合性科技出版机构，年出书品种超过一万种；下属《中国科学》杂志社、《科学世界》杂志社及北京中科期刊出版有限责任公司等子公司从事期刊出版及合作经营相关业务，出版的《中国科学》系列期刊和《科学通报》是我国自然科学基础理论研究领域权威性的学术刊物，在国内外科研人员心中占据崇高的地位，具有广泛的影响力；出版物进口业务由下属北京中科进出口有限责任公司承担。

（1）图书业务。科学出版社的图书出版采取内容采购模式，即委托撰稿人根据相关要求编写稿件。科学出版社负责选题策划、组稿审稿、申领书号、编辑加工、出版和发行。纸质出版物的排版、印刷和装订委托外部企业完成；电子出版物委托有资质的独立生产厂家来制作。图书销售主要采取经销和包销两种方式。

（2）期刊业务。期刊的内容主要来自文章作者提供的稿件。科学出版社所属期刊出版单位负责组稿、同行评议、编辑加工、校对审读、拼版出版等。期刊的排版、印刷、装订委托外部企业进行。销售主要采取邮政发行、委托经销商代理发行等方式。

科学出版社还通过合作经营模式开展期刊业务。科学出版社为合作单位提供期刊出版发行的全流程控制，主要包括设计校对、印制排版、审读质检等，同时也可以根据合作单位的不同需求，提供包括刊物发展规划、数字出版代理发行、广告宣传、职业培训等全方位的增值服务。

（3）出版物进口业务。科学出版社的出版物进口业务包括图书和期刊等出版物的引进和销售。客户为国内高校和科研机构，供应商主要为境外大型出版机构。世界各国及中国香港和台湾地区包括数百家出版公司、书商、学会、协会都与科学出版社有贸易往来，保证科学出版社拥有稳定的出版物采购网络和快捷的出版物流通渠道。

2）科学出版社业务转型及未来拓展业务

（1）知识服务提供商。出版产业早已进入数字出版时代，国外大型出版商都已加紧在数字出版方面布局谋篇，并且已经强势参与国内出版资源的竞争。数字化、网络化的快速发展导致传统出版模式受到前所未有的冲击。近年来，移动互联网快速普及，给出版传媒产业带来重大变革，原有的竞争格局已被改变，传统的产业形态可能被颠覆，出版传媒企业之间的竞争将会更加激烈。在新的形势下，传统的出版传媒产业面临发展危机，不能再按照旧的模式去发展，必须创新商业模式，实现业务的转型升级。只有运用适应移动互联环境的商业模式，才能推动企业不断向前发展。

移动互联环境下,科研投入的形式发生变化,数字产品和内容产品成为科研投入的主要方向;科技工作者的科研活动和教师的教学活动发生变化,知识服务产品成为科研和教学资源的主流;出版业态发生变革,不断有新的参与者进入,出版传媒行业进入生态混沌状态。优质内容资源仍然是知识的重要组成部分,知识服务机构位于产业价值链高端。在新形势下,为了顺应移动互联环境发展潮流,提升自身竞争优势,为参与国际竞争做好准备,科学出版社应当创新商业模式,加快业务升级,转型成为知识服务提供商。

要实现知识服务,一方面需要掌握海量的优质内容资源,另一方面需要搭建便捷的知识服务平台。在自身已有资源的基础上,科学出版社应当加强内容资源集聚,通过兼并收购和企业重组的方式获取内容资源。应当整合图书数字产品集成平台、期刊数字产品集成平台及专业数据库集成发布平台,用知识服务平台贯通整个出版产业链。

(2)数字出版平台。科学出版社应当推进传统出版业务向数字出版转型升级,构建综合的数字出版平台,拓展出版产业的发展空间;整合优质出版内容资源,研发优秀的数字出版产品,进军数字出版市场;加强与国外一流出版集团合作,促进传统出版业务的数字化提升,发展并维护适合中国国情的数字出版产业链。在已有数字内容资源的基础上,建立数字出版优质资源的数据库,开发多层次、多品种的数字内容产品;建立综合的数字出版平台,延伸产品价值链,实现数字出版与传统出版的融合与协调发展。

(3)电子商务平台。针对传统出版、数字出版、互联网出版、手机出版等多种形态共存的科技类书刊市场,构建中国科技出版物营销体系,建立符合中国国情的出版物电子商务平台。

建设专业化和系统性的营销体系,以市场和业务需求为导向,建立图书和期刊统一的营销平台;加强产品设计部门与营销部门分工协作,让产品设计的全过程都与营销结合,针对科学出版社多学科图书和期刊的特点,建立统一的产品营销体系;加强整合信息,建设品牌推广与公共关系沟通平台,提高信息传递的及时性和准确性。

3. 盈利模式设计

(1)设计基于出版生态链的盈利模式。本小节结合科学出版社自身的特点,从出版生态的视角,设计科学出版社的盈利模式(图6-5)。

生态链下游端的收入来源主要来自发行商、机构购买者和个人购买者。机构购买者包括企业、高校和政府机构等,个人购买者包括学生和科研人员等。机构购买者贡献收入来源的主要部分。为获得更有效的营销效果,可以对两种类型的

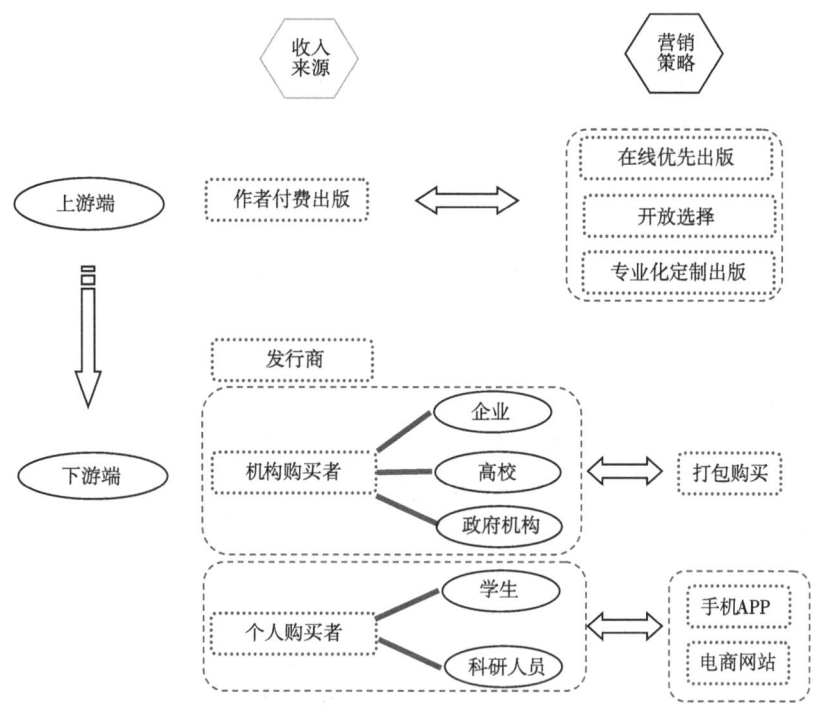

图 6-5 科学出版社基于出版生态链的盈利模式

购买者采取针对性的销售策略。机构购买者按学科打包购买,折算后的单本售价比单独购买低 80%。对于个人购买者,可以开发手机 APP,让用户只需简单操作就可以在手机上方便地使用包括期刊数据库在内的数字平台产品;还可以开发电商网站,让个人用户可以更加便利地直接从网站或网上书店购买纸本或在线版本,增加盈利收入的来源。

生态链上游端,可以采用由作者付费进行出版。"在线优先出版"模式由作者支付费用,实现网络出版早于印刷版出版。"开放选择"模式由作者支付费用后,即可将该文献开放共享,其他读者均可免费下载。"专业化定制出版"模式由作者付费,将指定内容"打包"以电子版形式出版;也可以通过数字生产系统以简便的流程将广告商纳入出版加工环节,提供新的盈利收入。

(2)建立多样的盈利方式。借鉴爱思唯尔出版集团的成功经验,建立科学出版社多样的盈利方式。首先,开发多样的盈利来源,既有传统的读者付费购买,又包括机构订阅,还可以通过开放获取模式向作者收取出版费;其次,采取多样的购买方式,除传统的订阅购买方式外,还可以通过价格较低的论文租用方式更好地满足客户多样化需求;最后,购买内容灵活,除传统的整书购买外,还可按章节或页数灵活购买。

（3）构建关系服务模式。与作者和读者维持长期、稳定、紧密的关系，提供持续服务，实现多次交易，带来稳定利润。作为科技出版旗舰，科学出版社拥有广泛的高端作者群、读者群和出版产业链上众多关系密切的合作伙伴，为构建关系服务模式提供了坚实的基础。科学出版社可以在提供基本的书刊产品、数字内容产品和知识服务的基础上，重点培养和维护机构订户的长期用户关系，实现长期盈利。

（4）提供知识解决方案。针对作者、读者、个人用户和机构用户面临的问题，为用户提出解决思路和行动计划。科学出版社经历了六十余年的科技出版历程，深刻了解作者、读者等用户的特点，理解用户的内容需求、产品需求和服务需求。移动互联网时代，科学出版社的专长和用户需求更是实现了端到端的连接，科学出版社的知识服务能够随时随地融入作者、读者等用户的日常活动中，因而更易于了解用户的即时需求，提供符合用户需求的解决方案。科学出版社可以针对用户的现实需求和潜在需求，提供整体的知识服务解决方案，实现出版社的长期盈利及与用户的协作共赢。

4. 价值网络设计

设计价值网络，首先要厘清科学出版社的重要利益相关者。

科技工作者和科研机构是科学出版社最重要的利益相关者，他们既是知识内容的消费者又是供应者。科技图书、学术期刊和论文是科技工作者工作的必需之物，科研机构也需要购买图书、订阅期刊和数据库作为科研工作的基础设施。同时，科研工作者是科技图书和学术期刊的内容供应者，科研人员需要出版图书及在优秀期刊上发表学术论文，以获得职位和提升学术地位。另外，科研机构购买科学出版社产品和服务的资金通常来自政府机构，因而，政府机构是科学出版社隐性的利益相关者。

从出版生态链的角度来看，上游的供应商和合作者为科学出版社的内容资源提供重要支撑，下游的渠道商为科学出版社的内容资源提供丰富的传播渠道，机构购买者（包括企业、高校和政府机构等）和个人购买者（包括学生和科研人员等）提供资金。因而，出版生态链上游的合作者和下游的渠道商、购买者都是科学出版社重要的利益相关者。同类型的科技出版机构也是科学出版社的重要利益相关者，它们与科学出版社之间合作与竞争共存。

移动互联网时代，从谷歌、百度等互联网公司到万方、清华同方、北京世纪超星信息技术发展有限责任公司等数字技术平台商，都不同程度地涉足出版传媒行业，它们聚集内容资源，打造传播平台，提供信息服务，因而也天然成为科学出版社价值网络中的利益相关者，与科学出版社之间是竞争与合作的关系。

作为知识服务提供商的科学出版社位于价值网络的中心。图6-6展示了科学出版社的价值网络。从出版生态链的层面，科技工作者和科研机构是最重要的利益相关者，他们同时处于科学出版社生态链的上游供应端和下游客户端，因而，科学出版社需要首先协调好与他们的关系；科学出版社也要协调好与内容资源供应商、渠道商和政府机构的关系；同时，也要处理好和与自己有竞争合作关系的互联网公司和数字技术平台商的关系。

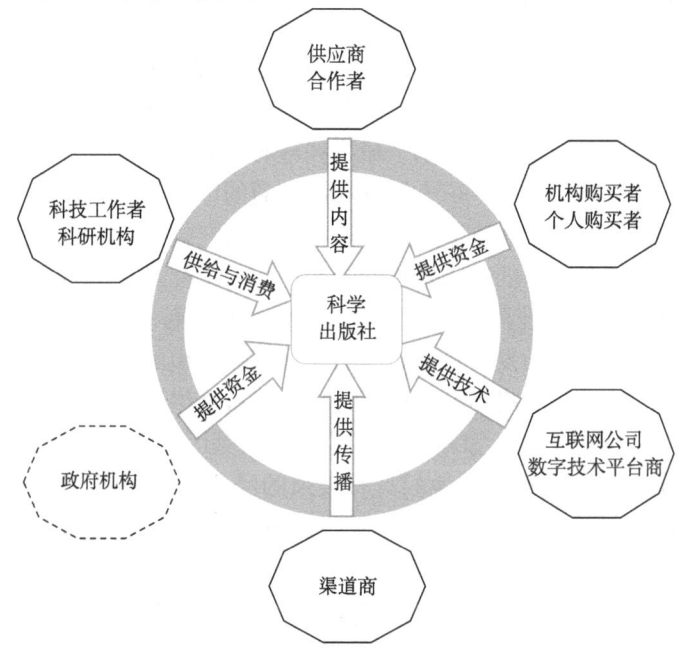

图 6-6　科学出版社价值网络设计

6.4.3　隐性商业模式分析

对于科学出版社的隐性商业模式，我们分析其企业战略、企业文化、企业品牌、市场机会、企业家精神和敬业精神。

（1）企业战略。科学出版社的总体发展战略由一个目标、三个基地和五大战略构成。实现一个目标，即将科学出版社打造成为中国最大的科技内容集成商和科技信息服务商，成为"中国科技出版旗舰"。建设三个基地，首先是中国重大科研成果出版基地，其次是科技期刊出版基地，最后是中国科技出版海外基地。五大发展战略，一是资源集聚战略，二是产业链一体化战略，三是出版数字化战略，四是队伍专业化战略，五是企业国际化战略。

（2）企业文化。企业文化是企业的灵魂。科学出版社把优良传统和创新精神紧密结合起来，坚持以贡献者为本、以创新进取为导向、以追求卓越为目标，不断增强"创新、包容、实干、卓越"及和谐奋进的文化氛围。大力弘扬企业核心价值观，坚持"高层次、高质量、高水平"的优良传统和"严肃、严密、严格"的工作作风，用改革创新为核心的时代精神凝聚力量，促进企业持续健康发展。

（3）企业品牌。科学出版社成立六十多年以来，在几代"科学人"的努力下，出版了一大批反映我国科技发展水平的优秀图书和期刊，为推动科技发展、促进科技交流做出了积极贡献，成为国内外知名的科技出版品牌。

科学出版社已经形成了广泛的科技出版产业架构与相应的经营规模，积聚了包括"科学出版社"和"龙门书局"等优秀图书出版品牌、《中国科学》系列期刊和《科学通报》等高水平学术期刊品牌及《科学世界》等科普期刊品牌，是国内声誉最好、出版质量最好、学术水平最高和最有影响力的科技类出版社之一，得到新闻出版界、科研工作者、广大读者和经销商的广泛赞誉。

（4）市场机会。"十二五"期间国家和全社会科技投入不断加大，科技出版资源和科技出版信息服务的需求持续增强。科学出版社将打造"中国科技出版旗舰"，成为中国最大的科技内容集成商和科技信息服务商，成为国家创新体系知识传播系统的骨干力量作为发展目标。国家文化产业规模的不断扩大和科技出版与信息服务需求的持续提升将为科学出版社未来发展提供巨大的空间。

（5）企业家精神。企业家精神是基业长青的基因。科学出版社的企业领导、经营骨干都充满企业家精神。他们具有极强的经营意识和胆魄，企业经营业绩和财务利润连年保持高速增长，重大项目建设不断获得佳绩，科学出版社连年荣获出版领域多项重要奖项，企业的经营管理能力不断提升；他们勇于创新，领导科学出版社从传统出版企业转型数字出版，稳步推进数字化平台建设；他们精诚合作，强化服务意识，管理职能部门的服务效率和水平不断提升；他们以出版社为家，爱岗敬业，是全体员工的楷模；他们热爱学习，将全员学习作为企业文化大力贯彻执行；他们持续着力民生工程，不断提升员工幸福感和归属感。

（6）敬业精神。科学出版社全体员工热爱科技出版事业，以打造"中国科技出版旗舰"为奋斗目标，工作勤奋、主动、认真，有很强的责任感和良好的职业道德，具有高度的敬业精神和开拓进取精神，有良好的职业操守，严格遵守各项规章制度和劳动纪律。各个部门的同事团结协作，保障各项工作顺利有序完成。

6.4.4 环境分析

1. 行业类别

科学出版社从事的业务属于出版行业中的科技出版领域，是国际化竞争非常深入的领域。科技出版物受到意识形态和语言文化的影响较小，因而国内科技出版市场较容易受到国外科技出版企业和出版物的冲击。中国的科技事业仍处于发展过程中，科研水平尚有较大上升空间，我国科技出版物的竞争力弱于发达国家的科技出版物。

（1）行业概况。

传统出版行业主要包括图书出版、期刊出版和报纸出版等类别。随着数字技术广泛而且深入地应用到出版的各个环节，数字出版在出版行业的地位逐渐上升。互联网的快速发展使得传统出版的很多业务和流程转移到互联网上，互联网出版应运而生并蓬勃发展。移动互联环境下，智能手机成为出版物的重要载体，促进手机出版成为重要的出版业态。

（2）细分市场。

科学出版社从事的业务涉及图书出版、期刊出版和数字出版。

图书出版包括教育出版、专业出版和大众出版。教育出版主要面向学生，是我国图书出版业的主要支柱，其市场需求与学生人数紧密相关。专业出版主要面向专业技术人才，包括财经、法律、科技与医学四大类，其市场需求稳定。大众出版面向所有类型的读者，通常以人们的生活和娱乐兴趣来分类，常见的类别有小说、传记、艺术、旅游等，市场需求弹性较大。科学出版社的核心业务是专业出版，也涉及教育出版和大众出版的图书。

期刊出版方面，我国自然科学与技术类期刊占期刊总品种的49.76%，在2015年共有4 983种。科学出版社出版的近300种期刊主要是自然科学与技术类期刊，是各个领域最核心的刊物。

数字出版产品形态主要包括电子图书、数字期刊、数字报纸、数字音乐、数据库出版物等。科学出版社的数字出版产品主要包括电子图书、数字期刊和数据库出版物。

（3）行业壁垒。

科学出版社从事的专业出版有很多显著的特征，为进入本行业的企业设置了诸多壁垒，强化了科学出版社的竞争优势。

首先是专业壁垒。专业出版对于出版机构的专业性及编辑人员的知识层次和知识构成均有较高要求，尤其是科学出版社占优势的科学、技术、医学类的图书和期刊，其选题策划、组稿审稿、编辑加工等出版工作，必须依靠在相关领域拥有丰富经验的出版机构和大量的高层次专业人才才能开展。如果对该专业相关知识缺乏系统的了解，或者对该学科发展趋势不能准确把握，抑或没能不断跟踪科技前沿最新动态，则很难生产出高质量、高权威性的专业出版物。专业出版的这个特点使得该领域进入壁垒相对较高，市场供给与需求也相对稳定。

其次是品牌壁垒。品牌对于出版行业具有极为重要的意义。拥有知名的品牌，不仅能极大助力出版机构开拓市场、吸引作者、机构用户和最终读者，也能帮助出版机构吸引高质量出版资源和优秀出版人才，并有效控制成本。相比于教育出版和大众出版，专业出版领域的替代产品相对较少，品牌在很大程度上代表着专业性和权威性，因而，专业出版领域读者群的品牌认知度和忠诚度都相对较高。另外，建立专业出版品牌，与企业多年耕耘所积累的专业经验和长期经营所建设的专业人才团队密不可分，需要长期的不断积累才能形成，这些因素和特征成为新进入者难以逾越的障碍。

最后是规模壁垒。传统出版对出版机构资金和规模实力的要求较高，随着发行量的逐渐增加，总体而言，图书的长期平均成本不断下降，因而传统图书出版具有规模经济。这要求新进入出版领域的企业必须要具备充足的资金和雄厚的实力，而且还需要花费相当长的时间来建立作者群和读者群，才有可能在现有竞争格局中取得一席之地。移动互联环境下，对于出版行业而言，内容资源是核心资源，集聚起大量的内容资源是开展数字出版、实现知识服务的前提。老牌的出版机构，基于其长期的发展和在出版领域的深耕，已然占据了资源集聚的有利地位，这也同样为新进入者设置了较高的壁垒。

2. 外部环境

（1）政治环境。

新的政策法规不断推出，用以规范出版行业，推进行业发展。1990年，《著作权法》正式颁布。我国于1992年加入《保护文学和艺术作品伯尔尼公约》和《世界版权公约》，参与国际图书出版的竞争和角逐。2010年，新闻出版总署出台《关于加快我国数字出版产业发展的若干意见》，提出"把数字出版产业打造成新闻出版支柱产业"。该意见同时指出，计划"到2020年，传统出版单位基本完成数字化转型，其数字化产品和服务的运营份额在总份额中占有明显优势"。2012年，《国家"十二五"时期文化改革发展规划纲要》由中共中央办公厅、国务院办公厅印发，指出推进文化产业结构调整，"发展壮大出版发行、影视制作、印刷、广告、演艺、娱乐、会展等传统文化产业，加快发展文化创意、数字出版、移动多媒体、动漫游戏等新兴文化产业"。良好的政治政策环境推动出版传媒行业健康有序发展。

（2）经济环境。

我国GDP连年快速增长，已发展成为世界第二大经济体。随着宏观经济快速发展，人民群众文化需求水平不断提升，我国图书市场也将随之快速发展。

出版传媒行业也存在一些问题。例如，盗版侵权降低了内容创意者的创作积极性，导致出版行业持续发展动力不足，出版发行市场不规范问题时有发生，少数出版发行单位采取不正当竞争扰乱市场秩序，影响出版行业的持续健康发展。

近年来，政府有关部门制定了诸多打击盗版、规范出版物市场秩序的法律、法规，在保护知识产权方面取得了明显成效。

（3）社会环境。

我国人口众多，人口数量已达13.8亿人，占世界人口总数的五分之一，为出版传媒行业创造了潜力巨大的市场。我国图书和期刊市场的空间容量非常大，仍有巨大的发展潜力。随着经济的发展，我国的国民收入水平和教育水平大幅度提高，将逐步激发出版传媒行业的市场潜能。

另外，移动互联传媒正在迅速崛起。根据中国互联网络信息中心发布的第38次《中国互联网络发展状况统计报告》，截至2016年6月，我国网民规模达到7.10亿人，互联网普及率达到51.7%；我国手机网民规模达到6.56亿人，网民中使用手机上网的人群占比提升至92.5%，手机成为第一大上网终端设备。庞大的手机用户群体为移动互联环境下出版传媒行业的知识服务提供了广阔的市场空间。

3. 技术水平

互联网、数字技术和移动通信技术发展迅速，推动数字出版、互联网出版等多种新型出版形态及按需印刷的出版模式不断发展；智能手机的高度普及，催生出手机新闻、手机小说、手机游戏等多种新型数字出版形式。数字出版技术的日渐普及、互联网出版形态的日益深化及手机出版的深入应用，改变了传统出版物的生产方式、运作流程和消费理念，势必将深刻影响出版传媒行业未来的发展。由于受到阅读习惯、终端数量、防盗版技术、移动通信技术的制约，数字出版和手机出版短期内对传统出版的替代作用还不是十分明显。随着数字出版和手机出版与传统出版的不断融合，不同的出版业态之间呈现出相互促进、共同发展的格局。传统出版向数字出版转型是出版行业发展的必然趋势，出版企业只有吸收和应用先进的数字技术，发展以数字化内容、数字化生产和网络化传播为主要特征的新型出版业态，才能在未来的市场竞争中抵御来自数字出版媒体的冲击。

在移动互联技术的大环境下，科学出版社既要保持传统出版业务的产业优势，又要提前布局谋篇，为适应行业的未来发展和参与未来的市场竞争做好充分准备。一方面，从短期来看，科学出版社要调整业务和产品类型，以满足消费者对数字出版的现实需求；另一方面，从长期来看，科学出版社要转型升级为知识服务提供商，力争保持行业的领先地位。对于出版行业而言，内容资源始终是核心资源。在新形势下，科学出版社需要开发并运用新技术和新媒体，利用丰富的出版经验和多年以来积累的内容资源，开辟数字出版领域的新业务，融合传统出版与数字出版，以获得更为广阔的市场空间。

6.5 研究结论

本章运用多因素分析方法结合冰山理论的思想,构建了新型商业模式分析框架。该分析框架全面分析了商业模式的显性知识和隐性知识,并集成分析环境因素,可以清晰地解构商业模式,并为进一步创新设计新型商业模式提供理论基础。资源禀赋、业务系统、盈利模式和价值网络等显性要素展示了商业模式的主要特征;企业战略、企业文化、企业品牌等隐性要素清晰地识别了企业商业模式独有的特征;市场机会显示了企业发展的市场潜力;企业家精神和敬业精神揭示了企业内在的发展动力;环境分析展示了企业的外在特征和发展潜力。

本章提出了分析、比较、诊断、设计、实施、效果评估等六个具体应用步骤,以科学出版社为研究对象,应用新型商业模式分析框架,设计适用于移动互联环境的传统出版企业的商业模式。本章设计了科学出版社的显性商业模式,分析了其隐性商业模式,进而集成分析外部环境,得出科学出版社应当抓紧向知识服务提供商转型的建议,为传统出版传媒企业转型升级提供借鉴。理论应用显示,本章提出的新型商业模式分析框架,不仅可以用于分析企业的商业模式,而且可以诊断特定企业商业模式存在的问题和不足,进而设计合理的商业模式。

(本章作者:杨志华,胡毅,乔晗,汪寿阳)

参 考 文 献

包晓云. 2000. 网络出版给纸质出版带来的冲击和变革[J]. 编辑学报, 12(4): 200-202.
曹胜利, 谭学余. 2010. 专业出版社数字出版的盈利模式与路径选择[J]. 科技与出版, (4): 3-7.
陈生明. 2009. 数字出版理论与实践[M]. 北京: 人民教育出版社.
方卿. 2011. 出版产业链研究[M]. 北京: 高等教育出版社.
国家新闻出版广电总局. 2014. 2013 年新闻出版产业分析报告[M]. 北京: 国家新闻出版广电总局.
国家新闻出版广电总局. 2015. 2014 年新闻出版产业分析报告[M]. 北京: 国家新闻出版广电总局.
国家新闻出版广电总局. 2016. 2015 年新闻出版产业分析报告[M]. 北京: 国家新闻出版广电总局.
黄先蓉, 李晶晶. 2012. 浅析数字出版的版权保护策略[J]. 科技与出版, (12): 79-82.
李雪蓉, 张晓旭, 李政阳, 等. 2016. 商业模式的文献计量分析[J]. 系统工程理论与实践, 36(2): 273-287.
刘成勇. 2011. 数字出版商业模式与发展路径[J]. 数字时代, (13): 33-35.
刘开云. 2012. 文化价值的实现与文化创意产业统计测算[J]. 求索, (5): 176-178.
罗珉. 2003. 组织管理[M]. 成都: 西南财经大学出版社.
乔丽. 2009. 传统出版社数字出版盈利模式探析[J]. 科技与出版, (9): 46-48.

屠媛媛, 杨晓蓉, 王丹. 2013. 数字出版时代版权保护面临的问题与挑战[J]. 农业图书情报学刊, (12): 159-161.
汪寿阳, 敖敬宁, 乔晗, 等. 2015. 基于知识管理的商业模式冰山理论[J]. 管理评论, 27 (6): 3-10.
汪寿阳, 乔晗, 胡毅, 等. 2016. 商业模式研究全景图[M]. 北京: 科学出版社.
王波, 彭亚利. 2002. 重思商业模式[J]. IT 经理世界, 5 (6): 86-87.
王欢妮. 2013. 数字出版的版权保护和利益平衡问题研究[J]. 科技与出版, (1): 57-60.
魏炜, 朱武祥. 2009. 发现商业模式[M]. 北京: 机械工业出版社.
吴江文. 2010. 2009 年数字出版研究综述[J]. 中国出版, (6): 35-38.
姚柏年. 2011. 数字出版商业模式研究[D]. 华东师范大学硕士学位论文.
张立. 2010. 电子书产业发展状况与趋势[J]. 现代出版, (5): 12-18.
张书卿. 2008. 我国数字出版标准化现状及对策[J]. 出版发行研究, (11): 59-62.
郑豪杰. 2011. 传统出版的商业模式创新研究[J]. 中国出版, (3): 30-33.
Afuah A. 2003. Business Models: A Strategic Management Approach [M]. Boston: McGraw-Hill.
Amit R, Zott C. 2001. Value creation in e-business [J]. Strategic Management Journal, 22 (6~7): 493-520.
Bellman R, Clark C E, Malcolm D G, et al. 1957. On the construction of a multi-stage, multi-person business game[J]. Operations Research, 5 (4): 469-503.
Chesbrough H, Rosenbloom R S. 2002. The role of the business model in capturing value from innovation: evidence from Xerox Corporation's technology spin-off companies[J]. Industrial and Corporate Change, 11 (3): 529-555.
Declan B. 2003. Scientific publishing: who will pay for open access? [J]. Nature, 425 (6958): 554-555.
Hamel G. 2001. Leading the revolution: an interview with Gary Hamel[J]. Strategy & Leadership, 29 (1): 4-10.
Johnson J P, Lenartowicz T, Apud S. 2006. Cross-cultural competence in international business: toward a definition and a model[J]. Journal of International Business Studies, 37 (4): 525-543.
Jones M H. 1960. Evolving a business philosophy[J]. Academy of Management Journal, 3(2): 93-98.
Lunney Jr G S. 2001. The death of copyright: digital technology, private copying, and the digital millennium copyright act[J]. Virginia Law Review, 87 (5): 813-920.
Magretta J. 2002. Why business models matter[J]. Harvard Business Review, 80 (5): 86-92.
Mahadevan B. 2000. Business models for internet-based e-commerce: an anatomy[J]. California Management Review, 42 (4): 55-69.
Mandell M B. 1991. Modeling effectiveness-equity trade-offs in public service delivery systems[J]. Management Science, 37: 467-482.
Osterwalder A, Pigneur Y. 2010. Business Model Generation: A Handbook for Visionaries, Game Changers, and Challengers[M]. New York: John Wiley & Sons.
Renear A H, Palmer C L. 2009. Strategic reading, ontologies, and the future of scientific publishing[J]. Science, 325 (5942): 828-832.
Stevenson N. 2000. The future of public media cultures[J]. Information and Communication Society, 3 (2): 192-214.

Teece D J. 2010. Business models, musiness strategy and innovation[J]. Long Range Planning, 43 (2~3): 172-194.

Timmers P. 1998. Business models for electronic markets[J]. Electronic Markets Journal, 8 (2): 3-8.

Zott C, Amit R. 2007. Business model design and the performance of entrepreneurial firms[J]. Organization Science, 18 (2): 181-199.

Zott C, Amit R. 2010. Business model design: an activity system perspective[J]. Long Range Planning, 43 (2~3): 216-226.

Zott C, Amit R, Massa L. 2011. The business model: recent developments and future research[J]. Journal of Management, 37 (4): 1019-1042.

第 7 章

商业模式隐性知识的间接反馈：基于商业模式冰山理论及反馈优化分析

7.1 引言

伴随着互联网的快速发展和网络经济的兴起，以商业模式为主题的企业经营方式创新、管理变革和理论研究热潮开始涌现，国内外学者们从不同视角提炼出了商业模式的关键因素。Osterwalder 和 Pigneur（2010）认为"商业模式是企业如何创造价值、传递价值和获取价值的原理"，并提出了九要素模型。魏炜等（2012）将商业模式定义为利益相关者的交易结构，分解出定位、关键资源能力、业务系统、盈利模式、现金流结构和企业价值六个要素。汪寿阳等（2015）提出商业模式的冰山理论和 CET@I 方法论，认为商业模式由其显性知识部分和隐性知识部分构成，并加入情境智慧对商业模式进行了集成分析。伴随着商业模式研究的不断深入，国内外学者从对早期的商业模式概念、要素和分类的研究逐渐转向对商业模式创新的研究。刘正阳等（2017）认为商业模式创新是指企业价值创造基本逻辑的创新变化，它既包括多个商业模式构成要素的变化，也包括要素间关系或者动力机制的变化。罗珉等（2005）分析了企业在不同条件下获得租金的形式，从理论上解释了企业商业模式创新行为的内外在驱动力。高闯和关鑫（2006）从价值链创新的理论视角对企业商业模式创新的实现方式进行解释，并对商业模式创新的动力和演进机理进行了深入的探讨。

但是，目前的商业模式创新分析大都局限于静态或单阶段的创新研究，未能考虑到商业模式的动态演化。PNMP-CET@I 反馈调节分析方法与商业模式次优和瞬时最优状态模型等商业模式反馈优化分析模型基于商业模式冰山理论，从效果评价的角度分析了现阶段商业模式效果评价对于显性知识重构的影响，对商业模式的动态演化进行了分析。但是，在上述商业模式优化反馈分析模型中，隐性知识在商业模式的再设计中都被当作外生变量看待，即隐性知识并不会受到效果评价的影响，而是直接影响商业模式显性知识的设计。本章认为商业模式的隐性知识是动态变化的，而非一成不变的，隐性知识的变化可能会受到企业商业模式的影响，从而在商业模式再设计过程中对显性知识形成间接反馈，因而本章建立商业模式隐性知识内生化模型来分析效果评价对于显性知识的间接影响。

本章后续的内容分为以下几个部分。7.2 节回顾商业模式冰山理论及反馈优化模型，并分析这些模型的待完善之处。针对这些问题，7.3 节提出商业模式隐性知识内生化模型。7.4 节通过一些案例分析对提出的模型进行阐释。7.5 节提出总结与思考。

7.2 商业模式冰山理论及反馈优化分析模型

商业模式冰山理论［汪寿阳等（2015）］，解释了"为什么成功的商业模式难以被复制"这一管理学难题，指出商业模式具有显性知识和隐性知识（图 7-1）。商业模式冰山理论结合 CET@I 方法论集成分析了企业商业模式显性知识和隐性知识，注重外部环境与组织自身的互动，强调对组织集成能力和情境智慧的提升（图 7-2）。

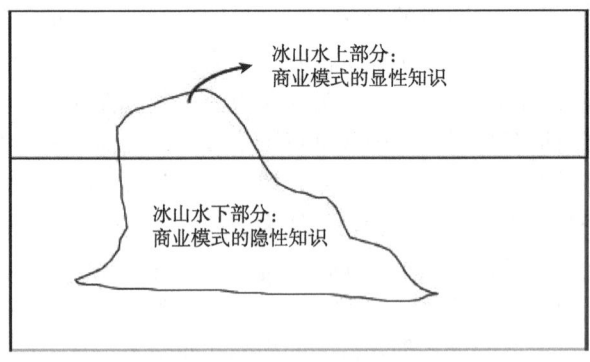

图 7-1　商业模式冰山理论

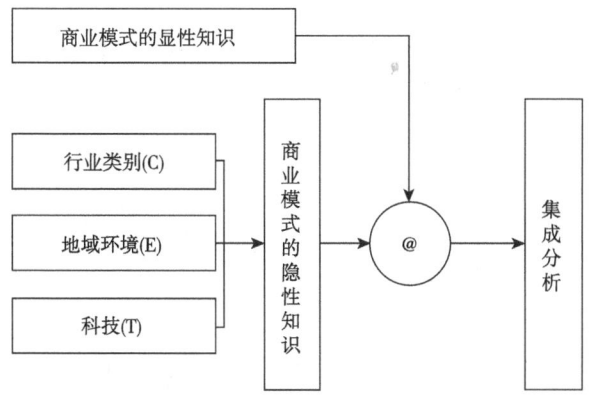

图 7-2　CET@I 方法论框架

PNMP-CET@I 反馈调节分析方法［李超等（2018）］把企业商业模式创新看作一个反复调整设计的过程，进一步强调对组织集成能力和情境智慧的提升（图 7-3）。

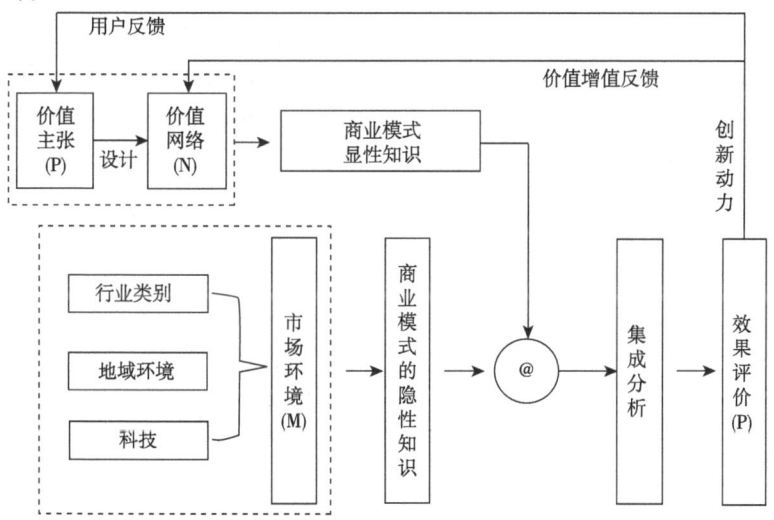

图 7-3　PNMP 商业模式反馈调节位置

该模式通过对显性、隐性知识的集成分析得出商业模式的效果评价，效果评价进一步对显性知识有一个反馈作用，进而推动企业不断创新和调整商业模式，如此反复，最终企业找到适合自身发展需要的商业模式。

商业模式次优和瞬时最优状态模型［李雪蓉（2017）］定义了商业模式的次优状态和瞬时最优状态（图 7-4）。该模型将商业模式的效果评价明确化，通过判断利益相关者是否有合作的动机及能否提升焦点企业的利润，并分析可能产生影响的隐性知识，来完成商业模式的不断优化。

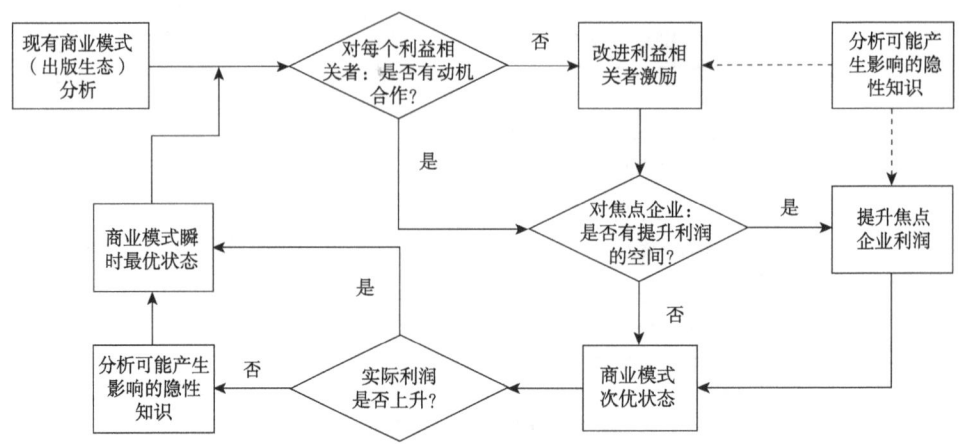

图 7-4　商业模式次优和瞬时最优状态模型

商业模式冰山理论（图 7-5）及反馈优化分析认为商业模式显性知识是商业模式设计的直接体现，可用商业模式九要素、商业模式六要素等模型进行分析。反馈优化分析着重探究了效果评价对于商业模式显性知识的直接反馈。上述分析将商业模式隐性知识当作客观存在的"外生变量"，认为在反馈阶段，隐性知识直接对企业商业模式再设计产生影响，而不受商业模式效果评价的影响。

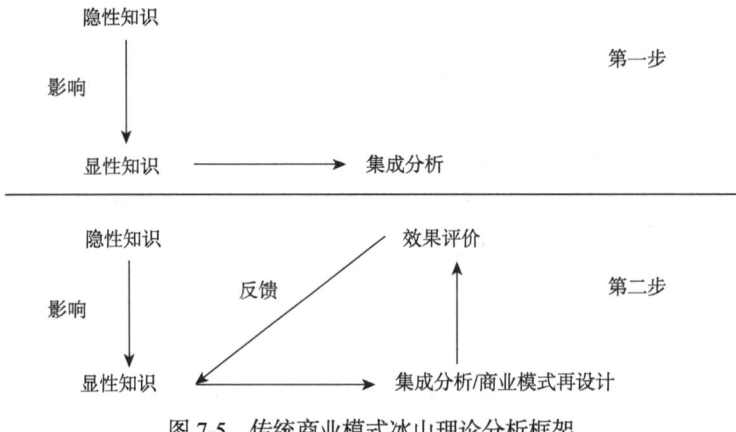

图 7-5　传统商业模式冰山理论分析框架

但是，隐性知识外生化的假设是否合理？效果评价是否有可能通过对商业模式隐性知识产生影响，进而对显性知识形成间接反馈？物种在生存发展过程中，会适应环境变化，也会对环境变化产生影响。企业的商业模式设计对于隐性知识呢？

7.3 商业模式隐性知识的内生化

环境分析法认为企业环境是指与企业生产经营有关的所有因素的总和，可以分为外部环境和内部环境两大类。内部环境是企业内部物质文化因素的总和，如企业资源和企业能力等，由企业自身的发展来决定，在一定程度上是可以复制的；外部环境是影响企业生存和发展各种外部因素的总和，是诸多社会、政治、经济行为共同作用而成的，难以由企业自身决定，在商业模式设计过程中无法实现复制，因而将其作为商业模式的隐性知识进行分析。

根据环境分析法的相关理论，本章将商业模式隐性知识定义为企业的外部环境，如政策、经济、技术等环境。汪寿阳等（2015）认为商业模式的隐性知识包括企业文化、组织外部环境、行业类别、技术等因素；李超等（2018）认为商业模式的隐性知识是企业的市场环境，包括行业、技术、政策、经济、文化等。

我们认为企业与外部环境的关系是相互影响和动态平衡的关系。首先，外部环境是企业赖以生存和实施商业模式的基础。企业经营的一切要素都要从外部环境中获取，没有这些要素企业就无法实施商业模式。同时，企业的产品也必须通过外部市场进行营销，没有市场，企业的产品就无法得到社会承认，企业也就无法生存和发展。同时，外部环境能给企业带来机遇，也会造成威胁。另外，企业是一种具有活力的社会组织，它并不是只能被动地为外部环境所支配，而是在适应外部环境的同时也对环境产生影响。尤其是具有变革意义的商业模式，将会对企业的外部环境产生深远的影响。

我们认为隐性知识（企业外部环境）是动态变化的，而非一成不变的。隐性知识的变化可能会受到企业商业模式的影响，从而在商业模式再设计过程中对显性知识形成间接反馈。例如，当一个行业出现革命性的商业模式创新时，行业环境会发生显著变化；又如，当新的商业模式出现时，监管部门会出台新的政策或法律法规来完善行业监管，从而改变政策环境。综上，应当将隐性知识内生化来分析效果评价对于显性知识的影响。

7.4 案例分析

案例分析框架如图 7-6 所示，选取目前较为热门的几个行业的商业模式对商业模式隐性知识的内生化模型进行分析，分析分为三部分：商业模式效果评价，对隐性知识的影响，对显性知识的间接反馈。

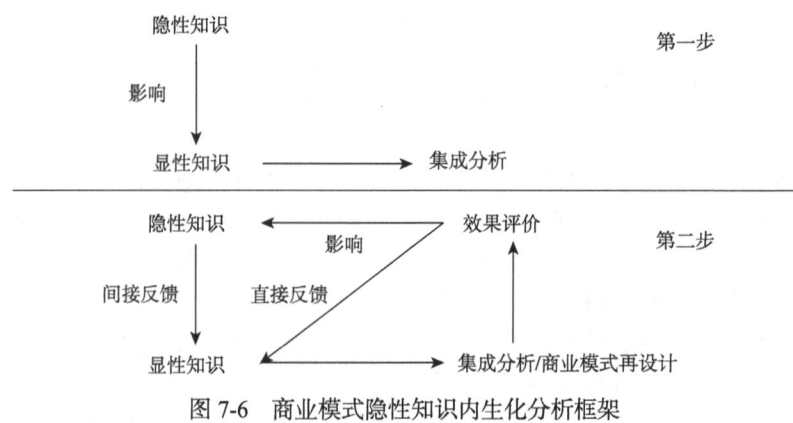

图 7-6 商业模式隐性知识内生化分析框架

7.4.1 案例分析 1：政策环境

政策环境是指影响和制约企业的政策要素和法律系统。国家的政策法规对企业生产经营活动具有控制、调节作用，相同的政策法规给不同的企业可能会带来不同的机会或制约。我们选取共享单车行业的商业模式进行案例分析。

共享单车行业商业模式效果评价：共享单车商业模式存在一定的问题。共享单车公司手中的押金远远高于其自行车资产的价值，押金和预付款由人监管，存在投资人划走押金的案例（如 kala 单车）；客户细分未能明确，导致很多年龄较小的用户在使用过程中出现事故，使得共享单车公司的经营成本增加、声誉受损。

对隐性知识（政策环境）的影响：2017 年 5 月 22 日，《关于鼓励和规范互联网租赁自行车发展的指导意见（征求意见稿）》出台：鼓励互联网租赁自行车运营企业采用免押金方式提供租赁服务；禁止向未满 12 岁的儿童提供服务；禁止载人和装儿童椅；创新保险机制，为用户购买人身意外伤害险和第三者责任险，保障用户和其他人员人身安全。

对显性知识的间接反馈：多家公司与支付宝展开合作，凭借芝麻信用可免押金骑行，提高运营能力；支付宝平台提供一份意外保险，节约了共享单车公司的额外成本；在自行车上贴出禁止 12 岁以下孩童使用的标志，明确客户细分。

7.4.2 案例分析 2：文化环境

文化环境是指企业所处地区的风俗习惯、宗教信仰、文化水平等因素的形成与变动，会影响人们精神层面的需求消费层次。我们选取亚马逊电子书的商业模式进行案例分析。

商业模式效果评价：亚马逊 Kindle 的"硬件+交易平台+内容销售"的垂直整合模式，将硬件销售与内容传输直接联系起来，成功地建立了进入壁垒，打造闭环生态系统，凭借其硬件和内容的优质性，实现了电子书在阅读市场的不断普及。

对隐性知识（文化环境）的影响：Kindle 的普及不断改变着人们的阅读习惯，手机和平板也成为受欢迎的数字阅读终端。2015 年，中国纸质书零售市场规模达到 624 亿元，电子书数字阅读市场规模达到 108 亿元，电子书占 15%，比上年增长 33.4%。美国电子书市场占比达到 20%，日本占比达到 26%。

对显性知识的间接反馈：阅读习惯从纸质书向电子书的转移为亚马逊带来更大的商机，同行业竞争加大也带来更大的挑战，商业模式显性知识也因此做出调整。Kindle 在商业模式再设计的过程中更加注重消费者的阅读体验、不断提升产品制作工艺，以巩固客户关系；调整定价策略、照顾学生人群来挖掘细分市场。

7.4.3 案例分析 3：技术环境

技术环境是指与企业有关的科学技术现有水平、发展趋势和发展速度，以及国家科技体制、科技政策等。在知识经济兴起和科技迅速发展的情况下，技术环境对企业的影响可能是创造性的，也可能是破坏性的，企业必须预见这些新技术带来的变化，采取相应的措施予以应对。我们选取京东供应链的商业模式进行案例分析。

商业模式效果评价：京东商城依托多年打造的庞大物流体系和供应链，使消费者充分享受"足不出户坐享其成"的便捷，目前分布在华北、华东、华南、西南的四大物流中心覆盖了全国各大城市。传统模式下，采销人员要依靠数据和自身的经验完成商品选择、采购计划制订、价格制定、库存管理等复杂工作。随着电商规模的迅速扩大，每个采销人员需要管理的商品种类不断增加，面对的数据量也日趋庞大，要实现精细管理必须投入更多的精力和资源。如果不能进行精准高效的供应链管理，不仅会降低零售企业的竞争力，更会造成包括上游制造企业在内的行业效率降低。

对隐性知识（技术环境）的影响：京东集团 CEO 刘强东在 2017 年京东年会上表示，在以人工智能为代表的第四次商业革命来临之际，京东集团将以消费者洞察作为原点，借助大数据和人工智能技术的应用，打造敏捷、智慧、开放的零售供应链。Y 事业部首次对外发布了"Y-SMART SC"京东智慧供应链战略，围绕数据挖掘、人工智能、流程再造和技术驱动四个原动力，形成覆盖"商品、价格、计划、库存、协同"五大领域的智慧供应链解决方案，力图推进供应链技术的发展。

对显性知识的间接反馈：智慧供应链解决方案的发展，能够使京东明确与供应链中包含的利益相关者和管理要素之间的联系，提高对市场变化和消费者需求的快速响应与决策能力,从而提高供应链上各个环节的服务效率和产出能力。

7.5 总结与管理启示

传统的商业模式优化反馈分析模型中,隐性知识在商业模式的再设计中都被当作外生变量看待,即隐性知识并不会受到效果评价的影响,而是直接影响商业模式显性知识的设计。本章认为商业模式的隐性知识是动态变化的,而非一成不变的,隐性知识的变化可能会受到企业商业模式效果评价的影响,从而在商业模式再设计过程中对显性知识形成间接反馈,因而本章建立商业模式隐性知识内生化模型来分析效果评价对于显性知识的间接影响。通过隐性知识内生化模型,可以看出商业模式的显性知识和隐性知识处于一个复杂更替的系统中,这有助于我们在原有冰山理论模型的基础之上理解为何"成功的商业模式无法被复制"这一管理学难题,应当结合其他反馈优化模型对企业的商业模式再设计进行更加全面深入的分析。

(本章作者:刘正阳,胡毅,乔晗,汪寿阳)

参 考 文 献

高闯, 关鑫. 2006. 企业商业模式创新的实现方式与演进机理——一种基于价值链创新的理论解释[J]. 中国工业经济, (11):83-90.
李超,郑森圭,丁雪辰,等. 2018. 商业模式 PNMP-CET@I 反馈调节分析模型:蚂蚁金服案例[J]. 系统工程理论与实践, 38(6):1413-1421.
李雪蓉. 2017. 科学出版社商业模式分析与设计. 工作论文.
刘正阳,胡毅,乔晗,等. 2017. 能源互联网时代新能源企业的商业模式创新分析——以远景能源为例[J]. 科技促进发展, (3):133-144.
罗珉,曾涛,周思伟. 2005. 企业商业模式创新:基于租金理论的解释[J]. 中国工业经济, (7):73-81.
汪寿阳,敖敬宁,乔晗,等. 2015. 基于知识管理的商业模式冰山理论[J]. 管理评论, 27(6):3.
魏炜,朱武祥,林桂平. 2012. 基于利益相关者交易结构的商业模式理论[J]. 管理世界, (12):125-131.
Osterwalder A, Pigneur Y. 2010. Business Model Generation: A Handbook for Visionaries, Game Changers, and Challengers[M]. New York: John Wiley & Sons.

第8章

光伏巨头 SunEdison 的破产原因分析：基于商业模式的视角

近年来，光伏产业发展迅速，但与一般的工业项目不同，光伏电站的主要资产为光伏组件及相关电力设备，较难从银行获得抵押贷款。国内外结合光伏项目的互联网融资模式应运而生，但融资模式导致破产的案例越来越多，包括全球光伏巨头 SunEdison。2016 年 SunEdison 宣布破产，在光伏行业引起轰动。本章以 SunEdison 作为案例对其商业模式不可持续性进行研究，有助于加强公司治理，提升企业价值，保护投资者利益。

8.1 引言

近年来，新闻媒体对 SunEdison 的关注较多，但学术界对其研究很少。现有的研究主要集中在 SunEdison 破产对太阳能行业，其他上下游企业及对缅因州当地的影响。例如，当 TERP 向美国证监会提交的监管文件中称 SunEdison 因背负巨大债务存在重大破产风险后，SunEdison 股价首次跌破 1 美元大关，与此同时，太阳能领域的其他公司也出现了不同程度的股价暴跌。这导致 SunEdison 破产的原因被归结为市场环境和自身的管理行为。SunEdison 公司在 2014 年先后成立了两家分别专注于美国本土和全球其他市场清洁能源发电项目投资和运营的 Yield Co（收益导向型）公司，Terraform Power（TERP）和 Terraform Global（GLBL），并均在纳斯达克上市。SunEdison 公司将部分低风险、现金流长期稳定的营运资产剥离，再将这些资产打包设立一家子公司（即 Yield Co）。Yield Co 通过上市来公开募集资金,并将该资产产生的现金流以股息的形式,定期支付给公司的股东。

因此,Yield Co 本质上是一种融资工具,而在 SunEdison 破产后,外界对于两者的关系和发展存在很大的争议:Yield Co 模式是不是 SunEdison 破产的根本原因? 这是否也意味着 Yield Co 模式是失败的?

SunEdison 通过利用 Yield Co 并购能源资产,本章通过分析该过程及对商业模式稳定性的影响分析,揭示 SunEdison 公司的破产与 Yield Co 的关系,指出过度投资行为加上 Yield Co 模式易受资本市场波动的影响,导致企业商业模式各方面的稳定性和安全性较差,加速了该公司的衰落,为光伏行业的发展,投资者利益保护提出建议,同时倡导和鼓励企业从商业模式的视角来认识和理解商业行为,实现对资源的最优配置,从而形成商业模式各利益主体交易结构的均衡。

8.2 SunEdison 及其 Yield Co 基本情况

8.2.1 SunEdison 发展历程

SunEdison 前身是始创于 1959 年的美商休斯电子材料公司(MEMC Electronic Materials Inc.),这是全球光伏行业硅材料鼻祖之一,也是全球最大洁净能源开发商,其资产一度高达百亿美元。早年该公司专业生产半导体和太阳能用多晶硅料,随着 20 世纪初光伏发电的兴起,逐渐将业务布局延伸到了从上游多晶硅料到下游电池组件的整个光伏制造产业链,并开始涉足美国本土的下游电站开发。后来由于中国光伏制造业的崛起,以及 2011 年的光伏行业景气大跌引发的行业洗牌,公司将制造业务逐步缩减到仅保留多晶硅生产,并开始转型以全世界范围内的光伏电站、风电场开发为核心业务,立志成为全球最大的清洁能源发电项目开发商。

2014 年 6 月 SunEdison 发起成立了其首家 Yield Co 模式的公司——Terraform Power,并随后在纳斯达克上市,代码 TERP。同年 10 月,成立了第二家 Yield Co 公司 Terraform Global,专注于亚洲、南美、非洲地区的项目投资,并在纳斯达克上市。2014 年 11 月,SunEdison 与它的 Yield Co 一起收购了风电开发商 First Wind;2015 年 3 月,收购了美国储能公司 Solar Grid Storage LLC,成为全球第一家可同时提供光伏发电、风力发电及储能三项业务的企业。之后,Terraform Power 从母公司不断收购太阳能发电站等能源资产。

2015 年 7 月,SunEdison 宣布以价值 22 亿美元的现金、股票及可转换债券收购美国住宅太阳能系统开发公司 Vivint Solar。作为协议的一部分,其 Yield Co 子公司 Terraform Power 将以 9.22 亿美元现金收购 Vivint 的屋顶太阳能项目资产,但是 Terraform Power 对此收购价格并不满意,引发了后续的诉讼,同时随此项交易披露的财务数据显示其流动性并不充足。SunEdison 终止了对 Latin America Power（LAP）的收购，其中包括位于智利的一个 613 兆瓦太阳能、风能和水电项目的投资组合；并向其 Terraform Global 出售位于印度的 425 兆瓦太阳能项目，利用出售的部分收益偿还部分贷款；借款 7.25 亿美元用于改善流动性，并发行一系列可转债和普通股股票来替换现有的部分可转债和优先股；TERP 主要股东之一阻止 SunEdison 让 TERP 承担近十亿美元债务收购 Vivint Solar 资产的行为，收购案被 Vivint Solar 股东正式取消；2016 年 3 月，TERP 在向美国证监会提交的一份监管文件中称 SunEdison 因背负巨大负债，存在重大破产风险，SunEdison 应声暴跌，股价从 33 美元跌至 1 美元。

2016 年 8 月 28 日晚，中国保利协鑫能源控股有限公司宣布，公司与美国光伏产业巨头 SunEdison 签署协议，拟以约 1.5 亿美元的价格收购后者及其附属企业 SunEdison Products Singapore、MEMC Pasadena、Solaicx 的相关资产。

8.2.2 Yield Co 模式简介

1. Yield Co 的产生

2005 年，航运公司 Seaspan Corporation 发起全球首个 Yield Co；2013 年 7 月，随着美国电力企业 NRG 能源有限公司发起设立 NRG Yield，Yield Co 开始在新能源领域崭露头角。此后，全美最大的风力发电公司 NextEra Energy 和全球再生能源巨头 SunEdison 等大公司纷纷跟进，短短一年间即有数十家 Yield Co 面市，Yield Co 进入迅速发展时期。

Yield Co 是一种类似不动产投资信托基金的固定收益型融资工具。通常是一家可再生能源企业将部分低风险、现金流长期稳定的营运资产剥离，再将这些资产打包设立一家子公司（即 Yield Co）。Yield Co 通过上市来公开募集资金，并将该资产产生的现金流以股息的形式，定期支付给公司的股东。理论上，所有能够产生长期、稳定现金流的资产都可以用 Yield Co 模式进行融资。因此在 Yield Co 资产组合中，包括了火、电等传统能源，光、风等新能源，以及供热、管道等多元资产。

2. Yield Co 的模式运作

Yield Co 模式的出现，可以将企业一部分资产分离并证券化，同时也可以低成本募集资金，而想要低成本融资，就要给投资者提供低风险的投资对象。为了把 Yield-Co 包装为低风险投资对象，在实践上主要有两个方面：首先，将风险属性迥异的开发资产与营运资产隔离，Yield-Co 持有的营运资产理论上能够产生长期、稳定、可靠的现金流，风险更低，如已投入运转的光伏电站；其次，与实力强、信誉好的对手方签订长期限、固定价格的销售合同,确保未来现金流的长期、稳定和可靠,强化安全边际。此外,Yield-Co 通过独特的税务设计让其在税收层面享有一定优势,其以上市公司公开募集资金的形式也可以提供流动性溢价(图 8-1)。

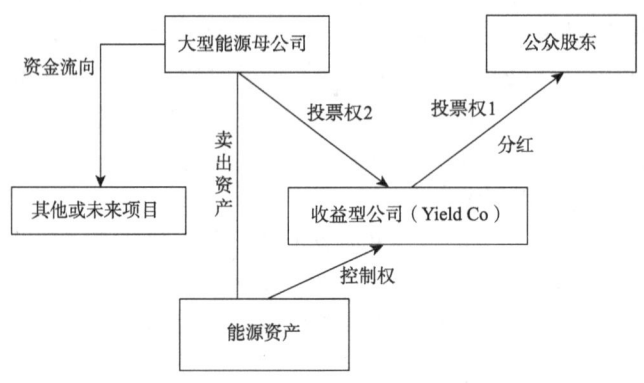

图 8-1　Yield Co 模式业务系统图

大型能源母公司把质量较好、风险较低、现金流稳定的资产打包,成立收益型公司,即 Yield Co。为了解决融资难问题大部分情况下公司会出让给投资者 90%以上的收益,所以 Yield Co 本质上是一种融资工具。Yield Co 募集到的资金用来购买母公司的能源资产,实现对资产的控制。母公司融资后,享有 Yield Co 的大多数投票利益(投票权 2>投票权 1),控制 Yield Co 的投资与经营决定。

8.3　SunEdison 破产原因分析

8.3.1　分析框架

本章使用的商业模式分析框架为魏炜和朱武祥(2009)的六要素分析法,具体如图 8-2 所示。

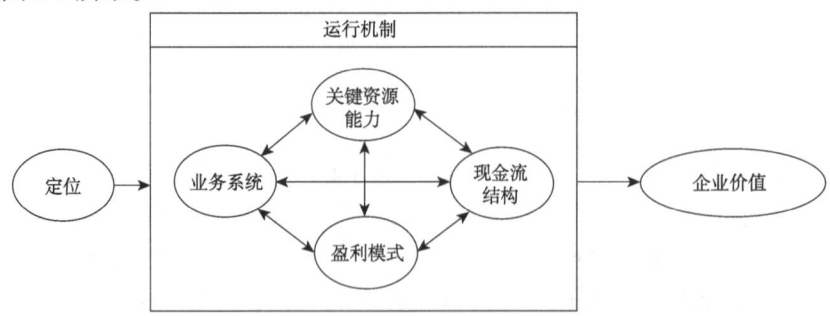

图 8-2　商业模式分析魏-朱六要素法

第8章 光伏巨头 SunEdison 的破产原因分析：基于商业模式的视角

具体来说，六要素模型由魏炜和朱武祥提出，分析的核心是利益相关者的交易结构，它包括六个组成部分，分别为定位、业务系统、关键资源能力、盈利模式、现金流结构和企业价值。

在对定位的评价方面，包含了对定位所面对的目标市场吸引力的评价，焦点企业满足这一目标市场需求的能力、效率与持续性的评价等。业务系统将给出企业达成定位所需要的业务环节、各业务合作伙伴扮演的角色及利益相关者合作与交易的方式和内容。在评价时，主要考虑焦点企业在业务方面的交易关系是否清晰，对利益相关者是否具有吸引力，其业务系统是否提高运营效率，业务系统对价值增量的分配对交易相关方是否有吸引力；等等。盈利模式解决的是企业如何获得收入、分配成本、赚取利润。现金流结构给出的是企业经营过程中产生的现金收入扣除现金投资后的状况。不同的现金流结构反映企业在定位、业务系统、关键资源能力及盈利模式等方面的差异，体现企业商业模式的不同特征，并影响企业成长速度的快慢，决定企业投资价值的高低、企业投资价值递增速度及受资本市场青睐程度。企业价值，即企业的投资价值，是企业预期未来可以产生的自由现金流的贴现值。企业价值由其成长空间、成长能力、成长效率和成长速度决定（表 8-1）。

表 8-1 SunEdison 的商业模式评价指标

要素	评价指标	参考指标
定位	成长空间	需求界定、需求规模
	满足需求的效率	需求稳定性与持久性、需求满足程度
业务系统	交易结构重构	行业价值链、交易重构
	业务系统效率	业务、运营、整体系统
	业务系统竞争力	价值分配、稳定性
关键资源能力	关键资源能力匹配性	匹配性、可获得性、经济性
	关键资源能力扩展性	稳定性、扩展
	关键资源能力发展性	变化因素、能力发展
盈利模式	收入评价	潜在收入规模、收入稳定性
	成本评价	成本结构、变动风险
	盈利保障	可盈利性、价值分配结构、安全性
现金流结构	现金流结构	收支平衡、现金流稳定性
	现金流效率	收支平衡速度、资金周转效率
企业价值	价值规模	价值空间、弹性与可扩展性
	企业价值实现	企业成长能力
	企业价值增长	增长速度与方式

注：此表中指标来源于魏炜、李飞的《商业模式评价标准》

这六个要素之间的关系是：企业的定位影响企业的成长空间，业务系统、关键资源能力影响企业的成长和效率，加上盈利模式，就会影响企业的自由现金流结构，即影响企业的投资规模、运营成本和收益持续成长能力与速度，进而影响到企业的投资价值及企业价值实现的效率和速度。

8.3.2 基于六要素评价指标的 SunEdison 商业模式评价

外界关于 SunEdison 破产的原因有杠杆过高的资产负债表、能源价格的影响、过于激进的投资等，本章通过六要素评价指标基于商业模式的角度分析其破产的原因。

定位：SunEdison 所选择的目标是成为全球最大的太阳能电池组件生产商、分布式光伏发电供应商、大型光伏发电供应商及风能开发商之一，但是太阳能产业各部分都处于成长期，供应链的过早整合需要汇集众多资源，容易引发债务问题。因此，SunEdison 在定位上对市场需求的界定和规模存在不清晰的问题。

业务系统：SunEdison 所采取的业务系统实现了交易结构重构，提高了业务系统的效率，收益型公司 Yield Co 的价值分配对交易相关者具有吸引力；但是在业务系统竞争力上，稳定性较差，SunEdison 对收益型公司的控制使收益型公司在收购项目资产时没有定价权，而事实证明 SunEdison 在宣布收购 Vivint 时确实也导致了收益型子公司对项目收购价格的不满，并由此引发了一系列诉讼（图 8-3）。

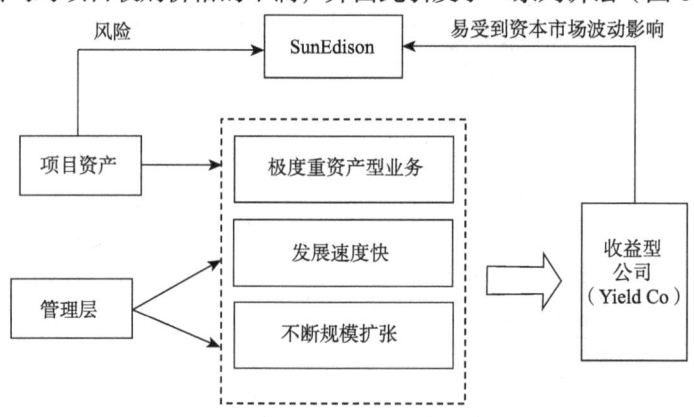

图 8-3 SunEdison 破产的逻辑框架

关键资源能力：SunEdison 的关键资源能力为各种能源资产，与业务系统相匹配，而且关键资源能力具有持续保障性，与定位的发展规划也一致，但是关键资源能力缺乏发展性，即难以有效应对关键资源能力的变化，对于收益型公司这种变化主要来源于三个方面：一是能源资产在后期由于损耗，随着时间的推移会产生越来越高的维护成本；二是新能源电费的定价受政府影响，有一定不确定性；三是由于收益型公司与资本市场紧密联系，极易受到资本市场波动的影响。因此，

SunEdison 的收益型公司需要通过阶段性的优质资产并购来调节风险，维持股价的稳定。但是当外界感受到股本和债务融资的风险较大时，资本市场的波动使通过资产并购调节风险不可行。

盈利模式：潜在收入规模和方式具有竞争力和相关方的吸引力，但是由于受能源价格和资本价格的影响较大，收入的稳定性较差。成本结构和变动风险是 SunEdison 盈利模式面临的重要问题。SunEdison 所采取的模式不能激发利益相关者（股市大众）的合作动力，所以在遭遇外界冲击时，SunEdison 的股价暴跌，缺乏盈利保障及商业模式的安全性。

现金流结构：快速扩张使 SunEdison 对现金流稳定性的控制和应对能力较差，因此在实行激进的扩张之后，在 2016 年初不得不通过借款和发行可转债及普通股票来改善流动性；并且扩张令 SunEdison 在风险可控范围内达到收支平衡的时间周期较长，因此现金流效率较差。

企业价值：SunEdison 正是看到了这种模式所带来的价值空间和成长性，不断地扩展，导致企业可持续发展能力减弱，风险不断增大；并且 SunEdison 未来价值增长方面是否能达到策略有效是值得思考的。

8.4 启示

（1）企业的定位是保证企业可持续发展的前提。激进的扩张，不合时宜的供应链整合最终导致了 SunEdison 的高负债运营。尤其是对于拥有收益型公司的企业来说，更需要关注的是现金流的稳定、可靠与适度增长，而非盈利能力或市场规模的快速扩张。

（2）要实时控制现金流风险，包括企业对现金流的稳定性控制、收支平衡及速度、资产流动性等。关注影响焦点企业现金流稳定性的波动因素，以及可保障企业可持续发展的现金流。

（3）盈利模式不仅要关注收入和成本，还要考虑盈利保障性和安全性。

本章基于商业模式的视角对 SunEdison 破产进行评价分析，不仅能够进一步认识和理解商业行为，还为企业提供了一个思想指引和衡量指标。

（本章作者：谢炉乐，刘赫，刘兵，李飞，胡毅，乔晗，汪寿阳）

参 考 文 献

魏炜，朱武祥. 2009. 发现商业模式[M]. 北京：机械工业出版社.

第9章

"互联网+加油"服务行业商业模式创新研究

在能源互联网时代,传统加油行业积极转型,"互联网+加油"服务行业快速兴起。本章结合当下"互联网+加油"服务行业竞争态势,对油通、微车及喂车车进行对比分析。基于 PEST 分析,指出该行业的发展前景。在此基础上,基于商业模式画布分析法,着重分析微车的商业模式。研究发现,与行业内其他企业相比,微车的商业模式具有以下亮点:①重视进入市场的入口选择;②创业初期采用重度垂直模式,后向平台化转型;③注重客户体验,轻补贴。研究结论为"互联网+加油"服务行业的健康发展指明了方向,也为其他传统行业向"互联网+"转型提供了借鉴意义。

9.1 引言

近年来,随着我国经济的迅速发展,人民群众的收入水平不断提高,汽车价格不断降低,我国汽车拥有量不断增加。2007 年到 2016 年,全国汽车保有量始终保持增长趋势。其中 2007 年到 2010 年呈高速增长,一度高达 19%。2011 年到 2016 年增速有所缓和,但仍保持在 10%以上。数据显示,截至 2016 年底,全国汽车保有量达 1.94 亿辆,其中有 49 个城市的汽车保有量超过百万辆,18 个城市超过 200 万辆,6 个城市超过 300 万辆。

全国汽车保有量增长的背后带动的是围绕汽车后市场服务高速发展的相关行业,如洗车、代驾、加油等,其中加油行业蕴藏的市场潜力最为巨大。数据显示,以一辆未来要开 6 年的普通轿车为例，其净车价在整体用车成本中基本占 33%左右，维修、保养占 8%，保险占 10%，燃油则占 49%左右。这表明，相比于汽车保养、维修、洗车等后市场汽车服务，汽车加油是普通私家车全生命周期中最大的成本组成。此外，汽车加油是典型的强需求、高频次、高单价产品。数据显示，全国每天的加油交易量近百亿元，年加油交易额近 3 万亿元。由此可见，汽车加油行业市场潜力巨大。

2014 年，"互联网+"概念弥漫着汽车后市场。面对如此巨大的汽车加油市场空间，再加上较为传统、落后的加油站经营模式，众多初创公司开始涌入"互联网+加油"服务行业。仅在 2014 年 7 月和 8 月短短两个月间，就有油通、喂车车、易加油、恒大车时代和加油宝 5 家创业公司先后上线加油服务产品。然而，仅到 2015 年下半年，"互联网+加油"服务行业市场就开始急剧洗牌，一些企业开始大量裁员，行业市场份额集中度不断提升。仔细分析各企业的商业模式后发现，大多数功能和营销模式高度一致的加油 APP 开展着相似的业务，一方面它们吸引大量社会游资涌入，另一方面它们采取挪用预充值、烧钱高额补贴车主的方式，最终将部分"互联网+加油"企业拖入庞氏骗局的崩盘境地。

9.2 相关背景介绍

9.2.1 互联网+加油行业发展现状

随着科学技术的不断进步，人们对服务业的需求不断增加，对服务效率也有了更高要求，这使得传统加油行业痛点日渐突出。车主通常是有加油需求时就近寻找加油站加油，这使得传统加油站很难有固定的加油客户，固定客户比例不到 30%。同时，加油行业的这一特点使得传统加油站业务增长困难，开展优惠活动效果很差，高峰期还会出现拥挤、加油效率低的现象，这使得传统加油行业被迫转型。

移动互联网的快速发展为加油行业注入了新的生机，以智能化服务、为客户导流为主的"互联网+加油"服务行业应运而生。"互联网+加油"服务行业主要通过手机应用的方式连接车主和油站，车主和油站均可以通过注册成为"互联网+加油"公司的用户。在车主端，当车主有加油需求时，移动 APP 可以根据车主所在位置、附近油站的评价等指标推荐加油站并为车主导航，车主可以通过移动端进行下单、支付后完成加油并收到发票，全程无须下车，还可对油站油品进行评价。在油站端，油站缴纳服务费后成为"互联网+加油"公司的用户，可以享受"互联网+加油"公司提供的导流及推荐服务。这样的运营方式极大地提高了加油的效率，实现了车主的导流，为加油站带来了利润的大幅增长。同时，行业内一些"互联网+加油"公司,如喂车车,通过自身沉淀的车主数据,根据用户需求及油站特点,为油站量身打造"智慧油站",为油站提供 Software-as-a-Service 服务(SaaS 服务),帮助加油站实现客户中心化、终端平台化、生存数字化、管理智能化、运营环保化。

从 2014 年开始,大量打着"智慧加油"口号的 APP 如雨后春笋般涌现,且受到资本市场的强烈吹捧,其中具有代表性的 10 家创业公司分别为油通、喂车车、易加油、恒大车时代、加油宝、油客网、油帮帮、车到加油、菜鸟加油站和微车。这 10 家公司的背景特点如表 9-1 所示。

表 9-1 互联网+加油行业具有代表性的 10 家创业公司

企业	创立时间	产品上线	创始人	背景/特点	融资状况	投资方
油通	2014.03	2014.07	范庆河	近 20 年石油交易从业者	500 万元(天使轮)	国泰创投
喂车车	2014.05	2014.08	罗诣	壳牌喜力前全国品牌经理	过亿元(B 轮)	大河创投 德迅投资
易加油	2014.05	2014.08	苏曦	连续创业者,8 年营销及战略管理经验	5 000 万元(A+轮)	深创投等
恒大车时代	2014.08	2014.08	张瑶	比特资本创始合伙人,盛大前资本副总裁	2 000 万元(Pre-A 轮)	薛蛮子 徐小平等
加油宝	2014.05	2014.08	邓世民	精算师,荷兰国际集团和阳光保险 5 年工作经验	数千万元(A 轮)	五岳天下 执一资本等
油客网	2009.06	2015.02	邢瑞松	围绕加油站创业 7 年	757 万元(A 轮)	平安新创投
油帮帮	2015.01	2015.03	徐铮	腾讯前测试总监	1 100 万元(A 轮)	鼎晟资本
车到加油	2015.02	2015.04	于畅	壳牌前中国加油站业务董事总经理	1 040 万美元(A 轮)	人人公司 真格基金
菜鸟加油站	2014.11	2015.06	王小坤	资深石化行业背景	500 万元(天使轮)	刘成敏
微车	2013.07	2015.07	徐磊	连续创业者,创新工场战略发展部前总经理	2 亿+元(B 轮)	德同资本 银江股份等

从产品上线时间来看,油通上线最早,产品在 2014 年 7 月上线,从违章查询起家的微车在 2015 年 7 月启动加油项目"微油站",两家公司产品上线前后刚好差近一年的时间,加上未录进表单的哎油、大圣加油、芝麻加油等,十数家公司在短时间内一同加入加油 O2O 领域。

从创始人背景来看,仅有 5 人有石油产业相关从业经验,分别是油通的范庆河、喂车车的罗诣、油客网的刑瑞松、车到加油的于畅和菜鸟加油站的王小坤;其余 5 人,易加油的苏曦、恒大车时代的张瑶、加油宝的邓世民、油帮帮的徐铮、微车的徐磊则来自互联网、投行等。

从融资进展角度看,有 6 家公司在 A 轮阶段,仅有喂车车和微车已经完成 B

轮融资。各公司获得融资时间集中在 2015 年上半年，2015 年全年融资总数超过 20 次，而进入 2016 年后，仅有加油宝、易加油和微车宣布获得融资，分别完成数千万元 A 轮、5 000 万元 A+轮和 1.52 亿元 B 轮融资。

2015 年是中国移动加油服务市场发展的关键一年，投资者开始积极关注，多家企业开始重点布局互联网加油模式。在资本的强烈追捧下，大量企业的涌入带来了竞争的白热化，但"互联网+加油"企业同质化现象严重，且大部分企业均采用高补贴的烧钱模式以快速提高市场份额，高额补贴为企业带来了巨大的资金压力，很多企业开始挪用车主的预充值款，长此以往，带来了部分企业资金链的断裂，这使得行业内利润空间急剧降低。加之很多初入局的创业公司对于行业理解不足，互联网基因与产业结合度低，未能形成清晰的发展思路，下半年市场洗牌已经开始，一些企业开始大量裁员，行业市场份额集中度不断提升。采用预充值款模式的油通停业、车到加油资金链绷紧；而采用综合服务策略的微车、油站运营管理策略的喂车车却在逆势成长。

这 10 家创业公司的业务和发展态势如表 9-2 所示，从表 9-2 中选取行业内有代表性的企业进行商业模式分析：油通、微车、喂车车，其中油通是预充值模式的鼻祖，微车是面向消费者业务的典型代表，喂车车则是面向企业业务的典型代表。行业内竞争格局已初步形成，这三家企业的经营现状为油通已倒闭，微车一家独大，喂车车主推"智慧油站"的模式同样获得了巨大成功。

表 9-2　"互联网+加油"服务行业具有代表性的 10 家创业公司业务情况和发展态势

企业	主要业务	合作油站	用户规模
油通	扫码快捷支付、会员卡充值服务	70 多家油站	用户规模曾达数百万元，现已倒闭
喂车车	定位加油、在线支付、发票打印、爱车服务、客户经营等	31 个城市 2 000 家油站	用户规模近千万元
易加油	加油站推荐、移动端快捷支付、无线智能终端、经营数据分析平台、油工管理微信号、防爆打印机等	50 多个城市 2 000 多家油站	用户规模数百万元月流水 6 000 万元
恒大车时代	以打折加油卡为主	数百家油站	用户规模近 200 万元交易流水近亿元
加油宝	加油充值卡、银行卡加油九折、收益增值产品	数百家油站	用户规模已达 160 万元交易额已超过 15 亿
油客网	加油站成品油实时零售价格内容提供商、加油站深度数据内容提供商	400 多个城市 70 000 家油站	用户规模数百万元
油帮帮	加油站定位、驾驶路线导航、加油后扫码支付、报销发票等	30 多个城市 3 000 多家油站	月交易额 1 000 多万元
车到加油	油站查询、一键下单、手机支付、评论晒单、自助打印发票功能	38 个城市 600 多家油站	用户规模近 200 万元月交易流水近 2 亿元
菜鸟加油站	加油站信息、线上营销渠道、品牌建立	150 家油站	日交易额 20 万元
微车	互联网加油、查违章代缴、二手车买卖、车险比价、保养等	400 多个城市 500 家油站	用户规模超 7 000 万元

9.2.2　油通、微车、喂车车业务介绍

油通的主要业务包括扫码快捷支付、会员卡充值服务。油通为了抢占市场，采用预充值款模式对油站进行了大量补贴，如北京地区的用户成为油通会员，加油可享受九折优惠。对于这种刚需、频次高的商品，如此大额的补贴给平台造成了巨大的资金压力。因此，我们将油通模式称为高额补贴模式。

微车的主要业务有互联网加油、查违章代缴、二手车买卖、车险比价、保养等。运营策略上，微车用"加油和违章查询"双模式实现导流，最大限度获取用户资源，再通过流量获得折扣，在获得正毛利润的同时，给用户最多的补贴，最终形成良性循环。其中微车给予用户加油业务折扣主要来自两部分：一部分是加油站因销售量提升收入增加，而回馈微车的一部分，另一部分则是微车通过页面内其他的广告、交易等模式获得利润而回馈给用户的。此外，通过大数据挖掘，微车为重度垂直用户打造汽车及汽车外服务的综合平台，引入金融、旅游、教育等各关联服务提供商。创始人徐磊表示，汽车用户作为高净值用户，在汽车消费之外还会有其他方面的较高层次需求，微车会尽力满足这些需求。

喂车车的主要业务有定位加油、附近油站信息（导航）、加油优惠、在线支付、发票打印、爱车服务（洗车、保养、缴费等）、客户经营、用户行为研究等。运营策略上，喂车车通过对油站的服务，让油站真正能有效依托互联网化的工具，提升自有的运营效率、获客效率、留客效率和客单价。具体来说，运营效率方面，喂车车大幅度优化了交易流程，提升了车主的加油服务体验，把原来五六分钟的加油时间压缩了一半，同时降低了油站的人力成本，提高加油站的运营效率。营销获客效率方面，喂车车为油站搭建车主识别体系，能针对私家车主、运营车主、企业车主进行差异化吸引，并通过大数据分析低成本获取油站周边更广泛的车主。留客效率方面，喂车车为油站提供客户评价体系使得油站能针对性改善服务质量，并依托忠诚度计划留下客户。车主价值增值方面，喂车车帮助油站建立和完善非油品品类优化和线上销售体系，以线上下单、提前预订、现场爆品抢购等方式，在油站油品利润外，帮助油站进一步开源节流，获得更高增值收益（表9-3）。

表 9-3　油通、微车、喂车车对比分析

企业	油通	微车	喂车车
主要业务	扫码快捷支付、会员卡充值服务（单一中介业务）	互联网加油、查违章代缴、二手车买卖、车险比价、保养等（侧重面向消费者业务）	定位加油、附近油站信息（导航）、加油优惠、在线支付、发票打印、爱车服务（洗车、保养、缴费等）、客户经营、用户行为研究等（侧重面向企业业务）

续表

企业	油通	微车	喂车车
运营策略	高额补贴	1. 双模式导流 2. 打造汽车及汽车外服务的综合平台，引入金融、旅游、教育等各关联服务提供商（关联服务策略）	提升油站的运营效率、获客效率、留客效率和客单价（油战运营策略）
发展状况	停业	APP活跃用户排名第一，占比82.6%	APP活跃用户排名第三，占比5.9%

9.3 商业模式分析与对比

9.3.1 商业模式研究文献回顾

近年来，学术界和工业界对商业模式研究广泛关注，不同学者根据自身的视角给出了商业模式的不同定义并在此基础上总结分析商业模式的构成要素。Timmers（1998）认为商业模式由产品流、服务流和信息流构成，描绘出各相关利益者及其角色、潜在利益和收入来源，强调好的商业模式设计应该激发用户端的购买欲望；Johnson 和 Christensen（2008）提出商业模式分析的四要素框架，包括客户价值主张、盈利模式、关键资源、关键流程；Osterwalder 和 Pigneur（2010）认为商业模式描述了企业如何创造、传递和获取价值的基本原理，提出商业模式画布分析法，包含客户细分、分销渠道、收入来源、价值主张、关键业务、客户关系、合作伙伴、核心资源和成本结构九个要素，成为目前最流行的商业模式研究框架之一；Zott 和 Amit（2010）认为商业模式设计应该是系统性、整体性的商业运作，指出好的商业模式设计应该实现价值创造，而不仅仅是价值捕捉；魏炜等（2012）将商业模式定义为利益相关者的交易结构，提出包括定位、关键资源能力、业务系统、盈利模式、现金流结构和企业价值在内的六要素分析模型；汪寿阳等（2015）基于知识管理和系统工程的思想，提出商业模式冰山理论和商业模式研究的 CET@I 方法论，认为商业模式由其显性知识部分和隐性知识部分构成，揭示了商业模式中隐性知识和集成分析的重要性。针对各个行业的商业模式分析，汪寿阳等（2016）系统地综述了国内外主要商业模式研究的理论系统和方法体系，并针对各个行业的商业模式研究给出了进一步的研究方向。

考虑到互联网加油行业的特点，本章采用 PEST 分析方法分析"互联网+加油"服务行业的发展前景，在此基础上，运用商业模式画布分析法分析微车商业模式的亮点，旨在为"互联网+加油"服务行业的健康发展提出指导性建议。

9.3.2 "互联网+加油"服务行业发展前景分析

本小节基于 PEST 分析方法，对"互联网+加油"服务行业的发展前景进行分析。

在政治方面（political）：政府积极推进传统行业利用互联网进行转型升级。2015 年 12 月，工信部关于印发贯彻落实《国务院关于积极推进"互联网+"行动的指导意见》行动计划（2015—2018 年）中指出要发展软件和信息技术服务业，提升"云计算+大数据"综合支撑能力。

在经济方面（economic）：从车主端来看，如图 9-1、图 9-2 所示，近年来汽车产销量保持平稳增长，机动车保有量、驾驶人数逐年稳定增长，为加油行业提供了广阔的市场。另外，从油站端来看，中石油、中石化等巨头积极运用互联网，积极推进油站转型，为"互联网+加油"服务行业带来新的契机。此外，再考虑全国 11 万座加油站及其智能化较低的系统，再加上全国一年近 3 万亿元的汽车加油交易额，"互联网+加油"正当其时。

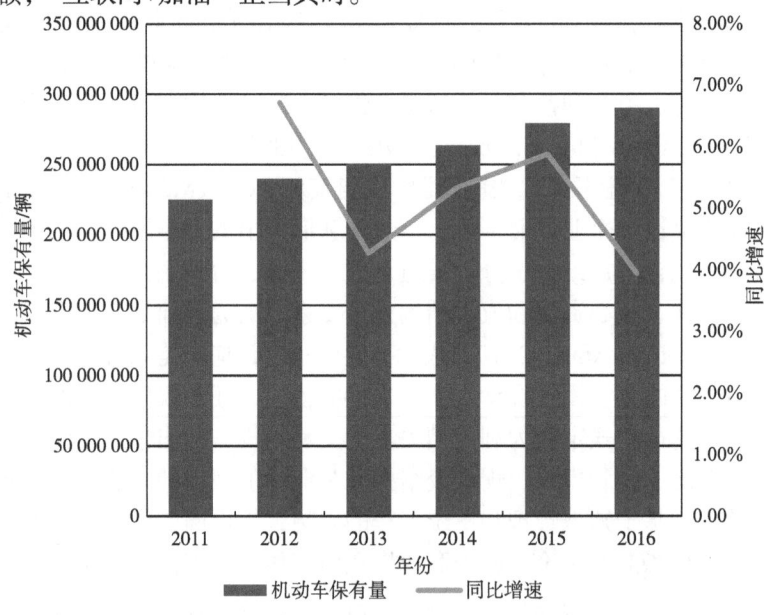

图 9-1　2011~2016 年我国机动车保有量

资料来源：Wind 资讯

在社会方面：近年来，智能手机被广泛使用，移动 APP 为司机提供便利，消费者乐于享受手机 APP 带来的服务。移动支付近年来被广泛接受，人们更愿意选择便捷的智能化支付手段。

在科技方面：云计算+大数据技术的发展为"互联网+加油"服务行业提供了

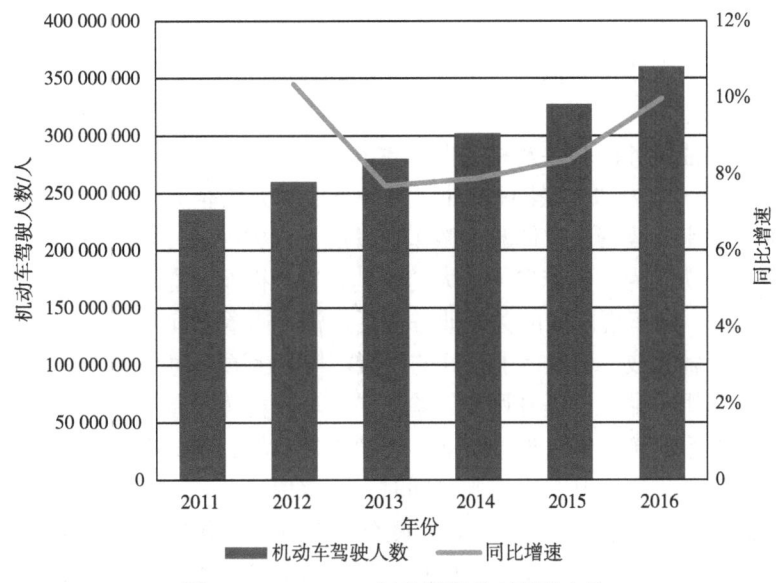

图 9-2 2011~2016 年我国机动车驾驶人数

资料来源：Wind 资讯

技术支撑，主营智能加油服务的企业可以更好地捕捉消费者行为，更好地服务消费者，服务油站。

9.3.3 基于商业模式画布分析法的微车商业模式分析

微车实施"T 形"战略，违章和加油是垂直做深的业务，横向覆盖的业务包括二手车、车讯媒体、汽车金融、保险等。2016 年数据显示，微车 APP+微信用户达到 6 300 万，注册车辆 1 亿辆，日活跃用户在百万级别，与 2 000 多家油站达成合作，在 O2O 加油领域是毫无疑问的第一名。2016 年，微车加油业务 GMV（gross merchancllse volume，成交总额）达到近 10 亿元，互联网业务收入数千万元，自身已经具备造血能力，不再需要烧钱。

基于商业模式画布分析法，可以从客户细分、分销渠道、收入来源、价值主张、关键业务、客户关系、合作伙伴、核心资源和成本结构九个要素分析企业的商业模式。

客户细分。微车的目标客户为消费能力强、对服务效率要求较高的车主。目标客户的主要特征是 20~50 岁、生活在一二线城市、追求品质的车主。

分销渠道。从车主端，微车通过最初的违章查询功能，接触车主群体，与之建立联系；从油站端，通过与油站协商，建立合作关系，根据车主位置推荐附近油站。在具体服务过程中，车主向微车付款，微车再与油站单独结算，微车会给油站预付。

收入来源。微车首先依托违章查询建立起强大的用户群体，在此基础上，微车发展了广告业务、加油业务及相关保险业务。因此，其主要业务收入包括广告收入、提供加油服务的利差及相关保险收入。

价值主张。作为"互联网+加油"服务行业的龙头企业，微车主张利用互联网提升油站效率，改善用户体验。微车在发展过程中一直注重用户体验，违章查询和违章提醒功能为车主带来了极大的便利，也为微车建立了广泛的用户信任。

关键业务。微车现阶段的关键业务包括加油、违章查询/缴费及车险比价。三个关键业务相辅相成，均取得了很好的发展。其中违章查询/缴费业务用于维系用户关系，增强用户黏性，提升用户体验，扩大客户群体；基于违章查询建立的与客户的良好关系，微车进入加油行业，迅速占领市场；在此基础上，微车继续推出车险比价服务，在提升客户体验的同时，赚取保险费。

客户关系。在维系客户关系方面，微车首先通过违章查询/违章缴费等近似刚需的功能绑定用户；在建立了强大的用户群之后，微车不断提升客户体验，通过贴条提醒等服务提高客户满意度。

合作伙伴。微车的重要合作伙伴包括搜索引擎、保险公司（太平洋保险、中国人保、阳光保险等六家保险公司）、地图类 APP（高德地图、百度地图）。与搜索引擎的合作可以使微车扩大自身影响力与知名度；与保险公司合作，推出车险比价功能，在吸引用户的同时赚取保险费；与地图类 APP 合作，可以使微车实现为客户快捷导航的功能。

核心资源。微车发展壮大的核心资源主要有以下三部分：①通过违章查询建立的庞大的用户群；②大数据分析能力；③为加油站提供的交易系统和营销系统。微车通过各种黏性服务维系的强大的用户群，俨然成为微车拓宽其他业务的关键资源。通过强大的大数据分析能力，微车可以实现对用户需求的推测，从而进行精准推荐，使得其他业务顺利进行。微车的另一核心资源在于为加油站提供的交易系统与营销系统，这直接带来了油站效率上的飞跃，部分解决了传统加油站的痛点。

成本结构。本章认为，微车的成本主要体现在技术投入上。提供精准的违章查询、违章提醒功能，建立相关推荐系统及为油站提供的系统，这均需要大量的技术投入。

9.3.4 微车商业模式的亮点

通过 9.3.3 节对微车商业模式的分析，本章认为微车商业模式有以下亮点：
第一，进入汽车后市场的入口选择——违章。进入汽车市场最初的入口是导航,但当时市场已经巨头林立。其他入口,如洗车、二手车买卖、新车报价、驾校宝典、网络驾校产品需求很大,用户量不小,但是这类产品都有一个很大的特点,是用户留存率很小,黏性不强。2013年初新版《机动车驾驶证申领和使用规定》颁布,这为微车带来了新的入口——违章提醒因为新版《机动车驾驶证申领和使用规定》的颁布而成为热点,这是车主的高频刚需。

第二,重度垂直创业方法论的重运营方式。在用户选择方面,重度垂直方法论主张企业要针对有限的用户开展业务,用户规模不用很大,主要针对消费能力强的优质用户。在行业选择方面,重度垂直方法论主张企业要明确自身的行业定位,主营业务要有主线地定位于细分行业。在与客户关系维持方面,重度垂直方法论主张对优质用户提供最好的服务,通过与用户深入地沟通,充分了解用户需求,以此锁定用户。在企业运营方面,重度垂直方法论主张重度运营,构筑竞争壁垒。微车的策略是以重度垂直的"违章提醒"为切入点,改变用户"条件反射"的消费习惯,在服务中发现用户的需求场景,主动"为用户画像"圈住用户,而不是一味用补贴手段吸引用户。同时,违章提醒本身涉及车辆数据的一些服务,它对用户的数据把握、数据分析的能力会更强。提醒服务隐藏在背后的一个好处是,在提供这种服务的同时,能对用户画像,对用户的数据会把握得越来越多,可以在服务过程中不断地去了解用户。微车通过内部的大数据分析系统,及时发现用户的需求场景,对用户进行精准推荐,从而保证了很高的客户留存率。

第三,从重度垂直到平台化发展。重度垂直模式帮助微车积累了大量的用户群,为平台化发展奠定了基础。创始人徐磊认为,要想实现平台化的产品,第一,必须具备自身吸引流量的能力,流量是基础,从这方面看,汽车后市场有平台能力。第二,需要有平台需求,用户对平台有依赖度,平台的获客成本不能太高。微车平台是T字形逻辑的顶层设计,纵向上支柱业务自营,横向上关联业务做延伸。

第四,注重客户体验,轻补贴。以违章查询作为最初入口,微车积累了大量用户群。在此基础上,微车积极推出新的服务,提供贴条提醒等服务,增强用户黏性。与行业内其他公司不同,微车并没有对用户进行大规模补贴,而是通过提升用户体验,提高服务质量的方式留住用户。

9.4 结论

本章结合当下"互联网+加油"服务行业竞争态势,对行业内具有代表性的企业——油通、微车及喂车车进行对比分析,指出了烧钱模式的不可持续性。通过对行业所处环境的PEST分析,指出了该行业具有广阔的发展前景。在此基础上,基于商业模式画布分析法,着重分析了微车的商业模式特点。研究发现,与行业内其他企业相比，微车的商业模式具有以下亮点：①重视入口选择；②创业初期采用重度垂直模式，后向平台化转型；③注重客户体验，轻补贴。结论为"互联网+加油"服务行业的健康发展指明了方向，也对其他传统行业向"互联网+"转型具有借鉴意义。

（本章作者：刘赫，胡毅，乔晗，汪寿阳）

参 考 文 献

汪寿阳，敖敬宁，乔晗，等. 2015. 基于知识管理的商业模式冰山理论[J]. 管理评论，27（6）：3-10.

汪寿阳，乔晗，胡毅，等. 2016. 商业模式全景图[M]. 北京：科学出版社.

魏炜，朱武祥，林桂平. 2012. 基于利益相关者交易结构的商业模式理论[J]. 管理世界，（12）：125-131.

Johnson M W, Christensen C M. 2008. Reinventing your business model[J]. Harvard Business Review, 87（12）: 52-60.

Osterwalder A, Pigneur Y. 2010. Business Model Generation: A Handbook for Visionaries, Game Changers, and Challengers[M]. New York: John Wiley & Sons.

Timmers P. 1998. Business models for electronic markets[J]. Electronic Markets, 8（2）: 3-8.

Zott C, Amit R. 2010. Business model design: an activity system perspective[J]. Long Range Planning, 43（2~3）: 216-226.

第10章

中美艺术品电商商业模式对比分析：
以 Artsy 和 HiHey 为例

在"互联网+"对行业的不断渗透下，一直以传统方式运作的艺术品行业也开始改变其运作方式。艺术品电商是怎么运作的，其具体的商业模式是怎样的？国内外发展有什么差异？本章以美国的艺术品发现平台 Artsy 和中国的艺术品在线交易平台 HiHey 为例，采用 6F-CET@I 的分析方法来系统分析其商业模式，以期给相关企业的发展提供新的思路和启示。

10.1 引言

艺术品行业是一个相对高端的产业，所有中、高档艺术作品，几乎全是通过特定的画廊或拍卖行，在艺术品中介引导下完成交易。在传统观念里，这个行业是只属于极少数人的活动。然而，随着科技的日渐发展，互联网对各个行业的渗透，本属于传统行业的艺术品行业运营方式开始发生转变，艺术品电商逐渐崭露头角。"互联网+艺术品"即指艺术品以互联网为载体，实现新的营销或运营的方式。2008 年艺术品交易网站 Artsy.net 在纽约的出现就是为全世界的艺术品提供一个在线展示的机会，为了改变传统的艺术品发现和交易方式。2011 年艺术品交易网站 HiHey.com 在北京创立，试图改变传统的艺术品交易方式。

近年来，商业模式不断受到学术界和企业界的广泛关注，对商业模式的相关研究增长迅速，但其研究仍处于初步阶段，未形成统一理论，也尚未对商业模式形成统一的定义。各学者依据自身对商业模式的理解，开发出一系列的商业模式分析方法，如 Osterwalder 和 Pigneur（2010）的商业模式画布、魏炜和朱武祥（2014）将商业模式定义为利益相关者的交易结构的六要素模型、汪寿阳等（2015）提出的商业模式冰山理论及系统集成 CET@I 的分析方法等。

从艺术品行业来看，分析其商业模式的研究较少，且研究集中于对美术馆、艺术馆的经营模式上；对"互联网+艺术品"的研究主要集在其营销策略上，对其商业模式的分析较少。本章选取艺术品电商行业的 Artsy.net 和 HiHey.com，使用魏炜和朱武祥（2014）的六要素模型，结合汪寿阳等（2015）的 CET@I 分析方法，试图对分别坐落于美国和中国的 Artsy 及 HiHey 的商业模式进行系统的分析。

10.2 相关背景介绍

10.2.1 艺术品行业

最典型的销售模式为策展和拍卖。在传统观念里，这个行业只属于极少数人。在科技影响已经深入人们生活各个层面的今天，艺术品行业运作的方式毫不透明公开，从 19 世纪以来并无太大改变，其抵抗数字化非常成功。

在中国，传统的艺术交易主要在画廊和拍卖行，而艺术电商在以前并未受到认可。2006 年到 2010 年，国内传统画廊度过了黄金期。仅在 2007 年，北京的 798 艺术区就开设了 200 多家画廊。2011 年，受到大型资本拍卖行的冲击，画廊纷纷倒闭，艺术网站才刚刚有了雏形。

在传统艺术行业中，艺术家很难获得画廊的认可，此前充斥着这样的故事：很多艺术家背着作品千里来京，在 798 艺术区这样的地区跑断了腿，为寻找画廊进行签约，但基本都以惨遭拒绝而草草收场。即便是与画廊达成合作，艺术家获得的收入也只占很小的份额，因为高额的房租和耗时耗资的策展活动等成本都由画廊承担。

10.2.2 Artsy 背景

1. Artsy 是什么（主要业务）

Artsy 是一个在线艺术作品发现平台，拥有全世界最领先的画廊、博物馆、基金会、艺术品展览与拍卖的综合资源。用户可以在 Artsy 上身临其境地欣赏每天更新自全球著名当代画廊、艺术博览会和博物馆中展出的 40 多万幅美术、建筑与生活艺术品佳作，横跨古代、现代与当代艺术风格。当代艺术的网上藏品数量尤为丰富，居全球之首。无论是资深收藏家和学者，还是艺术赞助人、博物馆爱好者或学生，都可以通过 Artsy 发掘艺术的价值，找到打动心灵的艺术作品。Artsy 的目的是帮助用户方便地浏览和发现绘画及一些其他艺术品，在潜在的艺术收藏家和画廊之间搭建一座沟通交流的桥梁。Artsy 的使命是让任何人都可以通过互联网随时随地欣赏世界的艺术精髓，自我定位为艺术品研究与收藏的资源宝库。

2. Artsy 从何而来

Artsy 的创始人是 Carter Cleveland，2009 年从普林斯顿大学本科毕业，专业是计算机科学技术，热爱艺术，创立 Artsy 前有一些实习经历，在校期间于 2008 年 10 月在纽约创立了 Artsy，联合创始人有 Nikhil Basu Trivedi、Dasha Zhukova。

3. Artsy 融资历程

2008 年创建至今，Artsy 已获得 6 轮来自 34 家投资机构的融资，最近的一次为 2015 年 3 月获得由私募基金 Catterton 领投的 2 500 万美元的 C 轮融资，至此累计获得融资总值超过 5 000 万美元。具体的 6 轮融资如表 10-1 所示。

表 10-1 Artsy 公司六轮融资表

时间	融资金额/万美元	融资阶段	领投者	投资者数
2015 年 3 月	2 500	C 轮	Catterton	5
2014 年 4 月	1 848	B 轮	Thrive Capital	12
2011 年 11 月	600	A 轮	Peter Thiel	6
2010 年 11 月	125	可转债	Thrive Capital	18
2010 年 6 月	10	可转债	—	1
2010 年 1 月	5	种子轮	—	2

10.2.3 HiHey 背景

1. HiHey 是什么（主要业务）

HiHey 是一家领先的在线艺术品销售和在线拍卖平台，总部设立在北京 798 艺术区。其拥有来自艺术史和艺术管理背景的艺术专家团队，以及领先的交易平台和安全快捷的物流支付体系，凭借对艺术史的认知和丰富的市场经验，为艺术家、私人和企业藏家、画廊、金融机构和高净值客户提供涵盖展览、拍卖、艺术金融等一系列解决方案和服务；为蓬勃增长的中国艺术市场上的艺术家和画廊提供全新的展示和推广平台，帮助新晋收藏家发现当代艺术的未来明星。

2. HiHey 从何而来

HiHey 创立于 2011 年 4 月，成立地点位于北京 798 艺术区。创始人为何彬，在创立 HiHey 之前已有十几年在艺术行业工作的经历，之所以选择 2011 年转型创办 HiHey，是基于他对艺术行业的判断：2011 年传统艺术行业交易额达到 1 000 亿元的峰值，之后开始走下坡路。何彬意识到，新技术革命都是在传统行业低谷中、泡沫破裂后起来的，是原始积累后的喷发。也是从那时起，他关注到中国新富人群逐渐注重生活品质，目光转向了艺术品收藏。

3. HiHey 融资历程

2011 年创办至今，HiHey 已完成 B 轮融资，估值超过一亿美元。股东包括民生银行创新资本、中信证券、深圳创新投资集团，被称为史上股东背景最强的艺术电商。具体各轮融资如表 10-2 所示。

表 10-2 HiHey 公司融资表

时间	融资金额/美元	融资阶段	领投者	投资者数
2014 年 9 月	2 000 万	B 轮	民生银行创新资本、中信证券、深圳创新投资集团	3
2014 年 4 月	—	A 轮	民生银行创新资本	1
2011 年 4 月	—	种子轮	何彬	1

10.3 6F-CET@I 商业模式分析方法

10.3.1 6F 分析框架

6F 分析框架指魏–朱六要素商业模式模型，为了书写便利，本章将其简写为 6F。魏炜和朱武祥两位学者认为商业模式本质上就是利益相关者的交易结构。商业模式解决的是企业战略制定前的战略问题，是连接客户价值和企业价值的桥梁。商业模式为企业的各种利益相关者，如供应商、顾客、其他合作伙伴、企业内的部门和员工等提供了一个将各方交易活动相互联结的纽带。完整的商业模式体系包括定位、业务系统、关键资源能力、盈利模式、现金流结构和企业价值六个方面，这六个方面相互影响，构成有机的商业模式体系，具体如图 10-1 所示。

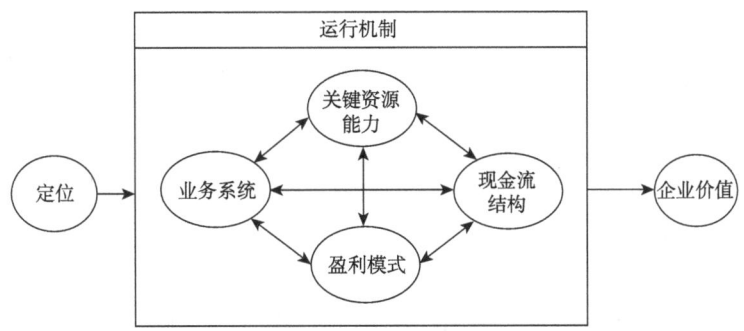

图 10-1　6F 分析框架

Artsy 是一个将画廊、博物馆、基金会及顾客等各利益相关者联系起来的艺术作品平台；HiHey 是一个将画廊、艺术家、私人和企业藏家、金融机构和高净值客户联系起来的艺术品平台，我们认为使用魏-朱六要素商业模式分析框架能较好地将 Artsy 和 HiHey 面临的各方利益协调展现出来。

10.3.2　6F-CET@I 分析方法

6F-CET@I 分析方法是在商业模式冰山理论和 CET@I 方法论的基础上构建的一个分析框架，可以解释商业模式无法复制的原因，具体如图 10-2 所示。该方法把魏-朱六要素看作冰上显性知识部分，把复杂多变的市场环境和政策、技术环境看作冰下隐性知识部分，通过对显性、隐性知识的集成分析得出 Artsy 和 HiHey 的商业模式。

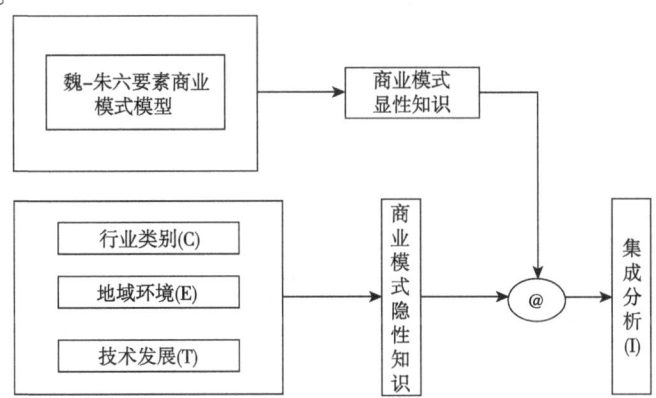

图 10-2　6F-CET@I 商业模式分析方法

作为艺术品行业，Artsy 和 HiHey 的经营受市场环境影响很大，我们认为综合使用魏-朱六要素和 CET@I 是适合分析其商业模式的方法。

10.4　Artsy 和 HiHey 商业模式分析

10.4.1　商业模式显性知识分析

1. 定位

Artsy：将目标客户锁定为两类。第一类目标客户为高消费群体，主要包括资深收藏家、学者、艺术赞助人等；第二类目标客户为相对的低消费群体，主要包括博物馆爱好者、学生。作品价格区间为 150~3 000 000 美元。

HiHey：主要将目标客户锁定为两类。第一类是个人客户，包括艺术家、收藏家等；第二类是机构客户，包括画廊、企业（礼品定制服务）。在 HiHey 线上，普通买家（散户）的消费水平约为 5 000 元，而高端用户（VIP）消费水平达 10 万~100 万元。目前成交的艺术品平均单价为 3 万元。

2. 业务系统

按照魏炜和朱武祥的观点，业务系统是指企业达成定位所需要的业务环节、各合作伙伴扮演的角色及利益相关者合作与交易的方式和内容。Artsy 业务系统的构造包括：自己负责网站建设、管理、运营及后台支持；上下游客户关系管理。Artsy 通过网络平台枢纽，将画廊、基金会与博物馆、拍卖行同全球观众、艺术爱好者和收藏家连接起来。HiHey 的业务系统构造包括：自己负责网站建设、管理、运营及后台支持；线上以签约艺术家的包括油画、雕塑等在内的艺术品展示、交易和拍卖为主，线下在全国五个自有的画廊举办艺术展览和讲座活动；物流和仓储服务；上下游客户关系管理。

3. 关键资源能力

业务系统决定了企业所要进行的活动，而要完成这些活动，企业需要掌握和使用一整套复杂的有形和无形资产、技术和能力，魏炜和朱武祥称之为"关键资源能力"。关键资源能力是让业务系统运转所需要的资源能力。任何一种商业模式构建的重点工作之一就是明确企业商业模式有效运作所需的资源能力，如何才能获取和建立这些资源能力。Artsy 的关键资源能力包括：资源整合的能力，网站建设、管理和运营能力，维护客户的服务能力。HiHey 的关键资源能力包括：签约艺术家，VIP 收藏家，媒体资源，网站建设、管理和运营能力，维护客户的服务能力。

4. 盈利模式

盈利模式指企业如何获得收入、分配成本、赚取利润。盈利模式是在给定业务系统中各价值链所有权和价值链结构已确定的前提下，企业利益相关者之间利益分配格局中企业利益的表现。Artsy 的盈利模式是通过向画廊收取月租费来获取盈利，在引导消费者购买成功后，向画廊收取 3%交易价格的佣金。HiHey 的盈利模式是对注册签约画廊、艺术家收取年费，同时对每件作品抽取 5%~30%的交易佣金。除了艺术品的一次性交易，HiHey 还推出了艺术金融产品，使买家可以对艺术品进行分期付款操作。目前，HiHey 已与民生银行达成合作，未来还将和其他银行建立合作关系。

5. 现金流结构

现金流结构是企业经营过程中产生的现金收入扣除现金投资后的状况，其贴现值反映了采用该商业模式的企业的投资价值。不同的现金流结构反映企业在定位、业务系统、关键资源能力及盈利模式等方面的差异，体现企业商业模式的不同特征，并影响企业成长速度的快慢，决定企业投资价值的高低、企业投资价值递增速度及受资本市场青睐程度。Artsy 的现金流结构为初始较高的负现金流，低固定成本，有了一定客户基础后则会产生正的现金流。到目前为止，Artsy 已经完成了 C 轮融资，六轮融资总值超过 5 000 万美元。HiHey 的现金流结构也是初始较高的负现金流，低固定成本，有了一定客户基础后会产生正的现金流。2011 年创立至今，HiHey 已经完成 B 轮融资，估值超过一亿美元。

6. 企业价值

企业价值，即企业的投资价值，是企业预期未来可以产生的自由现金流的贴现值。企业的投资价值由其成长空间、成长能力、成长效率和成长速度决定。企业的定位影响企业的成长空间，业务系统、关键资源能力影响企业的成长能力和效率，加上盈利模式，就会影响企业的现金流结构，即影响企业的投资规模、运营成本支付和收益持续成长能力与速度，进而影响企业的投资价值及企业价值实现的效率和速度。Artsy 的企业价值表现为前期低，后期高，企业及网站前期建设中需要的投入较高，而前期由于还在吸引客户、积累客户量，收入较少，故 Artsy 的前期企业价值低；后期积累一定的客户量，收入增加，企业价值开始变高。同样 HiHey 的企业价值表现为前期低，后期高，办公场所及网站前期建设中需要的投入较高，前期还在吸引、积累客户量，收入较少，故其前期企业价值低；后期积累一定的客户量，收入增加，企业价值开始变高。

将 Artsy 和 HiHey 商业模式的显性知识进行对比整理，具体如表 10-3 所示。

表 10-3　Artsy 和 HiHey 商业模式的显性知识对比

要素	Artsy	HiHey
定位	第一类高消费群体：资深收藏家、学者、艺术赞助人等；第二类相对的低消费群体：博物馆爱好者、学生	第一类个人客户：艺术家、收藏家等；第二类机构客户：画廊、企业。此外，普通买家、VIP、SVIP
业务系统	网站建设、管理、运营及后台支持；在线展览；上下游客户关系管理	网站建设、管理、运营及后台支持；线下自有画廊展览、线上展示、交易和拍卖；物流和仓储服务；上下游客户关系管理
关键资源能力	资源整合的能力；网站建设、管理和运营能力；维护客户的服务能力	签约艺术家，VIP 收藏家，媒体资源，网站建设、管理和运营能力，维护客户的服务能力
盈利模式	向画廊收取月租费、交易佣金	对注册签约画廊、艺术家收取年费；对作品收取交易佣金
现金流结构	初始较高的负现金流，低固定成本，后期正的现金流	初始较高的负现金流，低固定成本，后期正的现金流
企业价值	前期低，后期高	前期低，后期高

10.4.2　商业模式隐性知识分析

冰山上面的显性知识较容易分析，通过对商业模式显性知识分析之后，可以清楚地知道 Artsy 和 HiHey 的市场定位、业务系统、盈利模式和关键资源能力等特点。冰山下面的隐性知识对企业商业模式产生重要影响，下面运用 CET 框架对市场环境进行分析。

1. 行业类别

全球艺术市场的年度规模约为 660 亿美元，但在 38 个平均收入相同的家庭中只有一个家庭收藏艺术作品。如果艺术成为未来广泛存在的一个元素，那么收藏艺术品就可能成为拥有可支配收入家庭的一种平常行为，就与购买时尚奢侈品和珠宝一样。

2. 地域环境

政策环境：随着美国在全球的经济、政治地位的提高，美国的艺术地位跃至全球中心，与其相应的是美国文化艺术政策的逐渐改变：一系列联邦及州政府的艺术补助政策出台并实施。

同时，美国政府在刺激私人赞助方面也有政策支持：美国税法对捐助文化艺术、教育等社会公益事业的个人和机构享有的减免税收优惠做了详细的规定，以激励私人资助。

对于国内而言，近年来，随着国家对文化产业扶持力度的加大，一系列相关政策和管理措施的相继出台，我国文化产业发展已从探索培育的初级阶段，进入了加速发展的关键时期，我国文化产业迎来了前所未有的发展机遇。特别是2016年6月28日，文化部全国文化产业工作会议上，把文化产业提高到了国民经济第三支柱产业的高度，通过政策引导、财政支持、行业管理，实现健康发展。

经济环境：20世纪70年代，美国的制造业迅速衰退，美国的经济进入滞胀时期，外资逆差逐年扩大，并背负沉重的债务。在这种形势下，美国开始大力发展文化产业。以纽约为例，随着纽约经济结构的调整，制造业逐渐从城市中撤出，在客观上为文化产业的异军突起提供了机会，使得以文化产业为核心的服务业能够迅速发展。

文化产业以其巨大的经济效益和社会价值，直接成为推动纽约城市发展的新的经济增长点。同时，文化产业还以其强大的渗透力和扩张力带动了其他产业的发展，弥补了制造业撤出所造成的经济损失和失业影响。

对于国内而言，根据兴业银行和胡润研究院联合发布的《中国高净值人群消费需求白皮书》，传统艺术市场每年市值3 500亿元左右，互联网带来的新增市场市值一年约1 500亿元。

文化环境（艺术环境）：20世纪中期美国完成了从商品社会向消费社会的过渡，这个时期是美国文化变革最为激烈的时期，这个时期美国的艺术世界也在经历着变革。纽约作为美国的首都，其艺术氛围、文化设施最能反映美国的艺术政策与环境。

这些文化环境优势主要体现在以下方面。

（1）艺术家增多：拥有艺术专业学位的本科生和硕士生的人数明显增多；

（2）博物馆增加：2014年，据美国博物馆与图书馆服务协会最新统计，美国境内博物馆的数量达到35 144座，比20世纪90年代的统计结果17 500座增加一倍有余；

（3）媒体的繁荣：艺术评论、艺术交流。

对于国内而言，随着人们收入的提升，艺术消费时代来临，人人都是收藏家，随着文化水平的提高，越来越多的人关心艺术，不断投入文化和艺术类的消费。未来艺术会与电影一样，成为大众消费品，购买艺术品，一方面可以陶冶情操，另一方面也是不错的投资。

3. 科技水平

Artsy的技术：The Art Genome Project-Genome Technology of Pandora，艺术基因测序-潘多拉基因技术。

艺术基因测序是Artsy特有的艺术品评级系统和技术架构，是Artsy的核心价值所在。它分析出每一件艺术品的"独特基因"，用以追溯艺术家与艺术作品在历史上的纵横关系。现在已分析出1 000多种基于历史进程、创作主旨和作品质量的"基因"。Artsy把作品抽离出不同的"基因"，从各个维度对作品进行解构，再依据不同"基因"的关联性为用户进行精准的相关推荐。根据Artsy官方的说法，这些艺术基因囊括了美学——创作素材、颜料、颜色、主题，以及作品历史——作者、流派、创作时间、作品名称。

对HiHey来讲，随着互联网的普及和人们在线购物习惯的养成，成熟的在线交易及支付体系，为平台的良好运转提供了有力保障。

将Artsy和HiHey商业模式的隐性知识进行对比整理，具体如表10-4所示。

表10-4　Artsy和HiHey商业模式的隐性知识对比

隐性知识	Artsy	HiHey
行业类别	全球艺术市场	中国艺术市场
地域环境		
政策环境	一系列联邦及州政府的艺术补助政策；激励私人资助的税收优惠	政策引导、财政支持、行业管理
经济环境	文化产业以其强大的渗透力和扩张力带动其他产业的发展	中国高净值人群增长、艺术消费需求增长
文化环境	艺术家增多；博物馆增加；媒体的繁荣	美术馆、展览增多；艺术消费时代来临
科技水平	艺术基因测序-潘多拉基因技术	互联网+的普及；成熟的在线交易及支付体系

10.4.3　商业模式集成分析

在进行商业模式显性知识和隐性知识分析之后，基于CET@I方法论的思想，对显性、隐性知识进行集成分析，来评价Artsy和HiHey的商业模式的优劣。

从魏-朱六要素模型来看，Artsy与其他的艺术品电商平台差别并不大，都是一些本行业内共通的必要因素，也是显而易见的因素。但是从隐性知识的层面来看，Artsy在文化环境（艺术环境）及科技水平方面，与HiHey及其他艺术品电商平台有较大的差别，在美国文化繁荣的背景下，Artsy除了将自身平台看作商业交易平台外，同时还将艺术教育及普及作为自己的使命之一，Artsy目前的收藏品超过400 000件，其中一半多可销售，其他不可销售的产品可供顾客随时免费浏览欣赏；Artsy的艺术基因测序-潘多拉基因技术是另一个其区别于其他艺术品电商平台的因素，对每幅作品技术上和专业上的解读，使顾客更了解作品，这样的服务体验将长期锁定顾客，实现各方利益相关者共赢的情境。

相比之下，HiHey的显性知识六要素与其他艺术电商相比，其业务系统中不仅包含了线上浏览、展示和交易部分，同时发展了线下自有画廊，供客户线下体验，其适时发展O2O的策略，可以提升用户体验，且可部分消除艺术电商存在的作品真伪难辨的问题。

10.5 结论与管理启示

本章应用魏-朱六要素-CET@I方法对Artsy和HiHey的商业模式进行分析，Artsy在显性知识方面与HiHey及其他艺术品电商平台并无明显差异或特别之处，但是从隐性知识方面来看，Artsy对文化环境（艺术环境）改变做出的企业使命的定位、其将新的科学技术应用于艺术品分析分解上，从而更好地服务顾客，提升自身企业价值，是其他艺术品电商所缺失的，这回答了商业模式不可复制的说法。对于Artsy而言，其不可复制的是创立者对艺术的热爱和将科技应用于艺术领域。对于HiHey而言，在显性知识方面，业务系统比Artsy多了线下自有画廊的展览及线上交易服务，HiHey的业务更多元和完整，便于其形成自有生态链；在隐性知识方面，HiHey同样对于环境改变做出企业使命的定位，以顺应时代和行业的发展，但是在将新的科学技术应用于艺术品分析分解上，不如Artsy对新技术的利用。

对于艺术品电商而言，在艺术品这样注重美感的行业，少一些交易的考量，多一些对艺术的热爱、对艺术品爱好者需求的充分考虑，也许会对自身的商业模式有新的思路。

（本章作者：赵子鑫，郑森圭，李超，胡毅，乔晗，汪寿阳）

参 考 文 献

龚梦旻. 2013. 上海当代民营美术馆经营模式研究——以MOCA、民生上海现代美术馆、喜马拉雅美术馆为例[D]. 华东师范大学硕士学位论文.
裴涵. 2016. 互联网+艺术品：艺术品电商的问题与发展趋势[J]. 美术观察，1：15-17.
孙晶晶. 2014. 杭州F. 艺术馆商业模式研究[D]. 浙江工业大学硕士学位论文.
汪寿阳，敖敬宁，乔晗，等. 2015. 基于知识管理的商业模式冰山理论[J]. 管理评论，27（6）：3-10.
魏炜，朱武祥. 2009. 发现商业模式[M]. 北京：机械工业出版社.
魏炜，朱武祥. 2014. 透析盈利模式[M]. 北京：机械工业出版社.
杨欣欣，杨新岗. 2015. 对大数据时代下雅昌艺术网商业模式的探究[J]. 中国集体经济，31(11)：71-72.
Afuah A, Tucci C. 2001. Internet Business Models and Strategies: Text and Cases[M]. Boston: McGraw-Hill.
Casadesus-Masanell R, Ricart J E. 2010. From strategy to business models and onto tactics[J]. Long

Range Planning, 43（2）：195-215.

Johnson M. 2010. Seizing the White Space: Business Model Innovation for Growth and Renewal[M]. Boston: Harvard Business School Press.

Osterwalder A, Pigneur Y. 2010. Business Model Generation: A Handbook for Visionaries, Games Changes, and Challengers[M]. Hoboken: John Wiley & Sons.

Stewart D W, Zhao Q. 2000. Internet marketing, business models, and public policy[J]. Journal of Public Policy & Marketing, 19（3）：287-296.

Zott C, Amit R. 2010. Business model design: an activity system perspective[J]. Long Range Planning, 43（2）：216-226.

Zott C, Amit R, Massa L. 2011. The business model: recent developments and future research[J]. Journal of Management, 37（4）：1019-1042.

第 11 章

大学生消费金融商业模式分析：基于爱又米案例研究

11.1 引言

消费金融是一种为满足居民对商品和服务等消费需求而提供消费贷款的现代金融服务方式。它一方面是现代消费观念的体现，另一方面也是金融业向个人客户领域发展的必然选择。从 2013 年互联网消费金融元年开始，消费金融一直处于一个快速"奔跑"的状态。随着居民物质生活的提高，各类消费及娱乐场景逐渐增多，人们的消费环境也随之丰富起来。而消费环境的丰富在很大程度上推动了我国消费规模的快速增长，2011 年到 2016 年，我国社会消费品零售总额从 18.4 万亿元增长了将近一倍，达到了 33.2 万亿元，年均复合增长率为 10.3%。2013~2018 年，消费金融年均复合增长率达到了 16.4%，远高于整体信贷规模的年均复合增长率 9.1%。在传统信贷增速放缓的这段时期，消费金融异军突起，弥补了金融市场的空缺，也倒逼了传统信贷的升级转型。此外，互联网促进消费金融发展，互联网技术与电商消费给我国居民所带来的最大的改变就是新的消费习惯及消费观念的形成，也就是消费升级。如今，人们的品牌意识、理财观念不断增强，对消费品的要求不断提高，超前消费意识不断被解放，而这些改变也促进了消费金融的快速发展。

我国传统金融机构由于长期被政府过度保护，因此业务模式较为僵化，不能很好地覆盖到新兴的大学生、蓝领等消费群体，而这些潜在信贷用户被压抑的需求急需新型消费金融模式来释放。国家政策引导的方向是大力鼓励消费金融的发展,从打开地域限制,到参与主体放开,允许符合要求的互联网公司开展消费金融业务,再到加强监管,规范市场,防止"劣币驱逐良币"。整体来看,我国政策对消费金融的发展是利好的。

目前市场上存在300多家消费金融公司,但获得牌照的平台仅有20家。按企业类型可以分为三类:以苏宁消费金融、京东金融和蚂蚁金服为主的电商消费金融,以爱又米、分期乐和麦子金服为主的网络消费金融,以中银消费金融、中邮消费金融为主的传统消费金融。按照业务模式也可以分为三类:第一类是以线下渠道为主,如锦程消费金融、捷信消费金融,主打看牙贷、车饰贷、车险分期;第二类是O2O模式,如海尔消费金融、苏宁消费金融、中邮消费金融,主打教育分期、旅游分期、租房、家装分期;第三类是互联网金融公司,如招联消费金融、马上消费金融,主打商品分期、速借现金业务。从消费场景来看,消费金融公司通过与商户合作的方式基本覆盖了网上零售、家装、租房、婚庆、教育、旅游、助业等场景,但由于场景拓展取决于合作商户的开发,因此各家消费金融公司各有侧重。

定位于大学生消费金融的爱又米,近两年迅速发展,深受大学生消费者信任。本章分析爱又米的商业模式,探究其快速发展的原因,给消费金融企业带来参考和借鉴。下文首先介绍爱又米的业务,其次应用PNMP商业模式分析框架对其商业模式进行解析,最后得出结论和启示。

11.2 爱又米介绍

爱又米(原爱学贷)成立于2014年9月,总部位于杭州,是爱财科技有限公司旗下一个全国领先的年轻人分期购物平台。业务覆盖我国32个省、3 300多所高校,是深受大学生欢迎的分期购物品牌。

11.2.1 发展历程

2014年9月,平台正式开始运营,单日销售突破100万元,获得天使投资1 000万元。2015年1月,月销售额破亿元,业务覆盖30个省,获得A轮融资4 000万元。8月,获得B轮融资3亿元,与中国银行签署战略合作协议,获得中国银行授信额度50亿元。11月,与平安银行签署战略合作协议,深化新金融布局。2016年3月,与招商银行签署战略合作协议,长沙研发中心成立。10月,与中顺易金服签订战略合作协议。12月,爱学贷品牌战略升级为爱又米,并完成C轮融资,获年度最佳消费金融风控企业奖。

11.2.2 战略布局

以大学生作为消费金融市场的切入点，立足消费场景采取伴随战略，围绕个人成长的主线在用户不同的阶段为其提供专业的金融服务。

初入校园。对刚刚步入校园，需要购置电脑、手机等 3C 产品的新生，提供分期购买服务。

校内生活。在校期间大学生想去旅游、报培训班、学车、买装备、看演唱会等，可提供相应金融服务。

毕业。想要出国，租房子，爱又米推出毕业金，继续为用户提供金融服务。

工作。进入职场身份的转换提供了许多购买的理由，爱又米也共同成长继续为参加工作的小伙伴提供金融服务。

组建家庭。组建家庭后，支出项目增多，买奶粉，买车，买房，爱又米将伴随着用户提供金融服务。

11.2.3 业务平台

取点花。针对在校大学生提供的小额信贷服务。平台于 2016 年拿到全国网络小贷牌照，是中国银行、招商银行等银行的战略合作平台。在严格完善的风控体系下，确保流程合法合规，产品秉承超便捷、低利率、秒到账的理念，满足各类取现（最高 9 000 元）用户需求。

毕业金。取现产品，专为应届毕业生及已毕业的年轻人提供取现服务。最高可借 50 000 元现金。

出未校园。全国最大的高校项目拓展运营平台，既是爱又米切入大学生市场获取优质客户的重要渠道，又是大学生寻找实践与兼职机会的绝佳平台。

原质资本。通过投资以校园为核心的校园快递、打印等不同消费场景下的企业，在扶持大学生创业的同时，也起到了为爱又米引流的效果。

11.3 商业模式分析框架

11.3.1 商业模式相关文献研究

国外学者研究商业模式较早，关于商业模式的定义也不尽相同。国内学者关于商业模式的定义也有不同的观点，魏炜和朱武祥（2009）认为商业模式是利益相关者的交易结构，并构建了六要素分析模型。汪寿阳等（2015）提出商业模式冰山理论，认为商业模式是由显性知识和隐性知识所构成的复杂系统，并提出了一个系统集成的商业模式分析方法。李超等（2018）认为商业模式是一个反复调整设计的过程，在商业模式冰山理论与CET@I方法论的基础上，构建了PNMP-CET@I分析方法。

11.3.2　商业模式PNMP分析框架

学者在进行商业模式分析的过程中较少考虑市场环境因素，而市场环境是商业模式成功与否的一个关键因素，决定着企业商业模式的运行效率。PNMP是基于已有的商业模式理论要素模型，综合考虑市场环境而提出的分析框架（图11-1）。

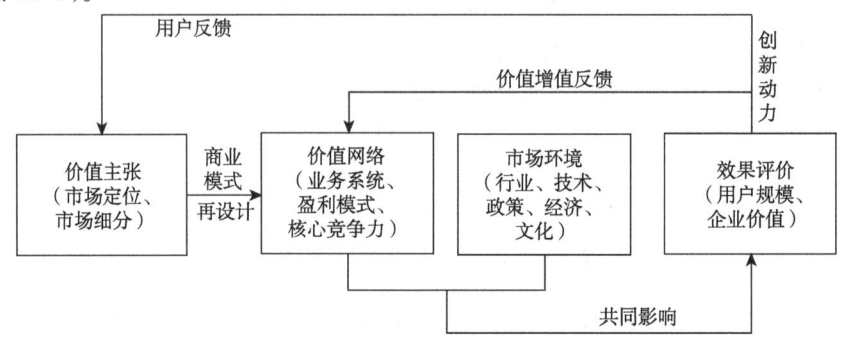

图11-1　商业模式PNMP分析框架

PNMP分析框架主要包含四个主体，价值主张、价值网络、市场环境和效果评价。其中，价值主张是商业模式设计的起点，是企业实现长期盈利的基础，包括市场定位和市场细分两个要素。价值网络是商业模式设计的主体，包括业务系统、盈利模式和核心竞争力。市场环境是影响企业商业模式效果的外部因素，也是商业模式创新的动力来源，主要包括行业、技术、政策、经济和文化等因素。效果评价对价值网络和价值主张具有反馈作用，是判断一个商业模式优劣的标准，是企业设计商业模式的落脚点，包括用户规模和企业价值两个要素。

11.3.3　商业模式PNMP-CET@I分析方法

PNMP-CET@I分析方法（图11-2）是在商业模式冰山理论和CET@I方法论的基础上构建的一个分析框架，可以解释商业模式无法复制，以及同一个企业可以具有不同商业模式的原因。该方法把价值主张和价值网络看作冰上显性知识部分，把复杂多变的市场环境看作冰下隐性知识部分，通过对显性、隐性知识的集成分析得出商业模式的效果评价，效果评价进一步对显性知识有一个反馈作用，进而推动企业不断创新和调整商业模式，如此反复，最终企业找到适合自身发展需要的商业模式。

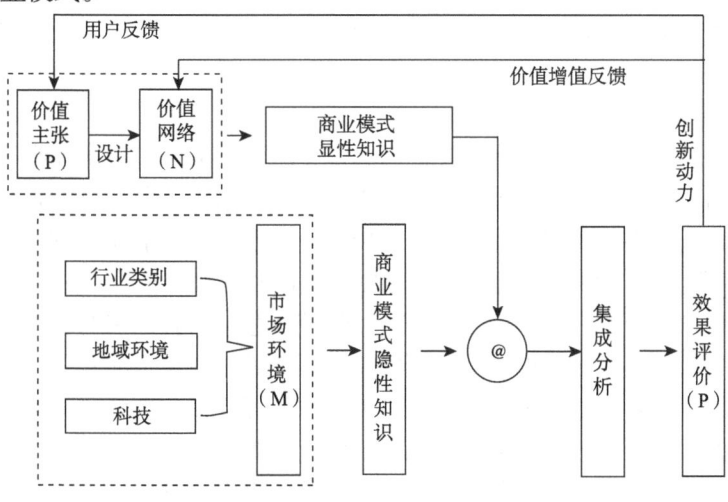

图 11-2 PNMP-CET@I 分析方法

11.4 商业模式分析

11.4.1 商业模式显性知识分析

（1）价值主张分析。

爱又米的市场定位是以快捷安全的金融服务打穿线上购物、教育培训、休闲娱乐及就业创业等适合年轻人的全消费场景，陪伴年轻人成长，构建了一个简单、开放、健康的年轻人消费金融生态系统。目标客户群包括在校大学生，刚毕业的白领。大学生作为长期被传统金融忽视的群体，其强烈的信贷消费需求终于在互联网消费金融到来的时刻释放了出来，而大学生消费金融的爆发式增长也带动了整体市场的快速发展。同时随着我国居民可支配收入的不断提升，大学生的生活费也水涨船高。零花钱的增多不仅使大学生群体的信贷还款能力增强，同时还刺激了他们花钱及追求高品质生活的欲望，而这也促使了大学生群体消费金融需求的不断增加和消费习惯的升级。

利益相关者分为合作关系和竞争关系。其中合作关系的利益相关者包括银行（中国银行、平安银行、招商银行等）、年轻消费者（在校大学生，刚毕业的就业人群）、合作商家（3C 商品等合作伙伴）；竞争关系的利益相关者包括电商消费金融（京东金融、蚂蚁金服、苏宁消费金融等）、传统消费金融（中银消费金融、中邮消费金融）。电商消费金融是目前大学生消费金融行业中比较重要的一方，电商金融既结合线上消费场景，又依托消费记录等多维数据进行审核，竞争优势明显。

但大学生市场并非其主要市场，市场细分程度不够。传统消费金融具有资金成本低、认可度高、风控体系强大的特点，但是审核流程复杂，局限了其在大学生市场的发展。

（2）价值网络分析。

从业务系统来看，爱又米开展的与大学生息息相关的消费场景业务，分期、贷款、理财，其盈利模式主要有利息收入、入驻商家服务费。核心竞争力是严谨的风控模式，建立了覆盖贷前、贷中、贷后全流程的风控系统。"源头掌控+生态构建+合规经营"三位一体的模式打造最懂年轻人消费的平台。贷前：反欺诈模型和评分模型，会综合用户的身份信息、学校信息、人脸识别、联系人信息、用户操作行为信息及多家数据源信息等维度对用户进行分层，部分用户需要进行人工审核申请人资料、信用记录、还款能力及意愿等资料，最终做出授信审批；贷中：数据库实时更新，用户一旦出现多平台贷款等异常行为就会触发预警，提前触发催收；贷后：催收模型利用用户基本信息、用户消费信息、用户历史还款行为信息、用户操作行为信息等来对不同的用户制定不同的催收策略，并评估催收效果，此外催收的信息还将实时地返回给大数据平台，用于下次贷前审核参考。

11.4.2　商业模式隐性知识分析

（1）市场环境分析。

长期以来，大学生市场的消费金融需求没有被满足，如今正是需求爆发式释放的时期。传统消费金融市场占有率处于低位，这些都为互联网消费金融的发展提供了绝佳的机会。

从行业类别来看，大学生消费金融优、劣势明显。大学生征信缺失，对于既无稳定收入来源，又缺失信用记录的大学生群体，传统金融机构并不重视。大学生可支配收入较低，容易产生冲动消费，可能导致"资不抵债"的情况，企业风控技术要求高。但是，大学生消费金融也存在明显的优势，大学生群体消费欲望强烈，对消费金融的需求很大。此外，消费标准化，品牌忠诚度高，大学生群体较为集中，方便企业切入和管理，易于培养。

（2）地域环境分析。

政策环境：国家政策引导的方向是大力鼓励消费金融的发展，从打开地域限制，到参与主体放开，允许符合要求的互联网公司开展消费金融业务，再到加强监管，规范市场，防止"劣币驱逐良币"。整体来看，我国政策对消费金融的发展是利好的。

经济环境：信贷人口渗透率低，潜力可观。2015年仅为26.7%，相当于只覆盖了我国四分之一左右的人口，而同时期的美国信贷人口渗透率则是达到了

82.0%。短期消费信贷占比较低，消费金融提升空间大。2015年我国总储蓄占GNI（gross national income，国民总收入）的比例为48.88%，近几年呈缓慢下降的趋势，但是与其他国家相比，我国储蓄率仍偏高。居民人均年度可支配收入额一直呈增长趋势，进而带动人均年度消费支出不断增加。强烈的消费需求将是未来消费信贷的主要动力来源。

文化环境：互联网的发展改变了消费和投资场景，消费者行为习惯正发生变化，互联网金融给消费者带来更好的体验。互联网技术与电商消费所培养的新消费习惯促使年轻群体消费观念发生改变。品牌意识和理财观念逐步增强，对消费品质的要求提高，愿意为想要的东西买单，对未来预期乐观消费主力转向80后、90后甚至00后，超前消费、借贷消费观念将进一步成为潮流。

（3）技术环境分析。

首先，大数据和云计算技术的发展极大地降低了运营成本和客户服务成本。丰富征信数据来源，提高风控判别准确度。其次，人工智能、机器学习、图像、人脸识别与电子签名等多项高科技识别技术，精准地识别用户的质量。业务处理更加高效、快捷，有效降低坏账率。最后，区块链技术作为公共分布式数据存储新型应用模式，打破征信数据孤岛，保证信息安全，提高了金融服务机构的公信力。

11.4.3 集成分析

在进行商业模式显性知识和隐性知识分析之后，基于TEI@I方法论的思想，对显性、隐性知识进行集成分析，从效果评价的维度得出商业模式的优劣。

第一，从用户规模角度看，截至2016年底，已拥有超过1 000万可触达用户，单月销售额突破10亿元，目前业务已覆盖我国32个省、3 300多所高校，是业内发展最快的互联网消费金融公司之一。从爱学贷升级为爱又米之后，用户规模扩大，其伴随战略增加用户的黏性，用户难以流失。第二，从企业价值角度看，爱又米已完成C轮融资，荣获2016年度创新力"最具成长性企业"大奖。打造了围绕年轻人的生态系统，业务范围广，渠道便利，商业模式运行效率高，企业价值增加保有可持续性。

11.5 总结与启示

随着社会资本及电商巨头的涌入，2015年左右大学生消费金融市场开始步入爆发期，与此同时，野蛮生长所带来的"裸贷"及"暴力催收"等问题引起了社会的广泛关注。2016年媒体负面报道的相继出现，市场问题不断暴露，随着2016

年初监管法案的相继落地，政府加强监管力度，大学生消费金融市场步入规整期。但是，借贷需求是不断增长的，大学生消费金融市场或将迎来高速发展的复苏期。爱又米定位于大学生市场，依靠独特的商业模式将快速发展。

爱又米的商业模式值得借鉴。市场定位精准，目标客户群质量高，易于管理和培养。瞄准大学生的消费心理，结合移动互联网的发展设计场景化的产品，实用、好用。此外，风控体系完善，贷前、贷中、贷后，层层把关，降低违约风险。从源头把控、合规经营、场景搭建，构建消费生态系统。从初入校园到走入社会，用户都可以在该生态系统中选择需要的产品服务，越来越多的消费者会被卷入其生态系统中。

（本章作者：李超，郑森圭，赵子鑫，胡毅，乔晗，汪寿阳）

参 考 文 献

奥斯特瓦德 A，皮尼厄 I. 2011. 商业模式新生代[M]. 王帅，等译. 北京：机械工业出版社.
李超，郑森圭，丁雪辰，等. 2018. 商业模式 PNMP-CET@I 反馈调节分析模型：蚂蚁金服案例[J]. 系统工程理论与实践，38（6）：1413-1421.
汪寿阳，敖敬宁，乔晗，等. 2015. 基于知识管理的商业模式冰山理论[J]. 管理评论，27（6）：3-10.
魏炜，朱武祥. 2009. 发现商业模式[M]. 北京：机械工业出版社.
魏炜，朱武祥. 2014. 透析盈利模式[M]. 北京：机械工业出版社.
Afuah A, Tucci C. 2001. Internet Business Models and Strategies: Text and Cases[M]. Boston: McGraw-Hill.
Casadesus-Masanell R, Ricart J E. 2010. From strategy to business models and onto tactics[J]. Long Range Planning, 43（2）：195-215.
Johnson M. 2010. Seizing the White Space: Business Model Innovation for Growth and Renewal[M]. Boston: Harvard Business School Press.
Stewart D W, Zhao Q. 2000. Internet marketing, business models, and public policy[J]. Journal of Public Policy & Marketing, 19（3）：287-296.
Zott C, Amit R. 2010. Business model design: an activity system perspective[J]. Long Range Planning, 43（2）：216-226.
Zott C, Amit R, Massa L. 2011. The business model: recent developments and future research[J]. Journal of Management, 37（4）：1019-1042.

第12章

商业模式可持续性分析：一个多案例研究

本章的研究内容是如何评价商业模式可持续性。基于商业模式相关理论及企业可持续发展理论，本章给出了商业模式可持续性的定义，将商业模式可持续性定义为在外部环境不发生突变的前提下，商业模式可以长久存在，不会消失或者死亡的一种属性。最后，本章从用户需求和稀缺资源两个角度出发，对外卖平台、视频网站平台及滴滴出行三个案例的商业模式可持续性进行分析评价。

12.1 引言

近年来，随着互联网技术的发展及电子商务的兴起，商业模式受到越来越多的关注，无论是业界还是学界，都出现了大量关于商业模式的研究。然而，目前关于商业模式的研究大多集中在商业模式的定义、构成要素、如何分类等方面，这些研究对于分析、描述各种类型的商业模式起到了一定作用，但对于如何评价商业模式的好坏却显得有些无能为力，没有给出具体的评价方法。本章认为，商业模式研究的最终目的是指导企业实践，指导企业实践离不开商业模式评价，因此，如何对商业模式进行评价，是商业模式研究领域的一个重要方向，有必要从理论层面对商业模式评价方法做深入研究，为企业商业模式实践和改善企业绩效提供理论依据。基于此，本章尝试从这一角度出发，探讨如何进行商业模式评价，以填补这方面研究的空白。

现有商业模式的研究中，虽然还没有学者把商业模式评价作为一个单独的研究方向进行深入研究，但是有不少研究都提到了商业模式评价，这些评价角度包括可持续性、创新性、效率性及要素之间的匹配性等。事实上，如果要从理论层面对商业模式评价方法做深入研究，上述提到的这些评价角度，每一个角度都可以作为一个很好的切入点，由于篇幅有限，本章仅对商业模式可持续性进行深入研究。之所以选择这个角度，有如下三个原因：一是相比创新性、效率性及要素之间的匹配性等，商业模式可持续性更加具有普适性，适合用于对各行各业不同的商业模式进行评价。二是商业模式可持续性是企业普遍关心的问题，研究商业模式可持续性具有更好的实践意义。三是企业可持续发展理论是现代企业管理理论研究的热点，研究商业模式可持续性可以借鉴企业可持续发展理论，从而使研究具有一定的理论基础，更加科学严谨。

本章第二部分是商业模式相关理论和企业可持续发展理论的文献综述；第三部分对商业模式可持续性进行定义、界定，并且给出商业模式可持续性的具体评价标准；第四部分是案例分析；第五部分是总结。

12.2　文献综述

12.2.1　商业模式相关理论

商业模式相关的理论是近年来发展起来的新型理论。目前，有关商业模式的理论研究集中在商业模式的定义、构成要素、分类等方面，但是国内外学者们在商业模式的概念、结构体系、理论范畴等方面没有达成统一的认识。

Timmers（1998）认为，商业模式是一种表示产品、服务及信息流的体系架构，包括不同业务参与者和其扮演的角色、不同业务参与者的潜在利益及收入的来源等。Zott 和 Amit（2010）则认为，商业模式是企业或交易主体为了进行交易在交易内容、交易结构和交易方式上进行的独特设计或组合，交易内容、交易结构及交易方式三者缺一不可，共同决定了商业模式带来的价值大小。Osterwalder 和 Pigneur（2010）认为商业模式是用来解释企业商业逻辑的概念性工具，商业模式能够在企业架构下，阐述企业如何为创造顾客价值、如何通过构建内部高效的运作组织结构，建立和形成伙伴关系，有效开展价值创造并通过交换获得利润及维持现金流，并将商业模式分为价值主张、客户细分、客户关系、合作网络、关键业务、渠道通路、核心资源、收入来源和成本结构九个模块。魏炜和朱武祥（2009）认为商业模式即利益相关者的交易结构，并将商业模式分解为定位、业务系统、关键资源能力、现金流结构、盈利模式和企业价值六个要素。汪寿阳等（2015）则提出商业模式冰山理论，认为商业模式是由显性知识和隐性知识所构成的复杂系统,并提出了一个系统集成的商业模式分析方法。

尽管商业模式定义纷繁多样,但还是在学者们的逐渐探索中凝结出商业模式的精髓和核心——企业进行价值创造、价值整合和价值实现的基本逻辑和系统统筹。基于此,本章认为,商业模式是对企业价值生态系统进行系统统筹以促进整个系统尤其是企业自身价值增加的核心商业逻辑。

12.2.2 企业可持续发展理论

可持续发展的概念起源于 20 世纪 80 年代,指的是社会、经济、人口、资源与环境的协调发展。之后,随着各国学者对可持续发展的环境因素、经济因素和社会因素的深入研究,企业的可持续发展问题开始被提出。然而,到目前为止,关于企业可持续发展的定义,还没有达成一致的见解。Lester R. Brown 认为,企业可持续发展是一种具有经济含义的生态概念,主要包括公平性、持续性和共同性,其中包括自然资源和生命系统的各要素之间的持续、和谐,并由此形成一个可持续社会的经济和社会体制的结构。德勤公司则认为可持续发展是企业在满足发展需要的前提下,在现今采取保护、维持和提高各项资源利用率的措施,以满足未来的需要。刘力钢(2001)将企业可持续发展定义为以企业基本生存为前提的持续创新以确保其长期的竞争优势,最终实现企业长远的战略目标。芮明杰和吴光飙(2001)在阐述企业可持续发展的概念时更加强调了如何通过有效的资源配置,如企业市场份额提升等来克服企业自身发展问题来保证企业的可持续性。

除了没能就企业可持续发展的定义达成一致以外,目前管理学角度关于企业可持续发展理论也非常繁杂,其中比较有代表性的主要有创新可持续发展理论、文化可持续发展理论、制度可持续发展理论、核心竞争力可持续发展理论和要素可持续发展理论:①创新可持续发展理论认为企业可持续发展的核心是创新。企业的核心问题是有效益,有效益不仅要有体制上的保证,而且必须不断创新。只有不断创新的企业,才能保证其效益的持续性,也即企业的可持续发展。②文化可持续发展理论认为企业发展的核心是企业文化。企业面对纷繁变化的内外部环境,企业发展是靠企业文化的主导。③制度可持续发展理论认为企业获得可持续发展主要源于企业制度。④核心竞争力可持续发展理论认为企业可持续发展主要是培育企业核心竞争力,企业核心竞争力是指企业区别于其他企业而具有本企业特性的相对竞争能力,具有价值性、异质性、不可模仿性、不可替代性等主要特征。⑤要素可持续发展理论认为企业发展取决于以下几种要素,即人力、知识、信息、技术、领导、资金和营销。

12.3 商业模式可持续性

本章的研究内容是如何评价商业模式可持续性，首先要回答的是什么是商业模式可持续性。按照本章对商业模式的定义，商业模式是对企业价值生态系统进行系统统筹以促进整个系统尤其是企业自身价值增加的核心商业逻辑，商业模式的精髓和核心是企业进行价值创造、价值整合和价值实现的基本逻辑。而可持续性是一个时间范畴的概念，指的是一种可以长久维持的过程或者状态。那么，对于商业模式可持续性，长久指的是多久？要回答这个问题，必须结合商业模式的相关研究结果。目前在商业模式的理论研究中，许多研究结果，如商业模式冰山理论都认为商业模式的成功与否离不开外部环境，同一种商业模式，在不同的外部环境中，其运行结果很可能完全相反。因此，在研究商业模式可持续性时，必须是在一定的前提条件下，而这个前提条件就是一定的外部环境，换句话说就是外部环境没有发生突变的情况下。离开这个前提条件，商业模式可持续性就变得毫无意义。

基于以上的分析，本章认为，商业模式可持续性指的是在外部环境不发生突变的前提下，商业模式可以长久存在，不会消失或者死亡的一种属性。

对商业模式可持续性进行定义、界定后，接下来需要深入研究的是如何给出商业模式可持续性的具体评价标准。在研究如何评价之前，有几个问题需要明确：①商业模式可持续性的研究主体是什么，是商业模式还是企业？②商业模式可持续性与企业可持续发展的区别和联系是什么？

首先探讨第一个问题：商业模式可持续性的研究主体是什么，是商业模式还是企业？按照本章给出的定义，商业模式是企业进行价值创造、价值整合和价值实现的基本逻辑，因此，商业模式是基础，企业是商业模式的载体。基于以上的分析，商业模式可持续性的研究主体应该是商业模式。在评价商业模式可持续性的时候，评价指标的确定依据的应该是商业模式的相关理论而非其他的管理理论。

其次探讨第二个问题：商业模式可持续性与企业可持续发展的区别和联系是什么？根据商业模式与企业的关系，商业模式是基础，企业是商业模式的载体。因此，按照逻辑关系，商业模式可持续性先于企业可持续发展，只有在商业模式可持续性强的前提下，企业才可能实现可持续发展，这是两者之间的联系。两者之间的区别主要在于，商业模式可持续性指的是在一定外部环境下某种客观商业逻辑的可持续性，其前提条件是外部环境不发生突变，而企业可持续发展指的是企业的生存能力，不仅需要考虑在外部环境不发生突变的情况下企业如何生存，同时还要考虑外部环境发生变化时企业如何生存。基于以上的分析，可以说，商业模式可持续性分析是企业可持续发展研究中的一个具体面，两者之间是包含与被包含的关系，商业模式可持续性研究可以丰富企业可持续发展理论的内容。

探讨完上述两个问题后，本章认为，评价商业模式的可持续性，可以分为两个层次：第一，根据商业模式相关理论，选择确定能够用来评价商业模式可持续性的具体指标；第二，借鉴企业可持续发展理论，对已经确定的指标分别给出具体的评价标准。

首先进行第一步，选择评价商业模式可持续性的具体指标。根据商业模式相关理论，尽管现有的相关文献并没有就商业模式的定义达成一致，但仍凸显了其共同关心的核心主题——价值。在企业商业模式实践中，价值是相对于用户来说的，也即用户需求，因此，用户需求可以作为商业模式可持续性评价的一个指标。另外，企业满足用户需求的途径，实质上便是通过提供产品或服务，把用户需求转化为产品或服务需求，而企业提供产品或服务，本质上是一种产出过程，产出离不开投入，因此，作为投入要素的稀缺资源可以作为商业模式可持续性评价的另一个指标，这里的稀缺资源指的是企业为用户提供产品或服务所掌握的资源，并且资源的获得是需要成本的，如技术、渠道等。这样一来，便确定了评价商业模式可持续性的两个指标——用户需求和稀缺资源。

其次进行第二步，对用户需求和稀缺资源两个指标分别给出具体的评价标准。先是用户需求，根据核心竞争力可持续发展理论中的价值性特征，按照用户需求的满足程度，本章把与企业商业模式对应的产品或服务分为三个层次：①"可以有"，可以有也可以没有，即这种商业模式下的产品或服务满足了一部分用户的需求，但是用户没有对企业产品或服务产生需求依赖；②"需求依赖"，用户对产品或服务产生一定的需求依赖，但是这种需求依赖是可能被取代的，需要面对的一个大的问题是替代和竞争；③"离不开"，用户离不开产品或服务，这种情况下的商业模式能够为用户带来极大的价值，用户高度认同企业的产品或服务，从而使企业能够在市场中形成足够高的壁垒。这三个层次层层递进，对应的商业模式价值由小到大，商业模式可持续性由弱到强。接下来是稀缺资源，要素可持续发展理论中提到的知识、信息、技术及核心竞争力可持续发展理论中提到的企业核心竞争力，都可以作为某种商业模式中的稀缺资源，但是如何根据稀缺资源来判断商业模式的可持续性？在借鉴企业可持续发展理论的基础上，本章认为，可以从稀缺资源的壁垒性和扩展性两个方面来判断。所谓壁垒性，指的是稀缺资源的不可模仿性和不可替代性，稀缺资源具有壁垒性的商业模式，其可持续性也相对较强，因为这种商业模式能够形成竞争优势，追求溢价。所谓扩展性，指的是边际效应，如果获得稀缺资源的边际成本递减，或者稀缺资源带来的边际效益递增，则说明这种稀缺资源具有扩展性。稀缺资源具有壁垒性的商业模式，其可持续性也会较强，因为这种商业模式能够形成边际效应，追求利润。

综上，本章把商业模式可持续性定义为在外部环境不发生突变的前提下，商业模式可以长久存在，不会消失或者死亡的一种属性，并从用户需求和稀缺资源两个角度对商业模式可持续性进行评价。其中，用户需求分为"可以有""需求依赖""离不开"三个层次，稀缺资源可以从壁垒性和扩展性两方面进行评价（表12-1）。

表 12-1 商业模式可持续性评价方法

用户需求	稀缺资源			
	无壁垒性、无扩展性	无壁垒性、有扩展性	有壁垒性、无扩展性	有壁垒性、有扩展性
可以有				
需求依赖				
离不开				

12.4 案例研究

本部分应用上述提出的商业模式可持续性评价方法，对外卖平台、视频网站平台及滴滴出行三种商业模式的可持续性进行分析评价，同时也是对本章提出的商业模式可持续性评价方法的普适性的检验。

12.4.1 外卖平台：从繁华到不温不火

2013~2015年，随着O2O概念火热及各平台的补贴促销，外卖行业进入高速扩张期；2015年后，随着外卖市场"烧钱大战"逐渐平息，外卖行业开始从繁华走向不温不火。目前，外卖市场呈现出饿了么、美团外卖及百度外卖暂时的三足鼎立局面，外卖平台核心也开始转向物流配送：饿了么发布"蜂鸟"众包物流配送平台，美团外卖自建物流"美团众包"，百度外卖上线"百度骑手"。

补贴是为了培养用户的消费习惯，形成对品牌的忠诚度，但实际上却做不到，为什么？为什么外卖平台的核心开始转向物流配送？如果补贴彻底停止，外卖行业的未来走向将如何？本章将通过对外卖平台商业模式的可持续性进行分析，来回答以上三个问题。

第一，从用户需求角度看，用户之所以选择外卖平台而不是去线下饭店吃饭，其真正的需求是方便及节约时间。因此，如果不从加快配送速度，完善配送服务，保证配送过程食物保温、保质等方面入手，而仅仅靠补贴去吸引用户，这样的用户需求只能停留在"可以有"这一层次，一旦补贴消失，用户需求也随之消失，这就是为什么补贴不能使用户形成对品牌的忠诚度。第二，从稀缺资源角度看，外卖平台这一商业模式的主要稀缺资源是平台商户及物流配送。在扩展性方面，根据网络正外部性，平台商户及物流配送这两种稀缺资源都具有边际效益递增的特点，因此具有扩展性。在壁垒性方面，平台商户的壁垒性较差，因为除非外卖平台自己建立品牌商户或者签约垄断麦当劳、肯德基等知名食品品牌，否则无法在平台商户这方面具有较高的壁垒性；而物流配送的壁垒性相对较好，因为外卖平台可以通过自己搭建物流配送设施形成壁垒性，这也是为什么外卖平台的核心开始转向物流配送。如果补贴彻底停止，外卖行业的未来走向将取决于外卖平台在平台商户及物流配送这两方面的质量如何，如果做得好，外卖行业可能再一次走向繁华，否则外卖行业可能继续保持不温不火。

综上，通过对外卖平台商业模式的可持续性进行分析，可以得出如下结论：外卖平台商业模式的可持续性关键不在于补贴，因为仅仅依靠补贴的用户需求只能停留在"可以有"这一层次，可持续性差。关键在于平台商户及物流配送这两方面，物流配送具有扩展性和壁垒性，平台商户虽然壁垒性较差，但同样具有扩展性，拥有较高质量平台商户及物流配送的外卖平台，其商业模式可持续性强。

12.4.2 视频网站平台的困境

自2005年国内诞生第一家视频网站后，网络视频行业在国内已经持续发展了十几年。经历了从盗版到规范，从上百上千家井喷到仅剩十余家，几轮洗牌之后，行业已经进入了一个相对稳定发展的阶段。与2015年前各大视频网站的盲目烧钱相比，目前，除了"有钱任性"的爱奇艺、优酷土豆、腾讯视频等少数几家还在追求内容的综合性和丰富性外，其他视频网站已经逐渐走向差异化的内容和品牌方向，倾向于购买独家版权及加强自制节目和发展PGC（professional generated content，专业生产内容）。网络视频行业的困境在于，视频网站的用户增长需要优质内容支撑，优质内容采购需要高昂的内容成本，而内容带来的广告营收与会员付费收入又无法覆盖高昂的内容成本，企业只能缩减内容采购预算，减少内容采购预算导致优质内容匮乏，优质内容匮乏造成用户流失，用户流失导致广告会员收入下降，就此陷入无解的死循环。

为什么网络视频行业会陷入这样的死循环？加强自制节目和发展PGC能否解决网络视频行业的困境？本章将通过对视频网站平台商业模式的可持续性进行分析，来回答以上两个问题。

第一，从稀缺资源角度看，视频网站平台这一商业模式的稀缺资源主要为优质内容，很显然优质内容具有扩展性，因为边际成本几乎为零且随着用户增加边际收益递增；但是，除非内容自制或者购买独家版权，否则不具有壁垒性。第二，从用户需求角度看，对于视频网站平台来说，如果用户需求无法达到"离不开"这一层次，很容易出现用户流失，而要使用户需求达到"离不开"这一层次，只能通过购买独家版权及加强自制节目和发展 PGC。网络视频行业之所以陷入死循环，原因便在于作为稀缺资源的优质内容不具有壁垒性，从而无法使用户需求达到"离不开"这一层次。因此，要解决网络视频行业的困境，必须使稀缺资源具有壁垒性，可行的方法便是内容自制或者购买独家版权，而购买独家版权成本太高，收入无法覆盖成本，剩下的便只有内容自制这条途径了。如果视频网站平台在内容自制上能够做好，加强自制节目和发展 PGC 是能够解决网络视频行业当前的困境的。

综上，通过对视频网站平台商业模式的可持续性进行分析，可以得出如下结论：视频网站平台商业模式的可持续性关键在于优质内容的壁垒性，在购买独家版权成本太高，收入无法覆盖成本的情况下，视频网站平台要想走出困境，只能通过内容自制这条途径，加强自制节目和发展 PGC。

12.4.3 滴滴出行的困境

在经过 2014~2015 年的互联网出行补贴大战后，滴滴出行逐渐取消对车主和客户的补贴，司机和乘客的热情开始消退。公开数据显示，自 2016 年 8 月滴滴出行、优步中国（Uber）合并以来，每天打开这两个应用的人数都出现了明显下滑。其中，2016 年下半年，每天打开滴滴出行的用户比例从 4.5% 下跌至 3.4%，优步中国则从原来的 0.5% 下跌至 0.1%。没有高额补贴，滴滴快车相比路边出租车已经没有任何价格优势，顾客也开始流失。"打车难，打车贵"两大痛点，滴滴出行都无法很好解决，因此陷入司机和用户流失的困境。

为什么补贴取消之后，滴滴出行会出现困境？本章将通过对滴滴出行商业模式的可持续性进行分析，来回答以上这个问题。

从用户需求角度看，相比传统的出租车商业模式，滴滴出行这一商业模式解决的用户需求在于减少乘客与出租车的匹配时间，这样的用户需求其实是一种刚需，是能够达到"需求依赖"甚至是"离不开"这一层次的。然而，从稀缺资源角度看，滴滴出行这一商业模式的稀缺资源与传统出租车商业模式一样，都是司机和出租车，一是不具有壁垒性，二是不具有扩展性，没有任何的竞争优势。补贴取消之后，滴滴出行出现困境，问题不在于用户需求，而是在于这种商业模式的稀缺资源不具有壁垒性和扩展性。因此，根据以上分析，滴滴出行这一商业模式的可持续性不强，要解决滴滴出行的困境，一个可行的办法便是与传统出租车公司合作，作为技术提供者，将传统的出租车体系纳入滴滴出行的平台中来，这样一来，既可以避免与传统出租车行业竞争，又可以为平台引入司机和用户，加强平台商业模式的可持续性。

以上，通过应用本章提出的商业模式可持续性评价方法，对外卖平台、视频网站平台及滴滴出行三种商业模式的可持续性进行分析评价，可以看出，本章提出的商业模式可持续性评价方法确实具有普适性，能够用于对各行各业的商业模式可持续性进行评价，对于指导企业商业模式实践具有重要意义。

12.5 总结

本章围绕如何评价商业模式这一问题展开，选择了商业模式可持续性作为切入点，把商业模式可持续性定义为在外部环境不发生突变的前提下，商业模式可以长久存在，不会消失或者死亡的一种属性，并提出了一种从用户需求和稀缺资源两方面来评价商业模式可持续性的具体方法。又通过应用这一方法，对外卖平台、视频网站平台及滴滴出行三种商业模式的可持续性进行分析评价，检验了这种商业模式可持续性评价方法的普适性。

本章的贡献在于从理论层面对商业模式可持续性评价方法做了深入研究，为企业商业模式实践和改善企业绩效提供理论依据，填补了这方面研究的空白。创新点在于探究商业模式可持续性评价方法时，以现有商业模式相关理论和企业可持续发展理论为基础，使本章的研究具有理论依据，更加科学可信。不足之处在于只探讨了商业模式可持续性一个点，没有探讨如何从创新性、效率性等其他方面对商业模式进行评价。

（本章作者：郑森圭，李超，赵子鑫，胡毅，乔晗，汪寿阳）

参 考 文 献

刘力钢. 2001. 企业持续发展论[M]. 北京：经济管理出版社.
芮明杰，吴光飙. 2001. 可持续发展：国有企业战略性改组的目标[J]. 中国工业经济，（3）：48-54.
汪寿阳，敖敬宁，乔晗，等. 2015. 基于知识管理的商业模式冰山理论[J]. 管理评论，（6）：3-10.
汪寿阳，乔晗，胡毅，等. 2016. 商业模式全景图[M]. 北京：科学出版社.
魏炜，朱武祥. 2009. 发现商业模式[M]. 北京：机械工业出版社.
魏炜，朱武祥. 2014. 透析盈利模式[M]. 北京：机械工业出版社.
Osterwalder A, Pigneur Y. 2010. Business Model Generation: A Handbook for Visionaries, Game Changers, and Challengers[M]. Hoboken: John Wiley and Sons.
Timmers P. 1998. Business models for electronic markets[J]. Electronic Markets, 8（2）: 3-84.
Zott C, Amit R. 2010. Business model design: an activity system perspective[J]. Long Range Planning, 43（2）: 216-226.
Zott C, Amit R, Massa L. 2011. The business model: recent developments and future research[J]. Journal of Management, 37（4）: 1019-1042.

第13章

技术进步推动商业模式创新：
以人工智能为例

人工智能商业价值的潜力及其对商业模式的巨大影响已经被广泛认同。本章将商业模式创新划分为价值发现、价值创造、价值实现三个阶段，构建人工智能对商业模式创新的影响分析框架。选取国外最具代表性的多个案例，选取阿里巴巴作为国内典型案例，论证人工智能技术对商业模式创新产生的影响作用；最后对基于人工智能的商业模型创新的类型进行总结，并就我国人工智能产业发展提出政策建议。

13.1 引言

人工智能现已经成为21世纪最受瞩目的技术，尤其是2017年，比以往任何时候都更加深入商业层面和人们生活。很多专家认为，目前已经进入人工智能的春天，人工智能将成为企业发展的强大助力，为企业产生更大的商业价值。但是，目前的人工智能还存在许多有待改进的地方，资本与商业的炒作并不能推动其长远发展，明确商业模式，强化创新，提升自身技术和数据优势才是制胜法宝。

继在2016年8月，人工智能被加入国务院印发的《"十三五"国家科技创新规划》，2017年又被写入《政府工作报告》，这也意味着这一技术在国家政策中的急速奔跑。如果说，两年前的"互联网+"让各行各业因互联网而连接、而提效，也让实体经济真正加入了互联网的基因与思维。那么，如今人工智能时代的到来，则是给保持经济持续增长，并真正助推产业升级的一剂技术猛药。有专家表示，人工智能会给社会带来的改变堪比当年的工业革命或者电力革命，作为新时代的电力，人工智能注定对任何一个行业都会产生巨大的影响（周鸿祎，2016）。

值得注意的是，人工智能发展的突飞猛进不但令大众惊叹科技改变生活的神奇，更引发了人工智能技术将如何推动商业模式创新的进一步思考。由此，本章将从人工智能技术的产生、兴起出发，探析人工智能技术与商业模式创新之间的相互作用关系。

本章余下内容安排如下：13.2 节综述现有商业模式文献；13.3 节回顾人工智能发展历程；13.4 节介绍阿里巴巴的人工智能案例的商业模式创新理论基础与分析框架；13.5 节依据本章提出的商业模式分析框架对案例进行深入分析和讨论；13.6 节总结多案例分析的理论价值、管理启示。

13.2　商业模式文献回顾

由于有关人工智能技术的商业模式文章较少，本章就只对商业模式理论的文章加以综述。学术界关注商业模式时间已久（Jones，1960），最近几年随着新技术的快速发展，"商业模式"这一概念在近十余年间得到了广泛关注。管理大师德鲁克曾说，如今企业之间的竞争，不是产品之间的竞争，而是商业模式之间的竞争。Zott 等（2011）对 1975 年到 2009 年期间发表的商业模式研究文章进行了综述，发现绝大多数商业模式论文发表于商业期刊上而不是学术期刊。现如今，不同领域的学者从多个视角对商业模式进行解读，尚未形成统一的定义，但多数学者都赞同价值是商业模式的核心内容。Chesbrough 和 Rosenbloom（2002）将商业模式描述为"一种有用的框架，用来把商业构想和科技与经济产出联系起来；商业模式的核心包括两个重要部分，即价值创造和价值获取"。Johnson（2010）认为商业模式代表着特定商业为客户和企业自己创造与传递价值。Zott 和 Amit（2009）指出商业模式是以核心企业为中心，各种互相依赖的活动所构成的系统。Afuah 和 Tucci（2001）把商业模式定义为企业利用资源给顾客创造比竞争对手更多的价值，从中赚取利润的方法。Osterwalder 和 Pigneur（2010）认为商业模式是企业如何创造价值、传递价值和获取价值的原理。

在商业模式理论要素构成研究中，学者们从不同视角提炼出了商业模式的关键因素。Osterwalder（2004）提出了九个模块商业模式画布分析方法，为各行业的商业模式创新提供参考；Johnson 等（2008）提出商业模式四要素框架，包括客户价值主张、盈利模式、关键资源、关键流程，并将这四要素继续细分成了 11 个子要素；Itami 和 Nishino（2010）提出了商业模式的双要素模型，认为"盈利模式"+"业务系统"两个要素在商业模式分析中起决定性作用，同时强调组织学习在商业模式中的重要作用。也有一些国内学者对商业模式开展研究，冯蔚东和陈剑（2002）、赵纯均等（2002）针对发达国家出现的虚拟企业进行了研究，并对虚拟企业的商业模式相关的要素进行了分析；李红等（2012）对社交网络商业模式的核心要素进行了深入分析并提出了发展建议；魏炜等（2012）将商业模式定义为利益相关者的交易结构，分解出定位、关键资源能力、业务系统、盈利模式、现金流结构和企业价值六个要素；汪寿阳等（2015，2016）运用系统科学的方法对商业模式进行了分析，提出商业模式冰山理论和商业模式研究的 CET@I 方法论，揭示了商业模式中隐性知识和集成分析的重要性。以上商业模式的文章，为本章分析人工智能技术进步推动企业商业模式创新提供了理论基础。

13.3 人工智能背景

人工智能是研究、开发用于模拟、延伸和扩展人的智能的理论、方法、技术及应用系统的一门新的技术科学，1956 年提出以来，理论和技术日益成熟，应用领域也不断扩大，随机森林、深度学习等技术已经应用于实践。人工智能是对人的意识、思维的信息过程的模拟，人工智能不是人的智能，但能模仿人进行思考，未来也可能超过人的智能。随着技术水平的进步，越来越多的研究者担心这样一个问题，机器人最终会否消灭人类？2004 年 1 月，第一届机器人伦理学国际研讨会在意大利圣雷莫召开，正式提出了"机器人伦理学"这个术语，其研究涉及许多领域，包括机器人学、计算机科学、人工智能、哲学、伦理学、神学、生物学、生理学、认知科学、神经学、法学、社会学、心理学及工业设计等。

自 1956 年达特茅斯会议诞生"人工智能"一词以来，距今已有 60 多年。在这期间，虽然人工智能涉及的不同学科、不同技术发展起起伏伏，但人工智能整体上一直处于不断发展的趋势，如表 13-1 所示。可以说，整个人工智能的发展过程都是在这样的模式之中，不同技术在不同时期扮演着推动人工智能发展的角色。现如今人工智能技术已经在很多领域落地，包括机器视觉、指纹识别、人脸识别、视网膜识别、虹膜识别、掌纹识别、专家系统、自动规划、智能搜索、定理证明、博弈、自动程序设计、智能控制、机器人学、语言和图像理解、遗传编程等。人工智能的快速发展，将如何推动企业商业模式进一步革新？接下来，我们利用多案例分析方法对人工智能引发的商业模式创新进行研究。

表 13-1　人工智能发展历程

年份	人物	事件	意义
1942	艾萨克·阿西莫夫	机器人三定律	成为学术界默认的研发原则
1946	Mauchly 和 Eckert	ENIAC（electronic numerical integrator and computer，电子数字积分计算机，第一台通用计算机）	为 AI 的研究提供了物质基础
1946	John von Neumann	提出冯·诺伊曼架构	计算机发展史上的一个里程碑
1950	Turing	发表《计算机器与智能》	提出了图灵测试
1956	麦卡赛、明斯基、罗切斯特和香农等	达特茅斯会议展开	AI 诞生的标志
1959	德沃尔与英格伯格	第一代机器人出现	诞生了世界上第一家机器人制造工厂
1964	Joseph Weizenbaum	开发了 Eliza 的机器人	实现了计算机与人通过文本进行交流
1965	约翰霍普金斯大学应用物理实验室	研制出 Beast 机器人	兴起研究"有感觉"的机器人
1968	SRI（Stanford Research Institute International，斯坦福国际研究所）	研发机器人 Shakey	首台采用了人工智能学的移动机器人
1978	Hebert A. Simon	获得了诺贝尔经济学奖	"有限理性"理论对人工智能领域的决策和问题解决等程序有着重要的指导意义
1997	Deep Blue（IBM）	国际象棋击败卡斯帕罗夫	
2005	Ray Kurzweil	出版《奇点将至》	2045 年电脑全面超越人脑
2006	G. E. Hinton	发表著作《深层置信网络的快速算法》	提出动态贝叶斯网络神经网络
2006	G. E. Hinton 和 Lecun et al.	提出深度学习概念	
2014	英国皇家学会	机器人首次通过图灵测试	预示着人工智能进入全新时代
2016	AlphaGo（Google DeepMind）	围棋击败李世石	
2017	AlphaGo Zero（Google DeepMind）	围棋击败柯洁	

13.4　商业模式创新理论基础与分析框架

尽管学者对于商业模式的要素构成存在一些不同的意见，但大部分的学者都认同商业模式的核心要素包括产品、供应链、客户和盈利模式，对商业模式的创新大多也是以商业模式构建要素为基础（高闯和关鑫，2006；刘丹等，2014a，2014b）。陈文基等（2011）对商业模式及其创新进行了定义和解析，并将其划分为价值发现、价值创造和价值实现三个部分，认为商业模式创新是一种基于市场环境的反应，价值发现、价值创造和价值实现是商业模式创新的核心逻辑（陈文基等，2011），见图 13-1。

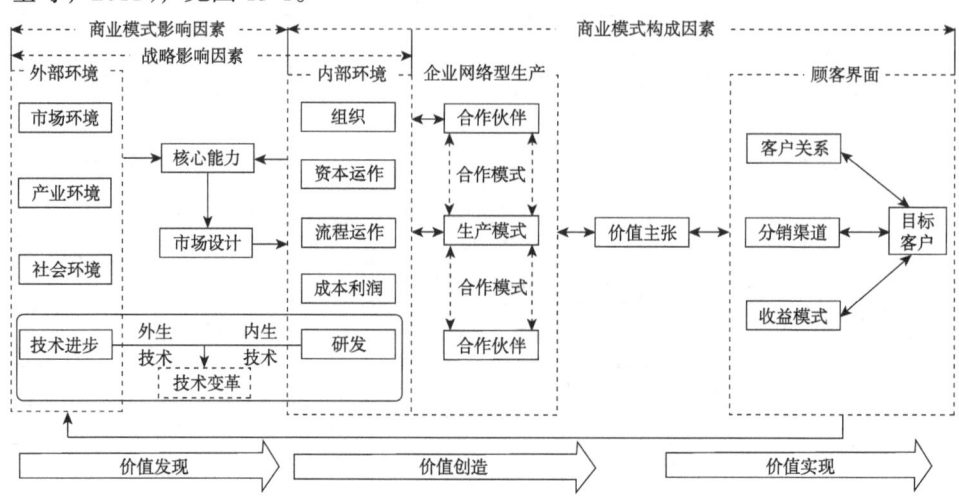

图 13-1　商业模式创新的分析框架

商业模式创新之价值发现创新是指以客户为导向从而获取企业价值活动的相关信息，通常是指市场环境、社会环境、技术等产生变化，导致企业商业模式产生的变化（荆浩和贾建锋，2011；初冬梅，2012）。商业模式创新之价值创造创新是指进行企业生产并创造价值，因为企业的内部环境包括组织、流程运用、成本利润等，以及合作模式、合作伙伴、生产模式的改变而导致的企业商业模式产生的变化（李朝伟，2011；项国鹏和周鹏杰，2011）。商业模式创新之价值实现创新是指创造的价值必须在客户和企业之间进行分配从而实现各自价值。价值实现指的是客户关系、分销渠道、收益模式的变化导致的目标客户的改变进而导致的企业商业模式创新。

人工智能对企业的影响基本包括了从内到外的一系列企业行为，对内可强化内部治理，提升财会业务，加强对产品的功能检测和监视，进行基础研究，对外可提升销售、扩大客户，提升客户服务水平，实现决策自动化，这些作用正是人工智能应用的价值所在。因此，本章认为人工智能可以帮助企业了解外部环境发现客户价值；人工智能可以改变生产模式、合作模式使企业实现价值；人工智能可以改变客户关系、分销渠道、收益模式，帮助企业创造价值，进而引发企业进行商业模式创新。

13.5　多案例分析

本节以多案例分析的方法对人工智能引发的商业模式创新进行研究。由于对人工智能商业模式创新的学术研究成果非常有限,本节案例的选取主要以互联网的相关报道、人工智能相关的专业书籍、行业期刊、重大会议专题报告等为来源,充分获取资料整理而成。

13.5.1 价值发现

利用人工智能技术,企业可全面增强对自身业务的理解,包括全面洞察顾客、竞争对手等,通过监测模型,全面预测风险和机遇,了解企业外部环境,发现客户价值。

创意引晴(Viscovery)是中国最大的人工智能视频广告公司之一,该公司通过人工智能技术对图像视频进行识别、分析,从而达到精准化投放,推动视频广告的投放效率。这一技术革新主要依赖于人工智能技术在图像识别方面的重大突破。目前,Viscovery 是全球唯一能够识别视频中七大内容,包括人脸、图片/商标、文字、声音、动作、物件、场景信息且最快的公司。例如,在一段 15 分钟的视频里,可以打上 2 000 个标签,包括男、女主角出现的时间,品牌出现的时长,画面占比,等等。通过实时的图像识别,对有商业价值的商品进行分析,帮助广告主实现精准投放。Viscovery 公司的人工智能对视频识别的误差已经小于人眼的误差,仅有 3.5% 的误差率,经过测试,内容向关联性的广告投放相比于传统投放整体点击到达率提升 60%,同样的预算产生两倍投资回报率,且用户的关注度、回忆度和好感度都有大幅提升,这样的广告将为品牌建立提供更大价值。

百思买(Best Buy)公司通过与客户互动来获取大量的数据信息,利用人工智能技术来改进营销策略,从而提高销量。过去几年中,百思买为了提高零售店的效益,将几家零售店建成了实验店,以找准每个细分市场真正有意义的价值主张。与此同时,公司收集了 6 000 万个美国家庭的相关数据,利用数据挖掘技术分析影响价值产生变化的主要因素。然后,将分析的结果和实验店的测试结果结合起来,开发出针对每个细分市场的新兴零售店经营模式。公司还根据人工智能技术建立起预测性的分析工具,帮助企业了解客户购买的物品及购买行为的生命周期,促进客户在初次购物之后再次购买其他商品。百思买公司以数据挖掘技术为基础,以客户为中心的经营模式为其带来了极佳的经济收益,针对特殊目标人群建设的新型商店实现的销售额是传统模式的两倍。

美国 Outbrain 公司借助人工智能技术为用户提供个性化的内容推荐服务,Outbrain 会依据读者的兴趣,在文章末尾呈现一系列的推荐阅读内容。个性化的内容推荐服务的最大价值,是自动推送公司计划外,甚至根本不知道的有益内容。这并不难理解,新闻媒体、电商网站现在每天都会根据用户的浏览历史,自动推荐一些其很有可能感兴趣的文章和商品,而这些商品的制造商和作者并不知道。

这极大减轻了营销人员从海量反馈中挑选被推荐者的工作，并且能够保证公司希望传达的信息，会以较高的概率被目标消费群体阅读。目前很多知名媒体网站都是 Outbrain 的用户，包括美国有线电视新闻网（CNN）、娱乐与体育节目电视网（ESPN）、路透社英国（Reuters）、福克斯新闻（Fox News）、卫报（The Guardian）、英国电讯报（The Telegraph）和纽约邮报（New York Post）等。Outbrain 服务的网站超过 10 万家，付费用户近千家。Outbrain 每个月的内容推荐条数超过 2 000 亿条，触达全球 5.61 亿个的独立访客，推荐的内容包括有机和付费推荐。Outbrain 通过赞助内容获得营收。

13.5.2 价值创造

成功的商业模式必须具有价值共赢的特征（陈学猛和丁栋虹，2014）。人工智能技术在帮助企业更深入地研究外部环境的同时，能够促进企业重新审视内部管理流程，引发对企业生产模式、合作模式的改善和创新，达到创新商业模式的目的。

JCPenny 公司是一家服装公司，该公司采用人工智能的数据挖掘分析工具，实现了对企业内部流程的全面提升，包括全面实现价格优化和流程管理，灵活实现即时分析计算，缩短工作周期时间，提高工作质量和预算业务流程的效率，并利用数据挖掘工具灵活调整动态预测信息，将组织货源、定价优化及供应链等环节整合在一起，这种方法使公司的毛利增加了 5 个百分点，将库存周转率提高了 10%，连续 4 年实现了经营收入和可比商店销售额的增长，公司的经营利润也实现了两位数的增长（Friend，2008）。

阿里巴巴公司利用人工智能技术正在大大缩短、简化其内部的业务流程。阿里巴巴计划利用人工智能技术打造一张全国 24 小时可达的智能物流网络，并非仅仅是一个传统的全国物流仓储网络（地网），而是要以互联网的方式来运营基于对交易信息的大数据挖掘结果及云计算的方式，来对物流进行全局智能调控（天网），利用人工智能技术将二网合一。与此同时，阿里巴巴对内开发出"淘数据"的智能应用供内部运营人员使用。对外开发人工智能产品"量子恒道"，为外部商户提供统计分析工具，用于跟踪自有店铺流量、点击、购买等信息的变化，为淘宝卖家提供基础的流量和效果分析及增值服务。

亚马逊（Amazon）通过 20 多年的积累，已经织建了一个通达全球的网络，通过遍布全球的 109 个运营中心，可到达 185 个国家和地区。在中国，亚马逊有 13 个运营中心，近 300 多条干线运输线路，可向 1 400 多个区县的消费者提供当日达、次日达服务。这样的规模，足以让亚马逊跻身世界一流物流企业。亚马逊也开创了一整套以高科技技术为支撑的电商仓储物流的模式，是在业内率先使用了大数据、人工智能和云技术进行仓储物流的管理。创新地推出预测性调拨、跨区域配送、跨国境配送等服务，不断给全球电商和物流行业带来惊喜。Kiva 机器人大大提升了亚马逊的物流系统，时至今日亚马逊机器人数量已经超过 10 000 台，用于北美的各大运转中心。Kiva 系统作业效率要比传统的物流作业提升 2~4 倍，机器人每小时可跑 30 英里，准确率达到 99.99%。机器人作业颠覆传统电商物流中心作业"人找货、人找货位"模式，通过作业计划调动机器人，实现"货找人、货位找人"的模式，整个物流中心库区无人化，各个库位在 Kiva 机器人驱动下自动排序到作业岗位。

13.5.3 价值实现

为了应对人工智能引发的动态竞争环境，企业需要将创业精神转化为灵活的战略行动，使得企业实现既定目标和卓越的绩效，从而提升企业的动态能力。在此背景下，不少企业通过直接向客户提供人工智能产品或服务来实现创新的商业价值。

Netflix 是一家提供影片租赁业务的互联网公司，该公司通过收集有关客户的结构化与非结构化数据，利用机器学习的算法，进行精准的影片推荐预测分析。顾客每个月支付固定的费用，在互联网上订阅自己喜欢的影片，Netflix 通过美国的邮政网络将碟片寄送给客户。基于顾客产生的海量的数据，Netflix 有一个专有的影片推荐引擎 Cinematch。Netflix 为影片分类，分析客户的评价，分析客户的网页浏览行为，根据分析结果 Netflix 为每个访问网站的顾客展现个性化的网页，基于人工智能技术的精准分析能够确保 Netflix 推荐给顾客的影片的确是他们喜欢看的。数据显示，顾客租赁影片中的 2/3 都是由 Netflix 推荐的，顾客满意度得到显著提升（McGregor，2005）。

谷歌（Google）从几年前开始，利用他们的语音识别技术，在 YouTube 上提供实时的自动字幕（automatic captions）功能，让用户可以在避免干扰到他人以不开启喇叭的状况下，观赏网络上成千上万的各种影片内容。YouTube 调用 Google 的自动语音识别技术给 YouTube 视频加入字幕，这个技术来自 Google Voice。当然生成的字幕不可能 100%准确，但起码可以帮助用户提高听力来理解视频内容，而且 Google 是会一直改进自动语音识别技术的。这项技术支持英语、日语、韩语、西班牙语、德语、意大利语、法语、葡萄牙语、俄语、荷兰语的自动字幕。除了自动字幕功能以外，YouTube 还针对给视频制作字幕的朋友添加了字幕时间和自动时间的功能，使大家可以更轻松的自己动手做字幕。只需要创建一个简单的文本文件，里面写上所有视频里说的单词，然后 Google 利用自动语音识别技术可以将文本里的这些话与自己识别出的话做对应，这样准确率就提高了，而且还不必花太多时间去一句一句的配字幕。

Farecast 是一家新兴的人工智能应用公司，主要利用机器学习工具预测机票走势，为消费者搜索各家航空公司的最低票价，还能帮助消费者预测未来一段时间票价将上涨还是下跌。消费者根据 Farecast.com 给出的预测决定现在买机票或是在将来用更低的价格购票。Farecast 的预测是基于互联网海量数据做出的，它容量超过 5 万亿字节的数据库中存有超过 500 亿条从 ITA Software（一家专门从事价格数据销售的公司）购得的数据。Farecast 应用了超过 115 个每天更新的变量对每条航线的价格做出新的预测，不仅分析历史的价格模式，也考虑了诸如航空燃油价格、天气等其他能够影响票价的因素，甚至会考虑都有哪些运动员参加"超级碗比赛"这些信息。据称 Farecast 的预测准确率能达到 75%，并基于该预测推出一项叫作 Fare Guard 机票价格保险服务。例如，消费者可以付 10 美元"锁定"一张现在价格是 300 美元而 Farecast 预测一周内价格将要下跌或持平的机票。在一周内不论什么原因这张机票价格上涨了，而乘客不得不购票，Farecast.com 为购买保险的消费者补偿购票时实际支付的机票价格与 300 美元"锁定"价格之间的差价。

13.6 管理启示与建议

在人工智能平台化的趋势下，由此引发的新型商业模式基本可分为以下四类：

（1）全产业链生态+场景应用。例如，谷歌、百度和 Facebook 等这类公司。关键成功因素：大量计算能力投入，积累海量优质多维数据，建立算法平台、通用技术平台和应用平台，以场景应用为入口，积累用户。

（2）技术算法创新+场景应用。关键成功因素：深耕算法和通用技术，建立技术优势，同时以场景应用为入口，积累用户。

（3）聚焦场景应用。关键成功因素：掌握细分市场数据，选择合适的场景构建应用，建立大量多维度的场景应用，抓住用户；同时，与互联网公司合作，有效结合传统商业模式和人工智能。

（4）杀手级应用+逐渐构建垂直领域生态。关键成功因素：在应用较广泛且有海量数据的场景能率先推出杀手级应用，从而积累用户，成为该垂直行业的主导者；通过积累海量数据，逐步向应用平台、通用技术、基础算法拓展。

虽然现在国内各行各业已经逐渐开始展开对人工智能的应用，但是总的来说，国内的人工智能应用仍旧处于摸索和试点阶段，尤其是传统行业。因此，本节就如何发展我国人工智能产业，提高企业竞争力，提出几点政策建议：

（1）人工智能时代，企业竞争优势转变为算法和数据资产，建立学习网络和数据生态，全方位洞察消费者，通过人工智能不断地学习产生新的知识，同时在数据驱动下，进行即时自动决策。

（2）加快培养人工智能产业人才，才能帮助企业充分利用这个大机遇创造企业价值。

（3）利用人工智能构建新的竞争优势，传统企业需要携手互联网企业，探索新的商业模式。

（本章作者：孙少龙，胡毅，乔晗，汪寿阳）

参 考 文 献

陈文基. 2012. 商业模式研究及其在业务系统设计中的应用. 北京邮电大学博士学位论文.
陈文基，忻展红，申志伟. 2011. 基于经典扎根理论的商业模式研究[J]. 北京邮电大学学报（社会科学版），13（3）：81-88.
陈学猛，丁栋虹. 2014. 国外商业模式研究的价值共赢性特征综述[J]. 中国科技论坛，（2）：143-149.
初冬梅. 2012. 我国连锁超市商业模式创新研究. 中国海洋大学硕士学位论文.
冯蔚东，陈剑. 2002. 虚拟企业中伙伴收益分配比例的确定[J]. 系统工程理论与实践，22（4）：46-49.
高闯，关鑫. 2006. 企业商业模式创新的实现方式与演进机理——一种基于价值链创新的理论解释[J]. 中国工业经济，（11）：83-90.
荆浩，贾建锋. 2011. 中小企业动态商业模式创新——基于创业板立思辰的案例研究[J]. 科学学与科学技术管理，32（1）：67-72.
李朝伟. 2011. 企业商业模式创新研究——以联想为例. 北京交通大学硕士学位论文.
李红，吕本富，申爱华. 2012. SNS 网站竞争生存及商业模式创新的关键因素实证研究[J]. 管理评论，24（8）：79-87.
刘丹，曹建彤，王璐. 2014a. 基于大数据的商业模式创新研究——以国家电网为例[J]. 当代经济管理，36（6）：20-26.
刘丹，曹建彤，王璐. 2014b. 大数据对商业模式创新影响的案例分析[J]. 创新与创业管理，27（1）：21-25.
汪寿阳，敖敬宁，乔晗，等. 2015. 基于知识管理的商业模式冰山理论[J]. 管理评论，27（6）：3-10.
汪寿阳，乔晗，胡毅，等. 2016. 商业模式全景图[M]. 北京：科学出版社.
魏炜，朱武祥，林桂平. 2012. 基于利益相关者交易结构的商业模式理论[J]. 管理世界，28（12）：125-131.
项国鹏，周鹏杰. 2011. 商业模式创新：国外文献综述及分析框架构建[J]. 商业研究，（4）：84-89.
赵纯均，陈剑，冯蔚东. 2002. 虚拟企业及其构建研究[J]. 系统工程理论与实践，22（10）：49-55.
周鸿祎. 2016. 人工智能将走向何方?[J]. 商业观察，（11）：18-20.
Afuah A，Tucci C L. 2001. Internet Business Models and Strategies：Text and Cases[M]. Boston：

McGraw-Hill.

Chesbrough H. 2006. Open Business Models: How to Thrive in the New Innovation Landscape[M]. Boston: Harvard Business School Press.

Chesbrough H, Rosenbloom R. 2002. The role of the business model in capturing value from innovation: evidence from Xerox corporation's technology spin-off companies[J]. Industrial & Corporate Change, 11 (3): 529-555.

Friend S. 2008. Changing the game: new strategies for merchandising innovation[R]. Retail Info Systems News.

Itami H, Nishino K. 2010. Killing two birds with one stone: profit for now and learning for the future[J]. Long Range Planning, 43 (2): 364-369.

Johnson M W. 2010. Seizing the White Space: Business Model Innovation for Growth and Renewal[M]. Boston: Harvard Business School Press.

Johnson M W, Christensen C M, Kagermann H. 2008. Reinventing your business model[J]. Harvard Business Review, 86 (12): 57-68.

Jones G M. 1960. Educators, electrons, and business models: a problem in synthesis[J]. Accounting Review, 35 (4): 619-626.

McGregor J. 2005. At Netflix, the secret sauce is software[J]. Fast Company, December: 48-51.

Osterwalder A. 2004. The business model ontology: a proposition in a design science approach[R]. University of Lausanne Doctoral Dissertation.

Osterwalder A, Pigneur Y. 2010. Business Model Generation: A Handbook for Visionaries, Game Changers, and Challengers[M]. Hoboken: John Wiley & Sons.

Zott C, Amit R. 2009. Business model design: an activity system perspective[J]. Long Range Planning, 43 (2): 216-226.

Zott C, Amit R, Massa L. 2011. The business model: recent developments and future research[J]. Journal of management, 37 (4): 1019-1042.

第14章

跑腿行业商业模式分析：以 TaskRabbit 为例

在共享经济和懒人经济的风潮下，新兴的跑腿行业逐渐走进大众的生活，但跑腿行业发展慢且存在一定的瓶颈。TaskRabbit 可以说是跑腿行业的鼻祖，本章主要基于商业模式 PNMP-CET@I 分析方法对 TaskRabbit 商业模式进行探究，总结其成功的优势在于：①公司成立的外部环境优势，外部环境是显性知识确定的基石。②完善信任机制的建立，这是我国跑腿行业面临的最大难点。③企业对技术的重视和应用。TaskRabbit 对我国跑腿行业的发展有极大的借鉴意义和启示，但我国独特的社区文化和生活环境迫使企业有所突破创新，不可完全照搬。

14.1 引言

近年来，共享经济模式席卷全球。共享经济是以互联网技术发展为基石，高效匹配整合闲置资源，充分发挥产品的实用价值，降低消费者成本，颠覆传统企业的新兴商业模式。虽然发展才短短几年，但已渗透到各个行业和细分市场，从方方面面改变人们的生活。据初步统计，2015 年共享经济在全球市场的交易规模达到 8 100 亿美元。优步中国，Airbnb 等共享经济的典型代表也逐渐被大家熟知，开始了全球的扩张之路。而随着经济的发展，社会分工的细化，服务业在分享经济和懒人经济的风潮下不断创新，分享劳动力和私人零散时间的跑腿行业应运而生。

跑腿行业业务范围广泛，既包括餐饮、外卖等生活方面的服务，也包括文件代送、鲜花速递等商务方面,此外,随着生活节奏的加快,个人时间的压缩,找人代劳的需求日益多元化,力所不能及的、无法抽身的、人手不够的,只要你有需求的,跑腿行业都会有偿帮你解决,跑腿行业旨在为客户提供生活的便捷,解决客户各种各样的烦恼,因此受到广泛的欢迎。潜在的商机催生了很多同城随叫随到的服务平台,如58到家、帮圈、您说我办等,但在我国市场,这些平台发展都存在一定的瓶颈,也没有形成行业的巨头企业。相比之下,跑腿行业的先驱,TaskRabbit 却在美国迅猛发展,受到大家的追捧,被称为现实世界劳动力买卖的eBay,被纽约时报称赞为科技界的大创新。TaskRabbit 为什么能独树一帜,做得如此成功?本章从商业模式的角度出发,对这一问题进行探究。本章余下部分如下:第二部分为跑腿行业背景介绍,第三部分为商业模式分析框架,第四部分为TaskRabbit 商业模式分析,第五部分总结得出结论。

14.2 背景介绍

14.2.1 跑腿行业

跑腿行业的兴起是由"懒人经济"的进一步催化产生,同时也是社会分工日益精细,大众服务业高度发展的必然结果。跑腿行业一般依托于互联网技术平台的搭建,通过平台联系需求和供给方,消除信息的不对称性,服务主要以中短途、双方对接为主,受众人群主要为大学生和企业白领等,存在一定的市场需求,行业发展前景很被看好。但现阶段行业发展面临一些问题:首先,订单不稳定,新客户挖掘难,客户黏性较差,在越来越多竞争者进入行业后,同行的恶意压价让这一问题越发严重,生意越来越难做。其次,跑腿行业多是双方协议,有时甚至是口头协议为主,缺乏平台的担保,双方的诚信很难得到保障。再次,行业的一大痛点就是定位技术发展有所欠缺,地理位置的不精确造成很多困难,也给资源的配置加大了难度,人员协调等问题突出。最后,由于跑腿行业的新兴性,市场的不规范问题突出,复杂的市场环境中,需要行业立标建制,严格管理,减少不公平竞争,规范行业发展。

现阶段,中国市场上跑腿公司百花齐放,大大小小的公司,如58同城、快服务、帮圈、您说我办等层出不穷,还有专门针对高校群体的校园跑腿,但企业生存周期普遍较短,公司运营举步维艰。跑腿公司普遍处于摸石头过河的初探阶段,技术问题、资源调度问题、定价等方面都存在诸多难点,行业发展缓慢,也急需借鉴一些国外优秀企业的经验。

14.2.2 TaskRabbit

TaskRabbit 是跑腿行业的鼻祖，也是行业的领跑者。TaskRabbit 是一个任务发布和认领形式的社区网站，其理念是：花一点儿钱，让同一座城市中的热心网友帮你做事。它将任务发布者 TaskPosters 和任务兔子 TaskRabbits 联系到一起，前者需要帮助，详细描述自身需求；后者是由通过审核和背景调查的个人组成的一个网络，这些人具备完成任务所需的时间和能力，任务兔子在完成领取的任务后可以获得一定的报酬。任务兔子中最多的是那些有空闲时间和技能的退休者，全职爸爸、妈妈等，失业的服务员、艺术家及降薪的人也都是不错的任务兔子。TaskRabbit 的创立者是 Leah Busque，Busque 2001 年毕业于 Sweet Briar College（甜蔷薇学院），获得数学和计算机科学学士学位，为了创业她辞掉 IBM 的工作，TaskRabbit 改变了人们的工作愿景，Busque 也因此被评为"商界 100 个最具创意的人物"，她的成就被列入华尔街日报等。

TaskRabbit 在 2008 年成立于波士顿，前身为 RunMyErrand，首批正式员工只有 2 人，跑腿者约有 100 名，2010 年 4 月正式更名为 TaskRabbit。近几年，公司先后完成多轮融资，不断发展壮大，2012 年，每月业务达到 400 万美元。截至 2016 年，业务覆盖 18 个美国城市及伦敦——第一个国际市场。TaskRabbit 一直保持着良好稳定的发展势头，积累了稳定的客户群体，良好的口碑，虽然如今未进入中国，但其发展对于国内跑腿行业意义重大。

14.3 商业模式分析框架

14.3.1 商业模式综述

管理人师德鲁克曾说，如今企业之间的竞争，不是产品之间的竞争，而是商业模式之间的竞争。国内外学者对于商业模式的研究最早可以追溯到 20 世纪，不同的学者研究视角各异，所以商业模式的定义至今没有达成统一。Stewart 和 Zhao（2000）认为商业模式是企业能够获得并且保持其收益流的逻辑陈述。Afuah 和 Tucci(2001)把商业模式定义为企业利用资源给顾客创造比竞争对手更多的价值，从中赚取利润的方法。Casadesus-Masanell 和 Ricart（2010）研究了商业模式与企业战略之间的关系，认为商业模式是企业已实现战略的反映。Zott 和 Amit（2010）认为商业模式正在成为一个新的分析单元，商业模式强调系统性、整体性的商业运作，旨在解释企业如何创造和获取价值。Rappa（2000）则认为商业模式的最根本内涵是企业为了自我维持，也就是赚取利润而经营商业的方法。学者们还提出了诸多商业模式的分析框架，最为广泛接受的理论有 Osterwalder（2004）提出的商业模式九要素画布理论，描述了企业如何创造价值、传递价值和获取价值的基本原理；魏炜和朱武祥（2009）将商业模式定义为利益相关者的交易结构，并提出了包括定位、关键资源能力、业务系统、盈利模式、现金流结构和企业价值的商业模式六要素模型。

14.3.2 商业模式 PNMP-CET@I 分析框架

商业模式 PNMP 分析框架是由李超等（2018）在商业模式冰山理论和 CET@I 方法论的基础上提出的分析框架。商业模式冰山理论开创性地解释了为什么一些企业商业模式的成功难以被复制的难题。汪寿阳等（2015）在 2015 年基于知识管理和系统工程的思想，提出商业模式冰山理论和商业模式研究的 CET@I 方法论（图 14-1）。商业模式冰山理论指出商业模式具有易于分析的显性知识和难于分析的隐性知识，其中显性知识可以用商业画布等框架进行分析，隐性知识可以用 CET@I 方法论进行研究，从行业类别（category）、地域环境（environment）和科技水平（technology）三个维度进行分解，再与显性知识进行合成。商业模式冰山理论界定并分离相关要素概念，从不同角度、全面地了解一个组织的商业模式成功或不可复制的原因，避免了研究者和组织内外部的观察分析者在主观上对特定组织商业模式的感知存在差异，同时强调了环境对商业模式形成和变化具有重要影响。

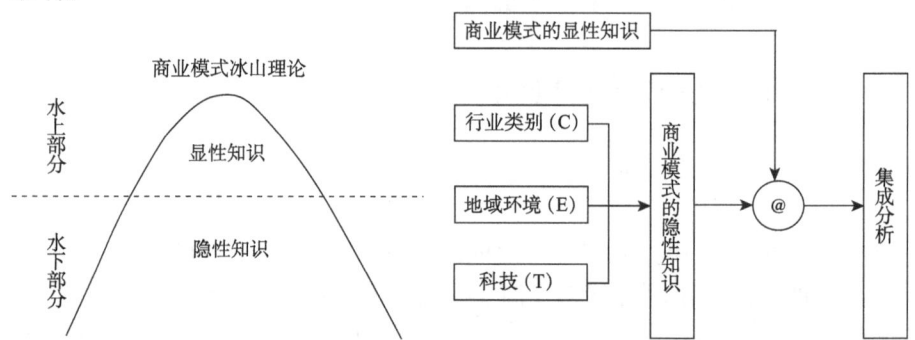

图 14-1 商业模式冰山理论（左）和 CET@I 方法论框架图（右）

在冰山理论的基础上，李超等（2018）认为商业模式是反复设计的过程，企业最初设计的商业模式，往往受到客观市场环境的影响，推动企业进行商业模式创新进而改变主观决策，这也是商业模式再设计的一个过程，如此反复，最终企业会设计出一个适合自身发展要求的商业模式，提出了商业模式 PNMP 分析框架，包括价值主张、价值网络、市场环境和效果评价（图 14-2）。价值主张是商业模式设计的起点，是企业实现长期盈利的基础。价值网络是商业模式设计的主体，包括业务系统、盈利模式和核心竞争力。市场环境是影响企业商业模式效果的外部因素，也是商业模式创新的动力来源。效果评价是判断一个商业模式优劣的标准，对价值网络和价值主张具有反馈作用，效果评价赋予企业创新的动力，使得企业主动调整价值主张和价值网络，这也是商业模式再设计的一个过程。然后，价值网络和市场环境共同影响效果评价，如此反复，企业最终设计出适合自己的最优的商业模式。

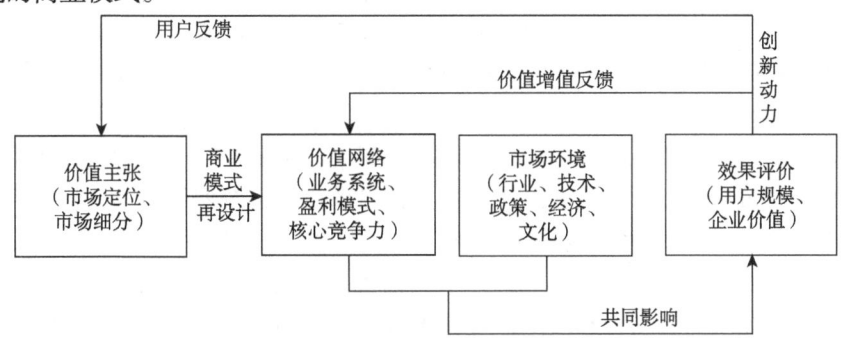

图 14-2 商业模式 PNMP 分析框架

此外，在商业模式冰山理论和 CET@I 方法论的基础上，李超等（2018）将 CET@I 方法论嵌入 PNMP 分析框架中来构建一个更为完整的 PNMP-CET@I 商业模式分析方法（图 11-2）。该方法把价值主张和价值网络看作冰上显性知识部分，把复杂多变的市场环境看作冰下隐性知识部分，通过对显性、隐性知识的集成分析得出商业模式的效果评价，效果评价进一步对显性知识有一个反馈作用，进而推动企业不断创新和调整商业模式，如此反复，最终企业找到适合自身发展需要的商业模式。

本章认为 PNMP-CET@I 分析方法不仅可以从全局把握商业模式特征，同时可以解释商业模式无法复制，以及同一个企业可以具有不同商业模式的原因，在商业模式分析的全面性、准确性、动态性等角度都存在一定的优势。

14.4　TaskRabbit 商业模式分析

本节结合商业模式 PNMP-CET@I 分析框架，深入探讨分析 TaskRabbit 的商业模式，并结合我国跑腿行业的现状，进行比对分析 TaskRabbit 成功的优势何在，以及对我国行业发展可借鉴的经验与启示。

14.4.1　TaskRabbit 的显性知识分析

显性知识的分析主要从价值主张和价值网络两个维度进行展开。

（1）价值主张分析。

市场定位。以互联网技术为基础，依托在线和移动市场，解放全民生产力的C2C服务平台，主要提供以"跑腿"为核心的代买服务、送修服务、送取服务、排队服务，以及费用代缴服务等。一方面需要服务的人可通过应用找到靠谱的人来解决问题，另一方面提供服务的人可利用业余时间通过软件接单赚钱。

市场细分。TaskRabbit的目标客户群为没有空闲时间或需要临时帮助且愿意付费的人；有空闲时间、有一些技能、没有固定的工作或者想做兼职来赚钱的人。

（2）价值网络分析。

业务系统。TaskRabbit的业务系统比较简单，主要有三个要素，即雇用者、发布平台及被雇用者。通过P2P平台的方式试图颠覆传统雇佣模式，将同一个地区的招工者、跑腿者和任务联结，交易"劳动力"并实现线上结算。有人将TaskRabbit比作劳动力市场的eBay，不同的是前者交易的不是实实在在的商品，而后者是跑腿者的劳动力和时间。这样来看，TaskRabbit似乎与诸多跑腿企业无异，实则不然。美国的临时劳动力市场价值每年大约230亿美元，对于TaskRabbit来说是一个不容忽视的数字。在TaskRabbit往年经手的任务中，约有35%是由企业发起，TaskRabbit看到了这个趋势，将目光从个人业务延伸至企业的临时工招聘。为了专门挖掘企业用户，2013年3月，TaskRabbit推出了一个新的"TaskRabbit业务"工具，允许企业从TaskRabbit用户中雇用临时工，"企业版TaskRabbit"上线之后，立即成为公司增长最快的业务，三个月之内已有超过16 000家企业注册。小公司发布的任务已经占到TaskRabbit整体业务的30%。随着业务的快速发展和用户群数量的提高，TaskRabbit正在调整运营方向，将注意力聚焦在主要的商业机会上，包括公司的移动应用、地域拓展、企业服务和市场活动。

盈利模式。TaskRabbit的收入主要来源于佣金提成。每个个人项目完成，TaskRabbit会收取佣金的12%~30%作为服务费，佣金依据任务的不同也有差别。而企业的项目完成平台一般收取26%的佣金。此外，TaskRabbit也会与一些企业合作，推出一些活动，如曾与可口可乐公司、百事可乐公司联手推出"为你服务一小时"的优惠活动。只要喝新产品Pepsi Next就有机会得到神奇的一小时，消费者可以在线上选择想让他人代劳的任务，类似排队、打扫卫生、拿回送去干洗店的衣服等。活动的举办会给企业带来一定的增收，但是其宣传效应往往给企业带来更多的隐性获利。

关键资源能力。关键资源能力是企业运营的核心，也是支撑企业竞争优势的核心。对于跑腿行业这种模式相对单一的行业，其关键资源能力是区别企业差异的关键因素，也直接影响企业的发展状况。TaskRabbit的关键资源能力主要是其信任机制的建立，以及口碑效应的积聚。而信任机制是跑腿行业的痛点之一，信任问题得不到良好的解决，企业不能有长远的发展；口碑效应的建立，能解决客户发掘难，客户黏性低的行业痛点。

信任机制针对不同的对象有不同的机制。任务方的机制主要为三点：①合不合法：中间人（TaskRabbit）对每个注册的工作方都进行了必要的身份验证及备案，提高工作方违法、违约成本；②能不能干：中间人（TaskRabbit）对工作方注册的服务领域进行必要审核（电话或当面），如是否有必要设备、技能具备年限等；③干得好不好：有效用户评价。另外，干的过程中任务方可以通过中间人随时换人。而完成任务方的信任机制主要为以下两点：①任务方的钱是通过信用卡预付给任务兔子（TaskRabbit）的，完成任务工钱自动到账。即使遇到问题任务兔子（TaskRabbit）会参与解决。只要不是自身问题，基本都能拿到辛苦钱。②对于工作方的安全问题，任务兔子（TaskRabbit）做的或能做的有限：在订单中有地理位置信息，有信用卡、订单确认及聊天记录用以实时追查。最主要的可能还是要靠自己，发现有问题可以拒绝订单并随时跑路。以上信任机制的设立，能解决大部分跑腿行业中潜在的信任问题。且信任机制越早完善，对于企业的发展越有利。但现阶段，国内的跑腿公司均缺乏一个良好信任问题的解决方案，诸多意外的问题给企业带来层层阻碍，严重的甚至导致企业倒闭。

除了以上机制以外，TaskRabbit 的登录需要 Facebook 等成熟的社区账号，国外的个人信用体系更加完善，也一定程度缓解了这个问题。与相关社区账号的联立关系还推动了口碑效应的积累，良好的服务体验可以与社区好友分享，TaskRabbit 逐渐取得了人们的信任，牢固地占据市场，形成绝对优势。在口碑积聚方面，除了社区效应外，TaskRabbit 还有自己独特的方式，TaskRabbit 从不专门打广告，而是通过与其他企业一起举办活动的方式进行宣传，每一次成功的活动举办，不仅达到了宣传的目的，还节约了广告费用。

14.4.2　TaskRabbit 的隐性知识分析

隐性知识的分析可以解决商业模式为什么不能复制的原因，主要从外部市场环境展开分析。

行业类别。跑腿行业是"协作性生活方式"衍生出的，在这种模式下，人们共享相投的兴趣，在非有形资产方面互相帮助，如金钱、空间或时间。这种共享模式多数通过数字技术实现。任务发布平台的跑腿概念并不新鲜，但大多数网站要么只专注于 IT 外包、文本翻译等服务，要么只面向企业市场，使用起来也十分不便。TaskRabbit 更加注重本地化，更加贴近日常生活，也涵盖日常的方方面面，直接连接供需端，或许这就是它获得投资者青睐的关键要素。

地域环境。2008 年经济危机为美国带来了较高的失业率，同时也催生出 TaskRabbit 这样的雇佣服务网站，可以说这是一个顺时而生的企业。在高失业的时期，一个平台为大家提供了更多的就业机会，让更多人有机会解决生活的燃眉之急，同样，高失业的时期，也给企业提供了很多参与者，任务兔子的供给端也有较高的人群基础。

再从需求端来看，快节奏、高强度的工作、生活节奏本就是行业发展的土壤，而美国这一市场又有其独特性，各项生活服务分布分散，距离、时间等问题导致"跑腿"业务需求更大。可以说，TaskRabbit 的成立和发展是结合天时、地利等有利因素顺势而为的成果。

科技分析。互联网和移动互联网的发展无疑是 TaskRabbit 发展的基石。公司平台初期依靠官网完成预约，随着移动端的发展，相继推出手机移动端 APP，还专门制定了企业版。企业非常注重技术的应用，核心团队大多来自谷歌、IBM 等硅谷公司，团队技术水平非常高。

14.4.3　TaskRabbit 的商业模式集成分析

在进行商业模式显性知识和隐性知识分析之后，基于分解再集成的思想，对显性、隐性知识进行集成分析，从效果评价的维度得出商业模式的优劣。

从企业规模来看，TaskRabbit 处于跑腿行业的领先地位，并形成了稳定的用户群体和口碑效应，在美国被广泛应用，有些用户甚至选择将任务兔子作为自己的职业，TaskRabbit 的全球布局也在逐步展开。从企业的价值来看，TaskRabbit 不仅缓解了美国的就业问题，给每个人提供利用闲散时间赚钱的机会，也真正给人们的生活带来了一定的便利，甚至解决一些燃眉之急。综合来看，TaskRabbit 的商业模式是非常成功的，在现如今共享经济和懒人经济盛行的时代，TaskRabbit 在已有的绝对优势下，会发展得越来越好，改变人们对于工作的愿景。

综合来看，本章认为 TaskRabbit 的成功有以下优势：首先，公司成立的时间正是美国经济危机之时，在高失业率的情况下，TaskRabbit 正好提供了就业机会，大量的用户是其发展的基石，这一特殊的外部环境为企业的成功提供了机会，也是其他企业难以复制效仿的；其次，完善的机制建立是关键，TaskRabbit 抓住了行业的痛点，并设计、完善信任机制，在机制的保证下，客户黏性得到保障，企业才能走上良性循环发展的正轨；最后，本章认为，公司对于科技的重视和应用也是一大优势，团队成员多来自技术领域，程序设计、定位问题等良好的解决都保证了 TaskRabbit 的每一个项目的完成，此外，对于数据分析的依赖，有利于企业了解现状和发现问题，并挖掘潜在的商机。

14.5 结论

本章基于商业模式 PNMP-CET@I 分析框架，从显性知识和隐性知识两个方面对 TaskRabbit 进行分析，最后通过效果评价集成分析并总结 TaskRabbit 的优势所在，从研究分析可以看到外部环境对于商业模式的形成有着至关重要的影响，是确立商业模式显性知识的基础，也是商业模式不可复制的关键。

另外，我国跑腿行业正处在发展初期，存在很多的问题，主要集中在以下几点：①行业的信任机制普遍没有得到有效的建立，导致客户开发难，维持难；②国内企业模式普遍简单不完善，甚至缺少一些基本技术的引进，行业效率低下，用户体验差。TaskRabbit 的发展经验及其主要的优势对于国内行业意义重大。但国内环境与美国差异巨大，我国虽然一直在呼吁解决"最后一公里"等问题存在一定的需求，成熟的社区文化，以及便利的生活环境大大降低了跑腿的刚性需求，国内的竞争者也层出不穷，想在行业内脱颖而出更加难上加难，国内企业需要结合我国的特殊性有所创新，不可完全照搬借鉴。

（本章作者：樊梦真，王玖玮，谭蔡林，胡毅，乔晗，汪寿阳）

参 考 文 献

李超，郑森圭，丁雪辰，等. 2018. 商业模式 PNMP-CET@I 反馈调节分析模型：蚂蚁金服案例[J]. 系统工程理论与实践，38（6）：1413-1421.

汪寿阳，敖敬宁，乔晗，等. 2015. 基于知识管理的商业模式冰山理论[J]. 管理评论，27（6）：3-10.

魏炜，朱武祥. 2009. 发现商业模式[M]. 北京：机械工业出版社.

Afuah A, Tucci C. 2001. Internet Business Models and Strategies: Text and Cases[M]. Boston: McGraw-Hill/ Irwin.

Amit R, Zott C. 2001. Value creation in e-business[J]. Strategic Management Journal, 22 (6~7): 493-520.

Casadesus-Masanell R, Ricart J E. 2010. From strategy to business models and onto tactics[J]. Long Range Planning, 43 (2): 195-215.

Osterwalder A. 2004. The business model ontology: a proposition in a design science approach[D].

Rappa M. 2000-07-01. Managing the digital enterprise business models on the Web[EB/OL].

Stewart D W, Zhao Q. 2000. Internet marketing, business models, and public policy[J]. Journal of Public Policy & Marketing, 19 (2): 287-296.

Zott C, Amit R. 2010. Business model design: an activity system perspective[J]. Long Range Planning, 43 (2): 216-226.

第15章

企业边界与商业模式创新：基于多案例研究的发现

本章基于对阿里巴巴等企业商业模式的详细研究，分析企业边界扩张的方式对商业模式创新的重要启示意义。研究表明，企业边界的扩张具体可以从剩余价值分配关系和业务关系两个维度考虑，这为企业商业模式的设计和创新提供良好实践指导；并进一步得出企业边界取决于企业现金流的充裕程度和企业核心模块的适应能力。

15.1 引言

2014年9月20号，阿里巴巴在纽约交易所上市，以当日收盘市值2 314亿美元计算，阿里巴巴超越Facebook、IBM、甲骨文、亚马逊等公司，仅次于苹果、谷歌和微软，成为全球第四大高科技公司和全球第二大互联网公司。如今的阿里巴巴集团旗下有淘宝、天猫、阿里妈妈、菜鸟网络、阿里云、蚂蚁金服、口碑网等公司，其业务涉及电商、企业服务、物流、金融服务、本地生活服务各个方面，几乎融入了我们生活的方方面面。

优步中国由加利福尼亚大学洛杉矶分校辍学生特拉维斯·卡兰尼克和好友加雷特·坎普于2009年创立。2010年下半年，优步中国获得加州硅谷一群超级天使投资者的创业投资资金挹注。2011年下半年，优步中国再次从多位投资者处获得了3 200万美元的资金，投资者包括高盛、Menlo Ventures和杰佛瑞·贝佐斯等，这让优步中国获得的总创投资金达到4 950万美元。2014年6月，优步中国宣布在新一回的募资活动中获得 12 亿美元的投资，公司约价值 182 亿美元。2016 年 6 月 2 日，优步中国宣布获得沙特主权财富基金 35 亿美元投资，G 轮融资前估值 625 亿美元。短短 7 年时间成为全球的科技巨头公司。

从阿里的发展我们可以看到，阿里不断"入侵"新的领域，与我们的生活联系程度越来越紧密，那么阿里的发展模式是否有边界呢？对于新兴的科技巨头优步中国来说，与传统的出租车业务不同，优步中国公司本身并不拥有车辆，司机和公司也不具有从属关系，而是一种业务关系。优步中国运用业务关系取代传统的公司治理关系，使得企业边界得到了扩张，成为一家服务全球的公司。

通过以上两个案例，我们发现企业的商业模式设计对企业边界和公司发展具有重要的影响。因此，本章旨在探讨企业边界扩张背后隐藏的逻辑，为企业商业模式分析和设计提供新的视角，为商业模式创新提供新的思路。

本章主要从以下几方面展开：首先是理论回顾，探究企业边界和商业模式的相关理论；其次是研究设计，旨在说明研究方法和案例的选择；再次是案例分析及讨论；最后得出相关启示。

15.2　理论回顾

15.2.1　企业边界

明确的企业边界是企业组织结构的基本特征之一，是一个非常重要的管理概念。企业边界是指企业以其核心能力为基础，在与市场的相互作用过程中形成的经营范围和经营规模，其决定因素是经营效率。因此本章所指的企业边界是从两方面来考量的，一是纵向的企业边界，考虑企业的经营范围，确定了企业和市场的界限，决定了哪些经营活动由企业自身来完成，哪些经营活动应该通过市场手段来完成；二是横向的企业边界，考虑企业的经营规模，是指在经营范围确定的条件下，企业能以多大的规模进行生产经营。

对于企业边界的探讨最早可以追溯到钱德勒，钱德勒虽然没有明确提出企业边界的概念，但是他从大量实证材料的研究中发现最终决定企业规模的是效率。当企业规模边界的扩张不能产生效率时，企业应停止扩张活动。之后的新古典经济理论把企业看作一个技术的生产函数，认为企业之所以存在，是由于"与自给自足相比，为他人生产是有效率的，这种效率来自企业在规模经济、专业化活动等方面具有的优势"。

而对企业边界探讨影响最大的是科斯的交易成本的概念，科斯在解释企业存在问题时使用了交易费用的概念，他认为如果通过市场安排协调资源的费用（即交易费用）超过了企业内部管理资源的费用，企业内部管理的资源配置就是十分必要的和合理的。对于"企业组织的边界"问题，科斯认为，企业扩张会带来自身的组织成本，这主要是因为对企业家的管理才能来说，收益可能是递减的，或者说"企业家也许不能成功地将生产要素用到它们价格最高的地方，即不能导致生产要素的最佳使用"，因此，由于市场交易成本和企业组织成本的双重作用，企业将倾向于扩张到在企业内部组织一笔额外交易的成本等于通过公开市场上完成同一笔交易的成本或在另一企业中组织同样交易的成本为止。

美国经济学家契斯认为应该采用一种整体的视角，涵盖与企业能力建立相关的整个过程、整个企业的内部知识和产品的生产过程及外部的交易过程。他将企业动态能力定义为"企业整合、塑造和重组内部和外部竞争力以应对不断变化的环境的整体能力"，并以企业动态能力为切入点对企业边界进行研究，认为"企业的边界在于能力的适用边界"。

以上理论揭示了企业边界的影响因素是多元的，决定企业边界变化的最终力量是效率，而且在分析企业边界时，交易成本经济学和新古典经济理论及企业能力理论是可以相互补充、相互促进的。交易成本学派的静态比较方法，通过对不同时期的市场结构和企业组织形态进行比较，可以确定企业纵向边界变动的方向。但交易成本并不是决定企业边界的唯一因素，因为企业边界差异的决定因素还应包括企业专业化水平。新古典理论从生产角度考察企业边界，侧重于动态、系统分析，适用于与专业化分工的产生和发展密切相关的企业边界问题的分析，包括生产技术的演进对企业组织的发展的巨大影响，这弥补了交易成本理论忽视企业生产职能的缺陷。企业能力理论以整合企业内、外部能力为核心，强调在进行企业边界分析时必须按照企业本身的要求和市场经济的内在要求，统一企业的生产功能和交易功能，保证企业在市场中的健康发展。

15.2.2 商业模式

国内外学者对于商业模式的研究最早从 20 世纪 Timmers（1998）开始，最被广泛接受的理论有：Osterwalder（2004）提出的商业模式九要素画布理论，描述了企业如何创造价值、传递价值和获取价值的基本原理；魏炜和朱武祥（2009）将商业模式定义为"利益相关者的交易结构"，其交易结构包含业务系统、定位、盈利模式、关键资源能力、现金流结构和企业价值六个构成要素；Zott 和 Amit（2010）强调商业模式的系统性、整体性运作，旨在解释企业如何创造和获取价值。不同的学者研究视角各异，所以至今商业模式还没有一个统一的定义。商业模式冰山理论由汪寿阳等（2015）提出，认为商业模式是包含显性知识和隐性知识的复杂系统，强调必须用系统科学的方法进行分析。传统的商业模式分析方法只能分析商业模式的显性知识，隐性知识往往被忽略，而正是被忽略的隐性知识解释了为什么商业模式难以被复制的难题。

商业模式的研究主要被用来解决或解释三个现象：①电子商业和组织内部信息的使用；②战略问题，如价值创造、竞争优势和企业绩效等；③创新和技术管理。虽然商业模式还没有被广泛接受的定义，但学者们至少理解了商业模式的概念里不包含什么：①商业模式不是从供应商到消费者的线性价值创造过程，而是更复杂的包含多个参与者的网络结构；②商业模式与产品市场战略是不同的（它并不是基于差异化或成本领先的产品定位），也不是公司战略（它不描述或制定公司活跃于哪些领域）；③商业模式不能仅仅被定义为企业的内部组织问题（如控制机制，激励制度），但商业模式可以是竞争优势的来源（Yin，2013）。

本章倾向于 Zott 和 Amit（2010）把商业模式看作一个系统的整体的运作过程，从价值创造和价值获取的角度展开对商业模式的研究。

15.3 研究设计

15.3.1 案例研究

案例研究有助于捕捉和追踪管理实践中涌现出来的新现象，是构建理论和验证理论的有效方法，能够具体回答"为什么"和"如何"的问题，本章旨在通过探索企业边界扩张的深层逻辑，发现商业模式创新的思路，为企业商业模式设计和选择提供借鉴，因此重点在剖析企业边界和商业模式创新的作用机理。所以案例研究是合适的研究方法。

多案例研究遵循"复制"逻辑，跨案例研究，可以考察在多种情境下发生的结果和作用过程，为理论的构建提供更加完整的描述，得到的结论更具普适性和合理性，本章力求得到更加具有推广性的结论，因此采用多案例研究方法。

15.3.2 案例选择

根据研究的主题，本章主要选取在企业边界和商业模式创新方面具有代表性的企业，针对研究内容，选取了在企业纵向边界具有代表性的阿里巴巴集团和在企业横向边界具有代表性的优步中国进行案例研究。

15.4 案例分析及讨论

15.4.1 阿里巴巴案例分析

本章讨论的阿里巴巴,是包括淘宝、蚂蚁金服等企业的整个阿里巴巴集团。

1. 阿里巴巴扩张历程分析

阿里巴巴集团扩张历程见表 15-1。

表 15-1 阿里巴巴集团扩张历程

关键词	年份	典型案例	涉及领域
创立	1999	以马云为首的 18 人在马云位于杭州市的公寓内创立阿里巴巴集团	电子商务
创立	2003	购物网站淘宝网于马云公寓内创立	电子商务
成立	2004	成立第三方网上支付平台支付宝	移动支付
并购	2005	10月接管雅虎	搜索
推出	2006	7月淘宝大学课程推出,向买家和卖家提供电子商务培训及教育	教育
上市	2007	11月阿里巴巴网络有限公司在香港上市	电子商务
成立	2007	11月成立网上销售技术平台——阿里妈妈	技术服务
推出	2008	4月淘宝网推出专注于服务第三方品牌及零售商的淘宝商城(现称"天猫")	零售
成立	2008	9月阿里巴巴集团研发院成立	综合研究
成立	2009	9月成立阿里云	云服务
收购	2009	9月阿里巴巴宣布收购中国领先的互联网基础服务供应商中国万网	互联网应用服务
推出	2010	3月淘宝网推出团购网站聚划算	团购
推出	2010	4月阿里巴巴正式推出全球速卖通,让中国出口商直接与全球消费者接触和交易	跨境电商
收购	2010	8月阿里巴巴收购两家服务美国小企业的电子商务解决方案供应商 Vendio 及 Auctiva	电商解决方案
收购	2010	11月收购国内的一站式出口服务供应商一达通	出口服务
分拆	2011	6月淘宝商城(现称"天猫")从淘宝网分拆,成为独立平台	电子商务
分拆	2011	10月聚划算从淘宝网分拆,成为独立平台	团购
回购	2012	9月阿里巴巴集团完成对雅虎初步的股份回购并重组与雅虎的关系	互联网应用服务
创立	2013	5月阿里巴巴集团与多家物流公司共同创立菜鸟网络	物流
发布	2013	7月阿里巴巴集团发布阿里智能TV操作系统	智能电视
推出	2013	9月阿里巴巴集团正式推出社交网络手机客户端来往(现称"点点虫")	社交
收购	2014	6月阿里巴巴集团完成收购移动浏览器 UC 优视并整合双方业务	搜索

续表

关键词	年份	典型案例	涉及领域
收购	2014	6月阿里巴巴集团完成收购电影及电视节目制作商文化中国传播（现称"阿里巴巴影业集团"）约60%股权	影视
合资	2014	6月与银泰成立合资企业，在中国发展O2O业务	O2O
投资	2014	7月阿里巴巴集团完成对数字地图公司高德的投资	地图
成立	2014	10月阿里巴巴集团关联公司蚂蚁金融服务集团正式成立	金融服务
成立	2014	10月淘宝旅行成为独立平台阿里旅行	旅行
推出	2015	2月阿里巴巴集团正式推出为中小企业量身打造的移动办公通信平台钉钉	社交
成立	2015	6月阿里巴巴集团及蚂蚁金融服务集团宣布将合资成立中国本地生活服务平台公司口碑	本地生活服务
成立	2015	6月蚂蚁金融服务集团正式成立中国首批私有网上银行——网商银行	互联网银行
成立	2015	7月阿里巴巴集团宣布成立阿里巴巴音乐集团	音乐
合作	2015	8月阿里巴巴集团与苏宁云商开启全面战略合作，打造电子商务、物流及O2O的协同效益	电子商务
成立	2015	9月阿里巴巴集团与新浪及云锋基金共同成立阿里体育集团	体育
合并	2015	11月阿里巴巴集团及优酷土豆签署最终合并协定	视频业务
收购	2015	12月阿里巴巴集团与南华早报集团就收购《南华早报》达成协议	报业
合作	2016	4月阿里云与韩国SK Holdings C&C达成合作，携手为中韩企业提供云计算服务	云计算
合作	2016	6月全球食品行业巨头玛氏公司与阿里巴巴集团达成战略合作	食品
合作	2016	7月阿里云为技术合作伙伴推出全球云市场及AliLaunch计划	云服务
合作	2016	8月阿里云与HTC达成战略合作，将共同推动VR产业发展	VR
合作	2017	1月国际奥林匹克委员会与阿里巴巴集团达成历史性长期合作，成为至2028年奥林匹克全球合作伙伴	体育
合作	2017	2月美泰与阿里巴巴集团达成全球战略合作	零售
合作	2017	2月阿里巴巴集团与百联集团达成战略合作	零售

对阿里巴巴集团发展的历程分析，我们大致可以将其划分为以下两个阶段。第一阶段：核心业务——电子商务的布局。这一阶段阿里巴巴集团专注于其核心的电子商务领域，从成立阿里巴巴、淘宝、天猫、聚划算等电子商务平台，到成立为方便平台支付的支付宝、为商家服务的阿里妈妈，直到为物流服务的菜鸟网络，其核心都是为电子商务的发展服务，这一阶段时间跨度为1999~2013年。2014年至今是阿里巴巴集团发展的第二阶段：相关服务领域的渗透。这一阶段，阿里巴巴集团开始把触手延伸到社会生活的方方面面，寻找可以"嫁接"其优势的各个领域。图15-1是阿里巴巴集团的整个业务系统的描述。

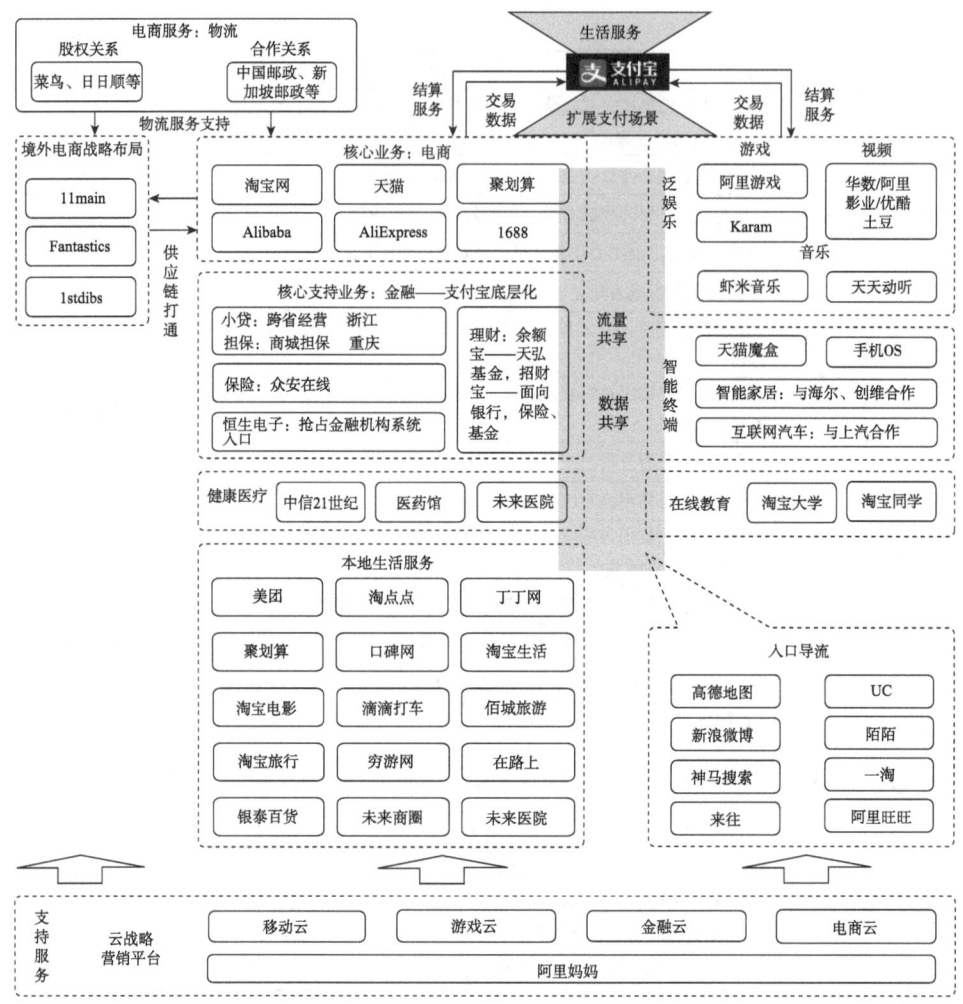

图 15-1 阿里巴巴业务系统

从阿里巴巴发展的关键词的分析,在第一阶段,阿里巴巴企业边界主要是纵向的扩张,是围绕电子商务的上下游——商家和物流的扩张,扩张的方式主要是成立相关的平台;第二阶段企业边界的扩张主要表现为横向的扩张,是企业利用电商业务产生的数据和流量进入其他关联性较弱的领域,扩张的方式表现为收购、合作、合资。

2. 理论模型的建立

基于阿里巴巴案例的分析,我们建立了大企业集团发展的理论模型。

模型将企业边界的扩张依据不同的扩张方式，分为第一阶段和第二阶段。在第一阶段，企业由创立到发展壮大的过程中，企业边界扩张表现为横向的经营规模的扩大，是企业多样化经营和跨区域发展的结果。但是随着企业规模的扩大，企业发展会面临管理幅度过大，机构臃肿重叠等问题，因此这一时期企业往往采取将公司分拆独立的发展方式，也就是企业模块化。模块化是促进复杂系统向新的均衡动态演进的特定结构；可以促使组成模块之间的协调，能够克服设计者认知的不足；20世纪90年代后期，国外学者对模块化赋予了崭新的经济学和管理学含义，把模块看作分解和整合的基础，采用分级的模块化设计，强调模块的互换性和通用性。到了第二阶段，企业边界的扩张方式主要表现为纵向的经营范围的扩张，开始进入各个不同的领域，而在进入方式上开始具有了新的变化，产生了业务关系的扩张方式（图15-2）。

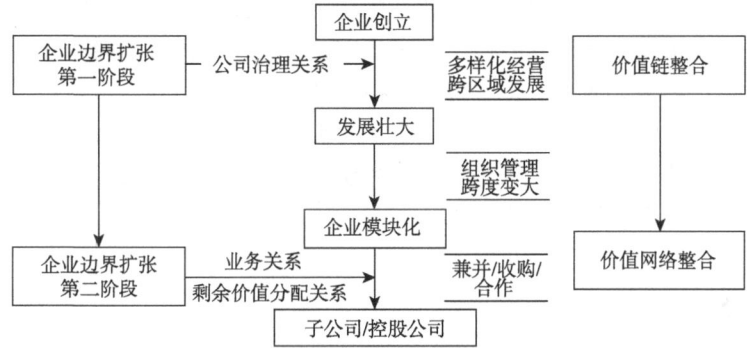

图15-2　企业边界扩张模型

15.4.2　讨论

企业边界扩张的两阶段论：第一阶段主要是企业采取多样化经营，对价值链上的企业进行整合发展；当企业在技术支持下与其客户、供应商、合作单位甚至竞争对手建立起联系时，原来的"价值链"变成了"价值网络"，形成了企业边界的第二阶段的扩张。价值网络的出现改变了企业内部对产品的创造模式，替代的模式使生产和知识互换与价值增值随时在生产者和消费者之间进行对话，企业内部和其外部通过价值网络连在一起，企业的内部边界变得模糊了，企业的控制范围扩大了。

企业边界扩张的方式——业务关系、剩余价值分配关系——为商业模式设计提供了思路（图15-3）。

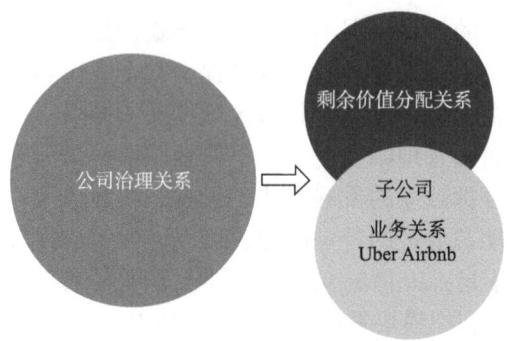

图 15-3　企业边界扩张方式

企业边界的扩张方式由原来的公司直接管理的公司治理方式，变为公司利用资金投资以获得剩余价值分配关系和利用与之相链接的业务关系的扩张方式。利用业务关系来扩展企业边界的代表是优步中国，企业本身都不拥有车辆和司机，但是利用业务关系大大地扩张了传统出租车公司的企业边界。

剩余价值分配关系的扩张是资本驱动的扩张，企业现金流量的充裕程度决定了企业边界；业务关系的扩张是核心能力模块在价值网络中的应用，企业的外延边界在于核心能力模块的适用边界。

15.5　启示

企业发展过程中，需要突破企业发展边界，商业模式设计应考虑企业发展阶段，实时做出改变。

传统的企业边界理论把公司治理关系作为企业边界的划分，本章把企业边界划分为业务关系与剩余价值分配关系两个维度，为企业边界扩张、商业模式设计提供了新思路。

本章提出了商业模式设计的核心应该是构建企业核心能力模块，核心能力的适用范围决定了企业发展的业务边界。

（本章作者：谭蔡林，樊梦真，王玖玮，胡毅，乔晗，汪寿阳）

参 考 文 献

董华, 吴江. 2010. 企业边界问题研究新进展[J]. 经济学动态, (1): 106-110.
毛基业, 李晓燕. 2010. 理论在案例研究中的作用——中国企业管理案例论坛（2009）综述与范文分析[J]. 管理世界, (2): 106-113.
汪寿阳, 敖敬宁, 乔晗, 等. 2015. 基于知识管理的商业模式冰山理论[J]. 管理评论, 27（6）：

3-10.

魏炜, 朱武祥. 2009. 发现商业模式[M]. 北京: 机械工业出版社.

魏炜, 朱武祥, 林桂平. 2012. 基于利益相关者交易结构的商业模式理论[J]. 管理世界, (12), 125-131.

Eisenhardt K M. 1989. Building theories from case study research[J]. Academy of Management Review, 14 (4): 532-550.

Osterwalder A. 2004. The business model ontology—a proposition in a design science approach[D]. Ecole Des Hautes Etudes Commerciales Universite De.

Timmers P. 1998. Business models for electronic markets[J]. Electronic Markets, 8 (2): 3-8.

Yin R K. 2013.Case Study Research: Design and Methods[M]. London: Sage Publications.

Zott C, Amit R. 2010. Business model design: an activity system perspective[J]. Long Range Planning, 43 (2): 216-226.

Zott C, Amit R, Massa L. 2011. The business model: recent developments and future research[J]. Journal of Management, 37 (4): 1019-1042.

第16章

网络直播平台商业模式

随着互联网技术的发展及智能手机的普及,网络直播平台越来越受到人们的关注,近年来,网络直播行业呈现一片繁荣景象,但是各种问题也随之出现。本章着眼于整个直播行业,分析其商业模式和主要问题,并为网络直播平台创新发展提出建议和思考。

16.1 引言

随着网络科技的不断强大,带宽的扩张已经带领网民从读图时代走向视频时代,无论是衍生网剧的视频网站,还是重在社交的视频分享,抑或是逐渐兴起的视频直播,都具有随时引发全民热议的潜力。自秀场直播和游戏直播出现以来,网络直播平台迅速发展,并在2015年呈爆发式增长,多样化的直播平台和受众需求促使网络直播与社交、娱乐、生活紧密联系在一起,它们以强大的话题度和广泛的受众参与度赢得了资本市场的青睐,2015~2016年,网络平台持续火爆,2016年6月1日,美国社交媒体Facebook在其直播应用Facebook Live中,对其创始人扎克伯格与三位宇航员的对话进行了直播,全球超过300万名网民同时在线观看,把业界对于网络直播的关注点推到了新的高度,2016年7月1日,网红Papi酱联合国内8大直播平台首次在线直播,同时在线人数超过2 000万人。现在,网络直播在国内外均已成为行业热词,关注度和热度快速提升。2017年以来,行业开始降温,各种问题也随之出现,网络直播行业面临创新和转型。

本章将采用商业模式冰山理论从隐性和显性知识方面,分析网络直播行业商业模式和发展趋势,提出行业遇到的主要问题并给出创新发展建议和启示。本章将从以下几个方面陈述：第二部分介绍网络直播的相关背景；第三部分提出商业模式理论基础——冰山理论；第四部分分析 Airbnb 的商业模式；第五部分分析网络直播行业目前存在的主要问题；第六部分给出创新建议和启示。

16.2　背景介绍

16.2.1　网络直播的定义

网络直播是依托网页或客户端技术搭建虚拟网络直播间，为主播提供实时表演和创作及支持主播与用户之间互动打赏的平台，是基于视频直播的互动娱乐形式。得益于网络环境和智能手机的快速发展，基于手机 APP 的娱乐直播形式得以爆发。PC 时代的娱乐直播以秀场为主要形态，移动互联网时代的娱乐直播走向了场景及内容的多元发展空间。

16.2.2　网络直播的发展历程

从 2005 年国内诞生第一家视频网站后,网络视频行业在国内从盗版到规范，从井喷发展到行业整合，目前仅有十余家相对稳定的视频网站。随着科技的不断进步和人们精神文化需求的提升，网民对于网络信息的接收方式也经历了"文字—图片—视频"的转变。从历史来看，网络直播平台发展大致可以分为三个阶段，即秀场直播平台、游戏直播平台和泛娱乐直播平台。秀场直播兴起于 PC 端，以真人秀为核心，早期主要内容表现为唱歌、跳舞，2005 年，秀场直播开始出现，原专注于语音的 YY 和专注于陌生人社交的 9158 开始发展 PC 端真人直播聊天室，六间房也由视频网站转为 PC 端秀场；2013 年，秀场直播进入黄金期，YY、9158、六间房行业地位稳固，纷纷上市。新浪、百度、网易、搜狐等开始布局 PC 端秀场直播，秀场直播在 2015 年进入转换期，秀场直播转换到移动端，巨头纷纷行动、创业公司入局，大量的秀场直播平台转为泛娱乐直播平台。游戏直播平台 2011 年开始出现，TwitchTV 独立为游戏直播平台，主要表现形式是观看主播的第一视角操作或者实时比赛解说；2013 年，游戏直播进入黄金期，YY 游戏直播上线；随后 2014 年，斗鱼平台上线，之后国内纷纷出现 PC 端直播平台；泛娱乐直播平台主要立足于移动端，为娱乐产业相关直播，包括全民娱乐直播和垂直领域直播（电商、体育、综艺、财经等）；2015 年映客、章鱼、熊猫等纷纷上线，移动端 APP 全面占领直播市场。网络直播行业发展历程如图 16-1 所示。

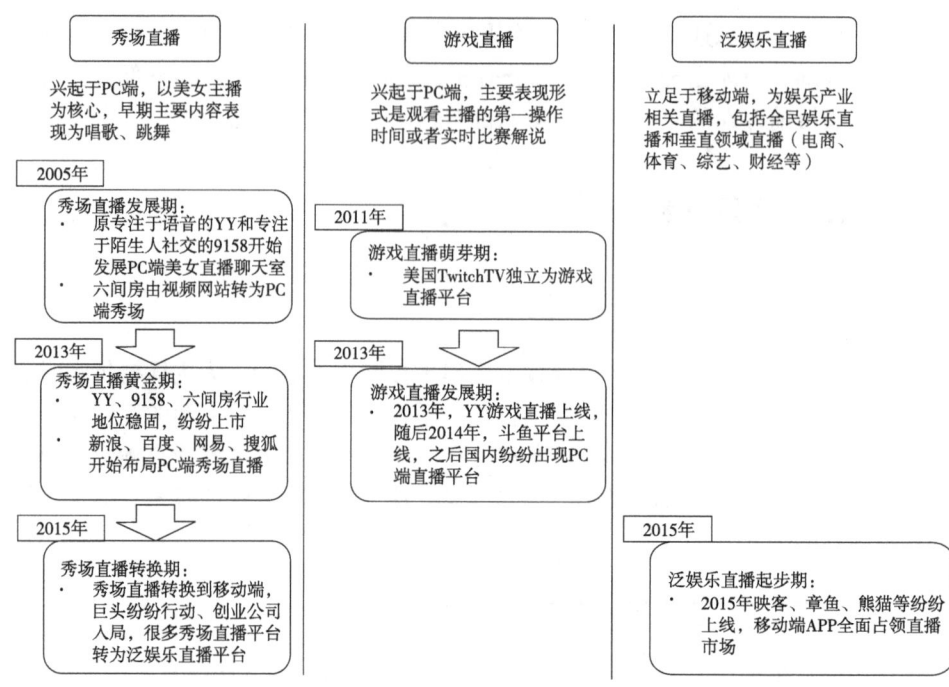

图 16-1 网络直播行业发展历程

16.2.3 网络直播现状

根据中国互联网络信息中心发布的《第 37 次中国互联网络发展状况统计报告》，截至 2015 年 12 月，我国网络视频用户规模已突破 5 亿人，并以 16.4%的增长率成为文化娱乐类网络应用（包括网络阅读、网络音乐、网络游戏等）中增长最快的应用。网络视频已成为中国网络市场的中坚力量，而网络直播正是这股力量中冉冉升起的新星。

网络直播的雏形可以追溯到 2008 年的播客，当时这种用视频传递信息的方式迅速走红却又因发展方向模糊而逐渐失去市场。相较于 2011 年之后网络点播视频迅速扩张的市场规模，网络直播视频显得内敛许多。一开始，网络直播只是作为视频网站的一个板块，进行一些晚会或新闻发布会的直播，用流量换取广告盈收。随着网络直播技术的发展和直播业的崛起，网络直播内容和直播平台类型不断扩展。根据网络直播内容的不同，网络直播可划分为：游戏直播、生活直播和秀场直播。游戏直播主要指针对网络游戏、单机游戏等比赛项目进行直播并加入解说。这一类别的直播是目前网络直播最重要的组成部分，也是推动网络直播迅速发展的重要因素。根据艾瑞咨询《2015 年中国游戏直播市场研究报告》数据，游戏直播用户数量由 2013 年 0.12 亿增长到 2015 年的 1.3 亿，而全部的视频直播用户数量在2016年突破2亿。生活直播包括各种展会、新闻发布会等,目前尚处于起步阶段,规模不大。秀场直播包括才艺直播、聊天直播等,对主播个人形象要求较高,是国内较早起步的直播类型,整体框架和模式已基本稳定,加入弹幕社交功能后,成为当前受众类型最多样的直播类型。根据网络直播平台类型的不同,网络直播可划分为专门式网络直播平台、捆绑式网络直播平台和附属式网络直播板块三类,如图16-2所示。专门式是指该平台只做网络直播,如斗鱼TV、战旗TV等网站;捆绑式是指直播平台捆绑于某个社交平台之上,并以社交分享为主要目的,其内容大部分是生活直播和秀场直播,形式多为移动端直播 APP,如秒拍、美拍等;附属式是指直播平台附属于某个综合类视频网站,如爱奇艺网站的直播板块等。但无论是何种类型的网络直播平台,都在全面扩充直播内容。

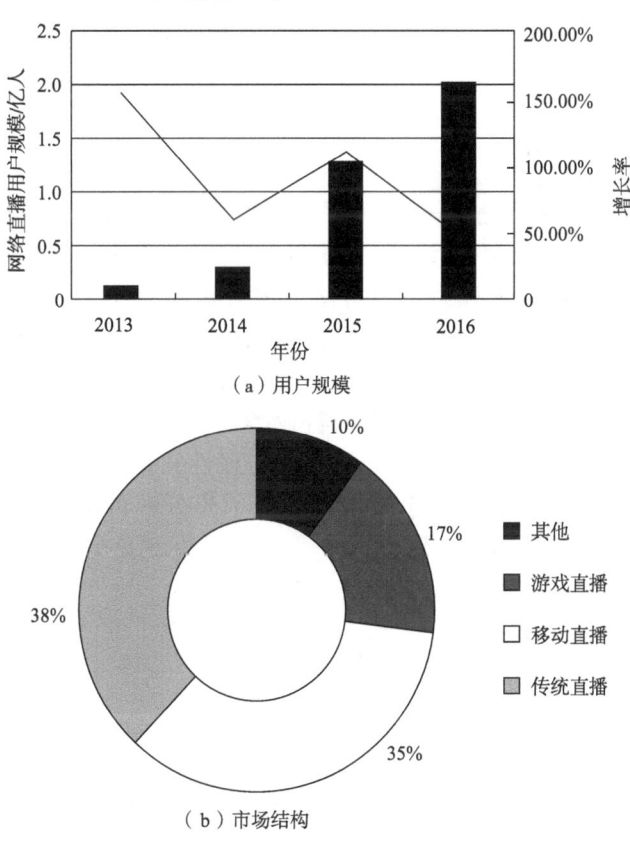

图16-2 网络直播行业用户规模和结构

16.3 商业模式理论

16.3.1 商业模式概述

国内外学者对于商业模式的研究最早可以追溯到20世纪Timmers（1998），商业模式最为广泛接受的理论有：Osterwalder（2004）提出的商业模式九要素画布理论，描述了企业如何创造价值、传递价值和获取价值的基本原理；魏炜和朱武祥（2014）将商业模式定义为"利益相关者的交易结构"，其交易结构包含业务系统、定位、盈利模式、关键资源能力、现金流结构和企业价值六个构成要素；Zott和Amit（2010）强调商业模式的系统性、整体性运作，旨在解释企业如何创造和获取价值。不同的学者研究视角各异，所以至今商业模式还没有一个统一的定义。

16.3.2 冰山理论

商业模式冰山理论是由汪寿阳等（2015）提出，认为商业模式是包含显性知识和隐性知识的复杂系统，强调必须用系统科学的方法进行分析（图16-3）。传统的商业模式分析方法只能分析商业模式的显性知识，隐性知识往往被忽略，而正是被忽略的隐性知识解释了为什么商业模式难以被复制的难题。为此，基于汪寿阳提出的TEI@I方法论，延伸提出了商业模式分析的CET@I方法论，将隐性知识从行业类别、地域环境、科技水平三个维度分解，刻画企业的外部环境，分析结果与显性知识进行合成，从而得到完整的商业模式（图16-4）。这个方法论体现了先分解再集成的思想，对于研究复杂系统产生了较好的效果。

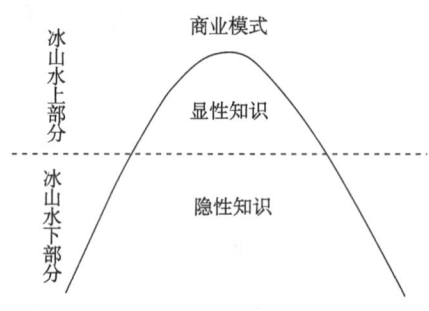

图16-3 商业模式冰山理论

第 16 章 网络直播平台商业模式

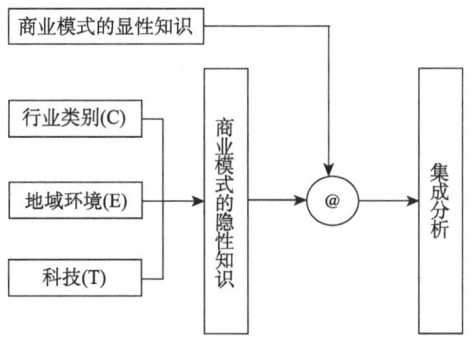

图 16-4 CET@I 方法论

冰山理论对于商业模式研究有着重要的意义。首先，开创性的界定分离相关概念，从不同角度、深层次地了解一个组织商业模式不可复制的原因；其次，避免了研究者主观的感知差异；最后，强调了外部环境对于商业模式的重要影响，环境变化的影响也越来越受到国内外学者的关注。因此，本章采用冰山理论对网络直播行业的商业模式进行深层次分析。

16.4 网络直播平台商业模式

网络直播平台的萌生和发展与网络技术、网络推广营销策略密切相关，CDN（content deliuer network，内容分发网络）技术的革新和宽带的普及使游戏直播成为可能，营销策略的持续优化推动网络直播规模增长，功能逐步完善，流量大幅增加，使得网络直播平台开始自成体系。

本节将从直播行业的产业链、关键义务、核心要素和盈利模式方面分析直播行业的商业模式。

16.4.1 直播行业产业链

一个企业发展的最终目标是实现利润最大化，各大直播平台频频掀起版权和主播争夺大赛就是为了抢占市场份额，获得巨额利润。但只有产品满足了消费者需要，消费者对此有购买行为，企业才能获得利润，因此电竞直播平台要想在激烈的竞争中立于不败之地就要以消费者为导向，研发满足粉丝潜在需要的产品，并制定恰当的营销策略。营销策略贯彻企业经营活动的始终，对企业的发展尤为重要，一个好的营销策略能够快速帮助企业实现产品购买环节。

直播平台的上游连接着主播方、版权方和软硬件设施服务方。主播方包括明星主播、个人主播和签约主播，主播方为平台提供 UGC（user generated content，用户生成内容），平台提供签约和打赏分成；版权方包括游戏版权、赛事版权和演唱会版权等，平台为版权方提供版权费；软硬件设施服务方包括宽带加速服务方、电信运营商和支付服务商，他们为平台提供技术支持。平台下游主要连接着用户，平台为用户提供内容，并收取充值打赏和相关付费，更多的资金来自资本的注资（图 16-5）。

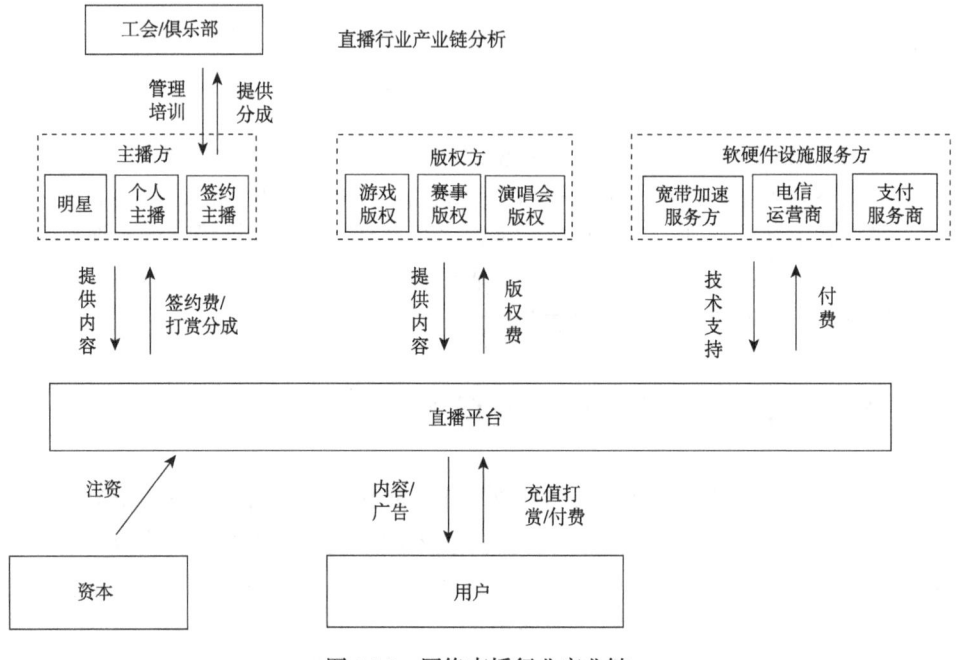

图 16-5　网络直播行业产业链

16.4.2　关键业务

网络直播平台的关键业务主要体现在游戏、音乐、秀场、赛事直播和教育平台上，其中游戏和秀场是最为成熟和完善的领域，直播流量也最高，赛事直播和教育是近年来的拓展业务，是各大平台目前的主要增长点。

（1）游戏。游戏体系是各大网络直播经营最久、体系最完整的领域，但是仍有发展空间。多玩游戏网是欢聚时代最早的产品，立足于媒体，凭借高人气的公会系统，语音社区和多玩论坛吸引了极高人气。游戏传媒优势核心价值在于 YY 语音的用户导入，但游戏直播市场的商业化还未成熟，有一定的上升空间，产业链前端是游戏研发制作和游戏推广、赛事组织运作，后端商业盈利依赖用户流量变现。处于产业链后端的游戏直播平台反向撬动着电竞市场的拓展，通过网络直播，网友电竞的受众规模迅速扩大，并形成带有强标签、强用户黏性的群体，是连接游戏厂商、分销商、电竞经纪公司、传媒、用户等各主题，打通全产业链的重要环节。

（2）音乐。音乐娱乐体系也是网络直播平台最为成熟的业务领域之一，音乐娱乐直播迎合了海量草根用户的虚拟生活娱乐需求，通过公会和家族管理草根明星资源、保持草根用户黏性和活跃度、需求度，引导消费，目前在营业收入中占据次席。但是音乐直播现有模式门槛低，只有通过提高成本来争夺优势音乐明星资源，音乐娱乐生态需要创新，才能形成独特核心优势。

（3）教育。基于巨大的线下教育市场规模和较低的线上渗透率，在线教育成为最受欢迎的商机之一。但由于娱乐平台的观念已经根深蒂固，使得用户难以迁徙到教育方面，优秀的教师资源和广大的生源是各大平台发展教育的主要问题，各大平台已经将教育作为主要增长点，欢聚十大计划投入10亿元进行教育资源的并购和扶持，免费提供教育平台服务。

16.4.3 核心要素

对于泛直播平台来说，核心竞争力来自平台流量，而获取平台流量的主要方式是知识版权和人力资源。知识版权，主要是指平台自创频道和节目，包括独播赛事、独播综艺节目等，并建立内部研发中心，为战略合作伙伴提供指导和帮助，在产品布局和研发上做出战略部署和思考；人力资源方面，主要是一些高价签约的人气主播，可以通过粉丝效应瞬间为平台聚集大量人气和流量。当今的世界各国之间的竞争归根结底是人才的竞争，而一国之内的某个行业也是如此，尤其是以信息技术为装备的电竞行业。目前玩网络游戏的网民不低于6 000万人，其中玩电子竞技的约有1 000万人，这里面又分业余和职业两种，对电竞直播平台起引导作用的当然是职业主播。游戏直播行业没有任何门槛，有一个知名的主播及其团队的入驻会聚集大批粉丝，其背后的经济效益是显而易见的，这也是各大电竞直播平台不惜重酬签下一系列游戏主播的原因。但考虑到现今市场知名游戏主播的价格攀升及可能随时跳槽的因素，企业可以考虑培养新的人才作为储备，保证企业的稳定发展。与人才相关联的是游戏直播的内容，失去了能够吸引游戏玩家的内容的平台毫无价值。电竞直播平台聚集的是16~30岁的竞技爱好者，其中又以在校大学生和毕业生为主，如何研制出能够吸引目标客户群的个性化电子竞技产品是企业应该重点关注的问题（图16-6）。

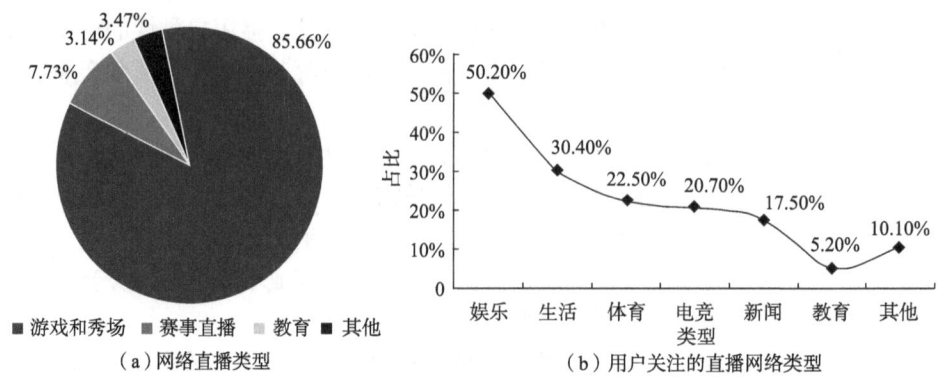

图16-6 业务占比和用户类型

16.4.4 盈利模式

网络直播平台的主要盈利模式包括基于粉丝经济的增值服务和电子商务,深入联运市场以扩大品牌影响力和会员付费订阅与赛事竞猜,投资商注资也不可忽视,是其资金的主要来源。

1. 基于粉丝经济的增值服务和电子商务

在共享经济的时代,大多数平台都可以通过免费登陆的方式获取信息,并迅速积累人气,通过流量和增值服务来获取利润,在这里,粉丝经济的增值服务和电子商务,是通过平台的虚拟道具来实现,虚拟道具主要是通过用户充值获取,观众将道具赠送给主播,收入会在平台和主播之间分成,既可以增加用户和主播的亲密度,也可以在直播间获取更高的权限,这是"粉丝经济"下最高效的盈利模式,围绕主播的粉丝经济通过虚拟礼物实现商业变现获取收益;同时,平台通过电子商务变现,电子商务是直播平台利用粉丝优势发展社群经济,将平台变为一个电商入口,实现主播人气资源的变现,如退役dota选手伍声,淘宝店年销售额达到了1 400万元,成为主播的主要收入方式之一,平台让主播有了新的盈利方式,也促进了电竞秀场的发展。

2. 深入联运市场以扩大品牌影响力

游戏联运是指联合运营,游戏运营商以合作分成的方式把产品放到其他平台进行运营,在这个过程中开发商提供游戏客户端、充值系统、更新及客户服务,合作平台需要提供平台的使用权、广告位等资源进行合作运营。以斗鱼为例,观众可以通过日常任务获取虚拟道具,其中的任务包括网页游戏的注册、登录和在线充值，同时电竞主播也会利用人气进行推广，所以在此基础上，网页联运游戏在覆盖率和转化率上具有一定优势。除此之外，广告也是直播平台的重要商业模式，直播平台的广告以游戏和硬件商为主，通过品牌广告效用，提高垂直游戏玩家的品牌认知度。

3. 会员付费订阅与赛事竞猜

在直播平台，观众可以通过付费订阅获取更为高画质的直播画面、特定平台的权限与形象，还可以定期获得虚拟货币。艾瑞咨询显示，有38%的用户愿意为直播的内容付费，59%的用户愿意为更高清的画面付费。与在线视频网站不同，直播平台的内容属性更多为 UGC 成分，再加上粉丝对主播黏性较大，所以付费的意愿比在线视频网站高；赛事竞猜是借鉴体彩的模式进行的一种盈利方式，但是在总体商业模式份额中占比较小。

4. 投资商注资

投资商注资是网络直播平台的主要资金来源模式，2015年最大的秀场直播六间房以26亿元被宋城演艺收购；火猫TV获得A轮合一集团千万美元融资；斗鱼TV获得腾讯、红杉、南山等风投巨头1亿美元的B轮融资（表16-1）。

表16-1 直播行业融资情况

时间	融资平台	融资金融	投资方
2015年3月	六间房	26亿元被收购	宋城演艺
2015年5月	果酱直播	数百万元天使轮	不详
2015年10月	Imba TV	B轮约1亿元	紫金文化基金、普思资本、创新工场、王思聪等
2015年11月	微吼	B轮近亿元	不详
2015年11月	映客	A轮千万元级别	赛富基金、金沙江创投和紫辉创投等
2015年11月	龙珠直播	B轮近1亿美元	游久游戏、腾讯等
2015年11月	欢拓科技	A轮1 000万元	赛富基金等
2015年12月	火猫TV	A轮千万美元	合一集团
2016年1月	映客	A+轮8 000万元	昆仑万维领投
2016年3月	易直播	A轮约6 000万元	不详
2016年3月	三好网	Pre-A轮7 500万元	亦庄互联基金领投、沃衍资本、金百朋等
2016年3月	斗鱼TV	B轮1亿美元	腾讯、红杉资本、南山资本等
2016年4月	早道网校	A轮1 500万元	YY领投、华创跟投

16.5 网络直播平台现存的主要问题

近两年,我国直播平台数量持续增加,呈现井喷状发展,各大平台之间竞争加剧,为了吸引人气,直播内容更是层出不穷,这些都体现了直播的发展潜力和空间。但是直播平台的监管力度不够,不正当竞争的现象令人担忧。

16.5.1 盈利模式不够成熟,运行入不敷出

网络直播平台的主要成本是宽带和签约游戏主播。在我国,宽带成本是视频行业无法避免的问题,是网络直播的主要成本构成之一,尤其是对应现在的高清、超清网络直播。有数据分析,以最低码率800千字节计算,一个同时在线百万人的直播平台,每个月仅宽带费用就高达3 000万~4 000万元。YY直播音乐公布2015年宽带预算为3.4亿元,相当于每月3 000万元,占总成本的四分之一。主播成本:主播作为直播平台最主要的内容来源,签约费用在运营成本中占据很高比例,一线超人气主播签约费用和薪水级别已经进入百万元时代。

16.5.2 最强势的资源被主播掌控,平台缺乏掌控权

直播的核心要素是提供直播内容的主播,而直播平台对主播的掌控力并不强,除了电竞细分领域的超人气主播和平台之间签约,其他行业和数量广大的一般主播几乎游离在平台的体系之外。直播平台的核心商业化必须依赖于主播,这不仅导致人气主播身价暴涨,也使得主播跳槽频繁,如何确立平台本身的核心竞争优势是目前的主要问题所在。但是优秀的主播数量毕竟有限,所以也意味着平台更大的竞争,尤其是人气主播的争夺,加剧了平台的成本。

16.5.3 版权纷争不断,行业急需制度完善

平台主播水平各异,道德法律意识淡薄,主要体现在版权纠纷和负面不良直播,主播门槛过低,低俗文化充斥,价值导向偏低方面。中国网民对于网络直播平台的内容评价较低,77%的网民认为网络平台存在地鼠内容,缺乏正能量引导,造成严重负面影响,极大腐蚀青少年心理健康。而且网络直播缺乏常态化、专业化的直播内容,内容本身水平较低。

用户数据涉嫌作假,直播平台公信力下降。由于平台的巨额成本,所以故意利用技术手段夸大用户数量来吸引投资,相关监管并不到位。关于电竞直播版权的概念目前并没有一个明确的定义,电竞直播版权通常被认为由有比赛转播权、直播节目版权、主播及选手肖像权、音频版权四个方面的内容组成。我国相关法

律和制度的不完善造成了电子直播霸权问题存在争议,目前出台的条例和规定也只是互联网直播和网页游戏,并没有针对电子竞技方面的规定。

16.6 网络直播平台的创新发展趋势与思考

16.6.1 加强直播平台与网红经济的融合

在网红经济时代下,平台如何利用偶像的人气为自己带来更多的关注与收入是直播平台相互竞争的关键,除了高薪签约,平台可以参照明星经纪公司的模式,刻意去培养自己直播平台的网红,降低成本。如果说传统明星经纪是一种二巷模式,那么"网红经济"则是一种粉丝模式,它拉进了偶像与粉丝之间的距离,也使得偶像服务可以更快地产生现金流入。这种盈利模式快捷灵活,随时随地等特性恰好符合当今互联网潮流。因此,网红+内容+商务合作三位一体的直播模式是当前直播平台需要考虑的。平台如何利用偶像人气给自己带来更多的关注和收入,同时降低成本是平台相互竞争的关键。平台刻意地去培养自己的直播网红,除了签约大量的高人气主播外,更应该注重怎样去为主播营造一个愉快的工作环境和适合的企业文化,网络直播平台可以参考一些明星公司的运作方式。

16.6.2 丰富产业生态链条,探索多元盈利模式

在原有的产业链条中,能够实现盈利的渠道只有"广告方—平台"与"用户—平台",盈利模式单一且大部分局限于游戏和秀场直播。

首先,平台可以尝试承办电竞相关赛事,提高平台知名度,扩大平台影响力,提升价值;其次,平台可以增加生活直播和秀场直播,并与电商合作。从长远发展角度来看,直播平台最终的目标是打造产业生态圈,以直播为基本业务,提供游戏、购物、音乐、生活等多方面全商业链条的共享式平台,最终实现盈利。

16.6.3 注重移动直播,突出社交功能

2016年全年,移动视频月用户增长率为19.5%,月度时长增长40%,APP的月打开次数增长42.4%,移动视频用户总数、用户的观看黏性和活跃度都得到了极大的提升。随着用户体验习惯的倾向,"方便快捷的移动直播+及时交流的社交沟通"将成为下一轮直播平台的战略布局。而在考虑社交直播的同时,平台运营方还必须解决碎片化场景与社交及时性之间的矛盾,解决社交过程中可能会出现的信息不对称等问题。

16.6.4　结合科技，呈现方式更创新

随着高精技术的出现，视频将成为 VR 技术最广泛的应用领域。VR 不仅会颠覆直播观看体验，更会为直播平台延伸出新的产业链条和盈利增长点。

（本章作者：王玖玮，樊梦真，谭蔡林，胡毅，乔晗，汪寿阳）

参 考 文 献

奥斯特瓦德 A. 2011. 商业模式新生代[M]. 北京：机械工业出版社.
卢紫馨. 2017. 网络直播平台发展分析[J]. 湖北经济学院学报，（14）：53-56.
任娜. 2012. 我国上市公司价值与市值的相关性研究[D]. 宁波大学硕士学位论文.
汪寿阳，敖敬宁，乔晗，等. 2015. 基于知识管理的商业模式冰山理论[J]. 管理评论，27（6）：3-10.
汪寿阳，乔晗，胡毅，等. 2016. 商业模式全景图[M]. 北京：科学出版社.
魏炜，朱武祥. 2014. 透析盈利模式[M]. 北京：机械工业出版社.
魏炜，朱武祥，林桂平. 2012. 基于利益相关者交易结构的商业模式理论[J]. 管理世界，（12）：125-131.
张玉凤，裴正兵，吴泰岳. 2011. 酒店及餐饮类上市公司企业价值与财务业绩的实证研究[J]. 旅游学刊，26（7）：30-35.
郑梅莲，何晓婷. 2014. 股权集中度、企业规模、产权性质与企业市场价值的实证研究——基于投资者视角[J]. 经营与管理，（11）：102-106.
朱武祥，宋勇. 2001. 股权结构与企业价值——对家电行业上市公司实证分析[J]. 经济研究，（12）：66-72.
Demsetz H. 1983. The structure of ownership and the theory of the firm[J]. The Journal of Law and Economics，26（2）：375-390.
Kleiber C, Zeileis A. 2009. Applied Econometrics with R[M]. Washington：Springer Science & Business Media.
Osterwalder A. 2004. The business model ontology a proposition in a design science approach[D]. Université de Lausanne，Faculté des Hautes，études Commerciales.
Spearman J P. 1904. General intelligence objectively determined and measured[J]. Am J Psychol，15：201-293.
Thomsen S. 2000. Ownership structure and economic performance in the largest European companies[J]. Strategic Management Journal，21（6）：689-705.
Timmers P. 1998. Business models for electronic markets[J]. Electronic Markets，8（2）：3-8.
Titman S，Wessels R. 1988. The determinants of capital structure choice[J]. Journal of Finance，43（1）：1-19.
Wang S Y. 2004. TEI@I：a new methodology for studying complex systems[C]. The International Workshop on Complexity Science，Tsukuba，Japan.
World Bank. 2008. World development indicators 2008[M]. Washington：World Bank Press.

Zott C, Amit R. 2007. Business model design and the performance of entrepreneurial firms[J]. Organization Science, 18 (2): 181-199.

Zott C, Amit R. 2010. Business model design: an activity system perspective[J]. Long Range Planning, 43 (2~3): 216-226.

Zott C, Amit R, Massa L. 2011. The business model: recent developments and future research[J]. Journal of Management, 37 (4): 1019-1042.

第17章

"新零售"商业模式分析

互联网和新技术的发展日新月异，给传统零售业带来新的发展契机，"新零售"的模式成为新的热点。本章从商业模式的视角出发，采用商业模式冰山理论和 CET@I 方法论，分别对"新零售"商业模式的显性知识和隐性知识进行分析，并与传统的零售业进行对比。新零售将通过数据与商业逻辑的深度结合，真正实现消费方式逆向牵引生产变革，大大提高了零售业的运营效率，未来的发展值得期待。

17.1 引言

随着零售业的第四次革命及快递业的迅猛发展，线上消费量近年来不断攀升，但是依据《2016年中国电商生命力报告》（图17-1）提供的数据可以看到，电商只占社会总零售额的10%左右，绝大部分的流量和消费仍然在线下。线上消费的饱和使电商发展陷入瓶颈期。2016年10月的阿里云栖大会上，马云在演讲中第一次提到"新零售"，并预言"未来的十年、二十年，没有电子商务这一说，只有新零售"。与此同时，阿里和亚马逊也在积极布局线下的实体超市，一时间"新零售"的概念成为市场的热点，传统的零售业又迎来了一次全新的变革。

"新零售"是企业以互联网为依托，通过运用大数据、人工智能等先进技术手段，对商品的生产、流通与销售过程进行升级改造，进而重塑业态结构与生态圈，并对线上服务、线下体验及现代物流进行深度融合的零售新模式。阿里将"新零售"定义为以消费者体验为中心的数据驱动的泛零售形态。相比于"商品+服务"的多元零售模式，"新零售"还添加了社交体验、参与感和文化价值等内容。

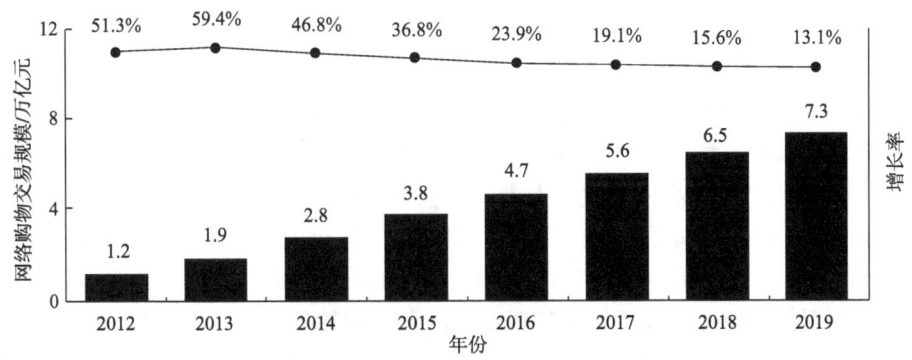

图 17-1 2016 年中国电商生命力报告

资料来源：艾瑞咨询

本章采用商业模式冰山理论对"新零售"的商业模式进行分析，将从以下几个方面陈述：第二部分对"新零售"模式进行介绍；第三部分介绍商业模式理论基础——冰山理论和 CET@I 方法论；第四部分分析"新零售"的商业模式显性知识和隐性知识；第五部分得出结论和启示。

17.2 "新零售"模式介绍

"新零售"是相对于传统零售业而言的。零售业依据国际标准产业分类的定义是为满足消费者及其家庭消费和使用而进行销售商品的活动。学者 Kotler P 和 Kotler N（2000）则认为零售业包括所有向最终消费者直接（最终消费品）销售商品和服务，以供其进行个人及非商业性用途的活动。其具体含义主要包括下面几方面：首先，零售业活动不仅包括销售有形的商品，还包括为达成销售而提供的相关服务；其次，消费者获得商品及服务是作为最终消费之用；再次，零售活动的交易过程不仅仅局限于在实体店铺中进行，还包括自动售货、电话购物、网络销售等其他的途径进行的无店铺零售；最后，最终消费者不仅包括个人消费者，还包括将商品或服务用于非生产性活动的社会团体。从时间维度来看，零售业经历了从百货商店、连锁商店、超市等有店铺零售到网络零售的发展历程。辩证过程理论借用黑格尔的正反合三段论来看零售业态的演变，所谓"正"即现有的零售业态，"反"是现有零售业态的对立业态，而"合"则指"正""反"结合而形成的更新的零售业态。一种新的零售业态的产生，往往伴随着另一种与之相对应的零售业态的出现，即"正""反"两种零售业态。但是，经过两种业态的相互作用，最终必将组合形成一种新型的业态。"新零售"则是结合了有店铺零售和无店铺零售的新型模式。

"新零售"的模式相比于传统零售业有以下三个典型的新特征。首先,在"新零售"的背景下,消费更加精准化。随着大众消费日渐趋于理性和精细化,能不能更加精确地找到消费者变得很重要。这则依托于大数据和云计算技术的发展去精准匹配。其次,相比于传统的买卖关系,"新零售"模式则升级为服务关系。产品为王的时代已经过去,关注消费者的体验才是打开市场的金钥匙。最后,是从"互联网+"到"+互联网"的转变。"互联网+"注重的是将互联网作为商品销售的平台,而"+互联网"则转变为真正的利用互联网技术为零售企业服务。

"新零售"模式打破了传统零售业时间和空间的界限,实现了24小时全天购物,也使目标客户的群体不再受地域的限制。同时,大大提高了运行的效率,线上的导流减轻了线下的压力,减少了人员成本、仓储成本等。此外,还丰富了传统零售的购物体验,通过物联网、人工智能、大数据及社区化等互联网技术,逛商场的体验变得更有乐趣,成交效率得到很大提升(图17-2)。

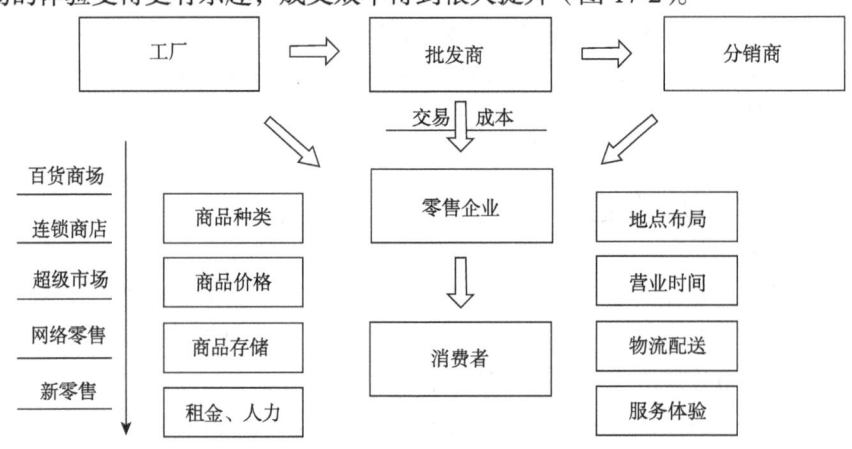

图 17-2 零售业模式与发展历程

17.3 商业模式理论基础

国内外学者对于商业模式的研究最早可以追溯到 20 世纪 Timmers(1998),最为广泛接受的理论有:Osterwalder(2004)提出的商业模式九要素画布理论,描述了企业如何创造价值、传递价值和获取价值的基本原理;魏炜和朱武祥(2009)、魏炜等(2012)将商业模式定义为"利益相关者的交易结构",其交易结构包含业务系统、定位、盈利模式、关键资源能力、现金流结构和企业价值六个构成要素;Zott 和 Amit(2010)强调商业模式的系统性、整体性运作,旨在解释企业如何创造和获取价值。不同的学者研究视角各异,所以至今商业模式还没有一个统一的定义。

商业模式冰山理论是由汪寿阳等（2015）提出，认为商业模式是包含显性知识和隐性知识的复杂系统，强调必须用系统科学的方法进行分析。传统的商业模式分析方法只能分析商业模式的显性知识，隐性知识往往被忽略，而正是被忽略的隐性知识解释了为什么商业模式难以被复制的难题。为此，基于Wang（2004）提出的TEI@I方法论，延伸提出了商业模式分析的CET@I方法论，将隐性知识从行业背景、社会环境、科技发展三个维度分解，刻画企业的外部环境，分析结果与显性知识进行合成，从而得到完整的商业模式。这个方法论体现了先分解再集成的思想，对于研究复杂系统产生了较好的效果。

冰山理论对于商业模式研究有着重要的意义。首先，开创性地界定分离相关概念，从不同角度深层次地了解一个组织商业模式不可复制的原因；其次，避免了研究者主观的感知差异；最后，强调了外部环境对商业模式的重要影响，环境变化的影响也越来越受到国内外学者的关注。将商业模式的显性知识与隐性知识分析进行集成，进而得到完整的商业模式分析框架（图14-1）。

17.4 "新零售"商业模式的隐性知识与显性知识分析

"新零售"模式的兴起和发展与其所处的时代背景紧密相关，商业模式冰山理论兼顾了商业模式与其外部环境两个方面，对于"新零售"模式的分析在准确性、全面性、科学性上具有一定优势。

17.4.1 商业模式隐性知识分析

隐性知识包含了外部环境的信息，也是解释商业模式不可复制的关键。对于"新零售"模式而言，隐性知识系统地反映了"新零售"诞生的背景，也正是这些因素催生了新型模式的变革。

1. 行业背景

零售业的发展经历了多次阶段性的变革，每一次的转变都是对行业困境的突破。现如今，零售业再次面临了"瓶颈"。从全球市场来看，实体零售发展放缓，亟待寻找新的增长动力。以沃尔玛为例，2008年后，零售业的销售额增速放缓，2012年后增速再次下降，直至2016年销售额基本与2015年持平。对于沃尔玛这种零售巨头来说，销售额都连年放缓，更何况是中小型零售企业？我国的实体零售业发展尚处于初级阶段，流通效率整体偏低，缺乏顶级零售品牌，全国各地的零售品牌差异化明显。在经济增长放缓和网购冲击的背景下，实体零售业正面临低增速和企业负利润的严峻挑战。同时，线上的销售额虽逐年攀升，但互联网及移动端流量红利逐渐减弱，线上未来发展需要改变策略，而线下有更大的可为空间。此外，多元零售形态涌现，消费者数字化程度高，达到50%以上的线上渗透率，消费者购物独具线上线下的全渠道特色（图17-3）。

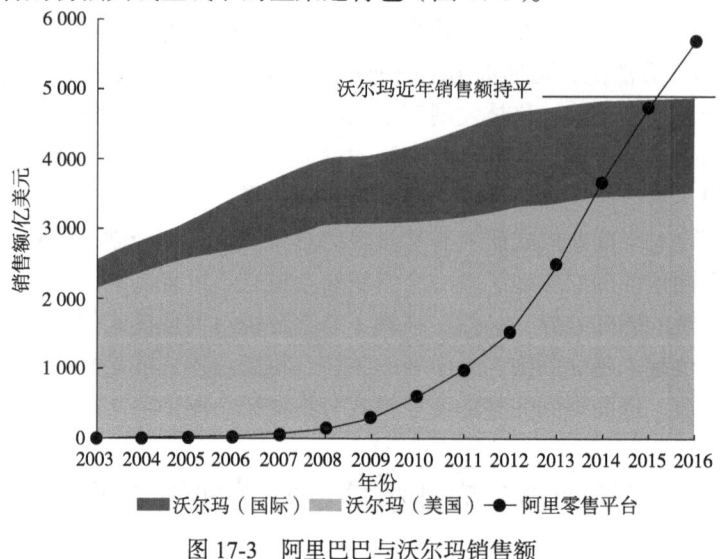

图17-3 阿里巴巴与沃尔玛销售额

资料来源：阿里研究院

在行业发展的瓶颈期，"新零售"结合了线上线下，将PC网店、移动APP、微信商城、直营门店、加盟门店等多种线上线下渠道全面打通与深度融合，商品、库存、会员、服务等环节皆贯穿为一个整体。"新零售"时代的门店和传统的门店是不同的，门店不仅仅具有售卖的功能，更应富有体验的功能，同时会是社交、教育的场所，还有门店不仅仅是商品的陈列，更多的是商品多元化的展示。"新零售"的线上线下"融合"需要完成多端零售的价格统一、实时库存、渠道协调、销售分析等。

2. 政策环境

"新零售"模式响应了《中共中央关于制定国民经济和社会发展第十三个五年规划的建议》提出的实体零售的新诉求。2016年11月11日，国务院办公厅印发《关于推动实体零售创新转型的意见》（国办发〔2016〕78号），明确了推动我国实体零售创新转型的指导思想和基本原则。同时，在调整商业结构、创新发展方式、促进跨界融合、优化发展环境、强化政策支持等方面做出具体部署。该意见在促进线上线下融合的问题上强调："建立适应融合发展的标准规范、竞争规则，引导实体零售企业逐步提高信息化水平，将线下物流、服务、体验等优势与线上商流、资金流、信息流融合，拓展智能化、网络化的全渠道布局。"新零售模式是根据国务院办法的《444号零售行业管理办法》明确界定了新零售的销售方式，2017年是实施"十三五"规划的重要一年，也是供给侧结构性零售行业改革的深化之年，围绕新一轮的经济发展，零售行业转型升级成为线上线下与现代物流的新零售方式。在2017年总书记新年讲话当中提到关于零售行业的转型与升级与百姓息息相关，对经济社会发展有独特价值。

3. 技术发展

"新零售"的核心是数据，互联网时代海量的数据对于计算机技术的要求较高。现阶段新商业基础设施，如大数据、云计算、移动互联网端、智慧物流、互联网金融等都初具规模，互联网发展逐步释放经济与社会价值，推动全球化3.0进程。此外，人工智能也逐步贯穿新零售的流程，如机器学习、自然语言处理、情景识别等都被广泛应用；3D、4D打印技术也为商品生产带来了新的变革，实现高度的定制化；AR（augmented reality，增强现实）和VR（virtual reality，虚拟现实）等新设备显示技术也逐渐走入日常的消费场景，新兴的技术给消费者带来全新的体验。

技术发展为"新零售"的实现奠定了基础，不仅是线上的平台，更是背后的数据分析所提供的支持，从客户行为的分析到仓储物流的分配，精准的数据支持决策，大大提高了运营的效率。线下的传统零售与前沿技术的结合，给消费者带来丰富而有趣的购物体验。

17.4.2 商业模式显性知识分析

1. 市场定位

"新零售"与传统零售最大的不同则是市场定位的差异。传统的零售业注重消费者功能的诉求，因此性价比、产品功能和耐用性是其精益求精的方向。相比之下，体验诉求往往受不到重点关注，零售服务体验较差。"新零售"对应新的消费诉求，定位于满足消费者需求并提供令人满意的服务。新消费诉求不单单局限于传统的功能诉求，更多添加了体验诉求，体验诉求包括服务和内容两个方面。优质的服务体现于定向折扣、个性化服务、灵活的体验和交付等，内容则包括参与感、文化认同、价值认同、分享交流等。体验诉求的占比也基本与功能诉求相当。

需求的多元化和个性化给客户细分带来了难度。客户画像的构建可以有效解决客户定位的问题。依据客户的历史消费行为和用户习惯识别客户的群体特征，如年龄、性别、收入等，进一步可以用几个关键词描述消费者的个人特征，将模糊的人群具象化，根据消费者的特征可以推测消费者的潜在消费意向，进行精准的推送,提高了消费者的消费频率。依托于大数据技术,"新零售"下的新消费诉求才能被挖掘,客户的需求才能更加清晰地体现。

2. 业务系统与核心竞争力

"新零售"模式的业务系统分为前台、中台和后台。其中,前台包含所有的消费场景、消费者及商品,基于地域和营业时间的传统商业逻辑被打破,任意场景下的任何两个主体可瞬时达成交易,所以"新零售"模式下,消费场景无处不在。中台主要负责营销、物流、流通等,与传统的中台相比,新型模式中数据打通了整个渠道,实现了数据可视化、可追踪、可持续和可优化。后台是技术支持的部门,其实也是"新零售"的核心,每个细分环节都需要后台的精确处理。数据连接整个业务的方方面面,技术支持完成整个业务闭环(图17-4)。

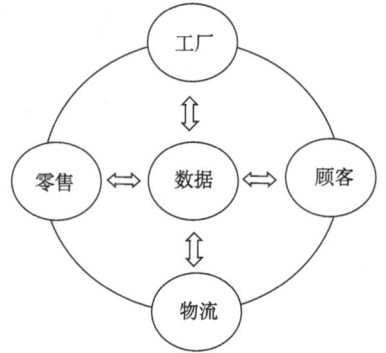

图17-4 新零售模式的业务系统

数据贯穿"新零售"的每个环节,重构了零售业的三要素,从传统的经验供货到分渠道场景给模糊的消费者,完全逆向牵引转为从数字化消费者到按需智能供货到最前台为线上线下无处不在的消费场景(图17-5)。数据能帮助商品的生产者与服务者,能更好地识别与理解消费者,在对消费者需求的洞察之上,指导商品的生产与服务的优化,进而在所有合适的场景里(包括线上和线下)提供给消费者。数据是企业的核心竞争力。

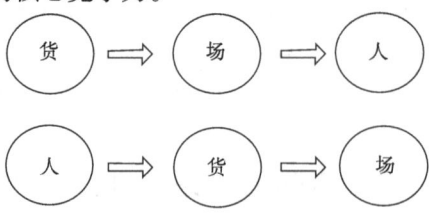

图17-5 零售业三要素

3. 盈利模式

"新零售"的盈利模式（图17-6）主要体现为企业自身的运营成本的降低和效率的提高。在消费端，全新的购物体验促进了消费的实现，刺激购物，提高了企业的销量。企业自身也大大降低了运营成本，节约了大量的资金，提高了自身的效率。在与供应商合作的环节里，分销商，如国美、苏宁等可以先拿货后付款，在这个时间段里，资金可以进行再投资增加收益，同时也可以提高分销商的资金周转率。"新零售"促进了社会资源的利用效率，有利于资源的合理分配。

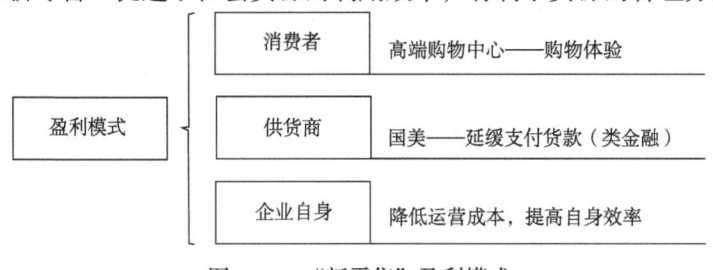

图17-6 "新零售"盈利模式

17.5 结论与启示

本章从商业模式的视角出发，应用商业模式冰山理论与 CET@I 方法论，对"新零售"模式进行探究分析。通过商业模式的冰山理论显性知识和隐性知识的分析，从行业背景、政策环境、技术发展方面分析了解新零售诞生的背景，以及与传统零售业的区别。新零售将通过数据与商业逻辑的深度结合，真正实现消费方式逆向牵引生产变革。它将为传统零售业态插上数据的翅膀，优化资产配置，孵化新型零售物种，重塑价值链，创造高效企业，引领消费升级，催生新型服务商并形成零售新生态。

综合以上分析得出，社会效率的提升，就是这次产业革命的本质和目的；个性化的数据还原和相关应用技术的成熟，是这次产业革命的基础和手段；而体验的优化，会是这次产业革命的最终表现和影响结果。"新零售"的未来值得期待。

（本章作者：樊梦真，谭蔡林，王玖玮，胡毅，乔晗，汪寿阳）

参 考 文 献

汪寿阳，敖敬宁，乔晗，等. 2015. 基于知识管理的商业模式冰山理论[J]. 管理评论，27（6）：3-10.

魏炜，朱武祥. 2009. 发现商业模式[M]. 北京：机械工业出版社.

魏炜，朱武祥，林桂平. 2012. 基于利益相关者交易结构的商业模式理论[J]. 管理世界，（12）：125-131.

Kotler N, Kotler P. 2000. Can museums be all things to all people?: Missions, goals, and marketing's role[J]. Museum Management & Curatorship, 18（3）: 271-287.

Osterwalder A. 2004. The business model ontology a proposition in a design science approach[D]. Université de Lausanne, Faculté des Hautes, études Commerciales.

Timmers P. 1998. Business models for electronic markets[J]. Electronic Markets, 8（2）: 3-8.

Wang S Y. 2004. TEI@ I: a new methodology for studying complex systems[C]//Proceedings of The International Workshop on Complexity Science, Tsukuba, Japan.

Zott C, Amit R. 2010. Business model design: an activity system perspective[J]. Long Range Planning, 43（2）: 216-226.

Zott C, Amit R, Massa L. 2011. The business model: recent developments and future research[J]. Journal of Management, 37（4）: 1019-1042.

第18章

公租屋证券化：雄安新区房地产商业模式设计

2003 年以来，我国城市房价大幅上涨，其根本原因是传统房地产商业模式存在重大缺陷。我们基于冰山理论分析了传统房地产商业模式，发现主要问题在于冰山之下的隐性知识部分，集中表现为房地产商与地方政府、金融机构的复杂利益关系。我们为雄安新区设计了"公租屋证券化"的新型商业模式，将住宅地产的使用权、所有权和收益权相隔离，以租金收益权设立房地产投资信托基金（real estate investweat trust, REITs），将居民的居住需求和金融投资者的投资需求相隔离。通过建立 REITs 交易市场允许房地产商和地方政府收回投资并实现收益，巧妙平衡了居民、地方政府、金融市场和房地产商的利益关系，建立可持续的房地产开发模式。

18.1 引言

2003 年以来，我国城市房价连续大幅上涨。国际通常使用租售比衡量房价，租售比是指房屋租金与房价之间的比值，根据国际经验，租售比超过 1∶300 就产生了房地产泡沫。据中国房地产报的统计，2016 年北京、上海、深圳等一线城市租售比均超过 1∶600，房价明显脱离居住需求。与此同时，商业银行、信托、基金等金融机构的大量资金流入房地产领域，高房价带来的宏观杠杆绑架了国民经济和金融体系，形成巨大的系统性风险。这是货币超发导致的投机需求推升所引起，更重要的是传统房地产商业模式存在重大缺陷。《中华人民共和国国民经济和社会发展第十三个五年规划纲要》将"健全住房供应体系，优化住房供需结构"

作为这一阶段的主要政策导向，以解决城镇新居民住房需求为主要出发点，以建立购租并举的住房制度为主要方向，深化住房制度供给侧改革，促进房地产市场平稳健康发展。2016年底召开的中央经济工作会议提出"房子是用来住的、不是用来炒的"，改变传统房地产商业模式，建立科学的、可持续的新型房地产商业模式将是我国在"十三五"期间，乃至更长时期内的施政着力点。

雄安新区是中共中央、国务院决定设立的国家级新区，是党中央做出的一项重大的历史性战略选择，是千年大计、国家大事。雄安新区的定位是集中疏解北京非首都功能，探索人口经济密集地区优化开发新模式，调整优化京津冀城市布局和空间结构。雄安新区为我国改革传统房地产商业模式，探索科学的、可持续发展的新型房地产商业模式提供了千载难逢的机遇。

以往研究大多侧重宏观需求管理，而本章将分析重点放在中国房地产行业的微观商业模式。我们运用冰山理论，首先分析冰山之上的传统房地产商业模式，其次分析冰山之下的利益关系，关键在冰山之下。在此基础上，我们平衡各方面利益诉求，尝试为雄安新区设计一种具有中国特色的、可持续发展的房地产商业模式，避免重蹈大都市病的覆辙。

18.2 文献综述

商业模式最早由Timmers（1998）提出，并获得了广泛关注。Zott等（2011）总结了现有研究对商业模式的定义；Chesbrough（2003）认为商业模式是"连接技术与商业价值实现的桥梁"的一种启发式逻辑；Johnson（2010）和Johnson等（2008）提出商业模式包含四个相互交织的元素，最终是为了创造和传递价值；Osterwalder（2004）、Osterwalder和Pigneur（2015）则认为商业模式是一种原理，描述企业"如何创造价值、传递价值和获取价值"。研究商业模式有三种常用方法：Zott和Amit（2008）的商业模式三要素，即业务活动、结构和治理；Osterwalder（2004）的商业模式九要素画布模型，其描述了企业如何创造价值、传递价值和获取价值的基本原理；汪寿阳等（2015）的商业模式冰山理论，指出商业模式具有显性知识和隐性知识，商业模式画布等传统分析方法只能用于分析冰山之上的显性知识，冰山之下的隐性知识才是商业模式难以复制的根本原因。基于以上理论，国内一些学者研究了中国企业的商业模式，吴超等（2017）、饶佳艺等（2017）和蔡强等（2017）基于商业模式冰山理论分别分析了自媒体商业模式、视频网站商业模式和产融结合商业模式；崔晓杨等（2016）分析了万达地产的商业模式，刘洋等（2016）总结了中国的房地产模式；而李雪蓉等（2016）和任晓勋等（2016）运用文献计量的方法对商业模式领域的论文进行了科学分析。整体来看，以往对商业模式的研究仍停留在总结归纳阶段,很少有研究通过设计商业模式解决当前经济社会的热点问题。

具体到房地产领域,李梦玄和曹阳(2013)认为我国房地产市场存在泡沫,泡沫主要由过度信贷政策和地方财政政策造成。顾海峰和张元娇(2014)认为货币政策可以通过控制需求而有效调控房地产市场。黄燕芬和张超(2017)认为房地产调控需要把握好政府和市场、地方和中央的利益关系。闫妍等(2005)认为中国具备发展房地产信托的必要条件。林左鸣和闫妍(2013)提出建立公共住房投资信托基金,并以此为基础建立法定财富标志,作为央行的主要操作工具。以往研究大多侧重宏观需求管理,而本章将分析重点放在中国房地产行业的微观结构上,着重在平衡各方利益关系的基础上设计一种具有中国特色的、可持续发展的新型房地产商业模式。

18.3 冰山之上:传统房地产商业模式分析

依据冰山理论,我们首先用传统商业模式理论分析冰山之上的显性知识部分。传统房地产商业模式主要涉及四个利益相关者,即地方政府、承建商、购房者和资金方,主要的业务模式是房地产商首先对地块进行调研、定位和方案设计。其次参加地方政府主持的土地招拍挂获取地块。最后房地产商将具体的设计施工分包给设计院、建筑商等承建商,由承建商进行具体的施工建设。房地产商将房产销售给购房者,实现销售收入(图18-1)。而贯穿房地产整个商业循环的是资金方的支持。房地产业是资本密集型行业,大量资本的周转使得房地产商往往高杠杆运营,从房地产商参加招拍挂开始,房地产商就从商业银行、信托、资产管理等各个资金平台获得资金。甚至房地产商实现销售退出项目,仍然依赖资金方的支持,高企的房价使得大多数购房者需要贷款才能付清房款,而房地产商往往协助购房者获取银行贷款。

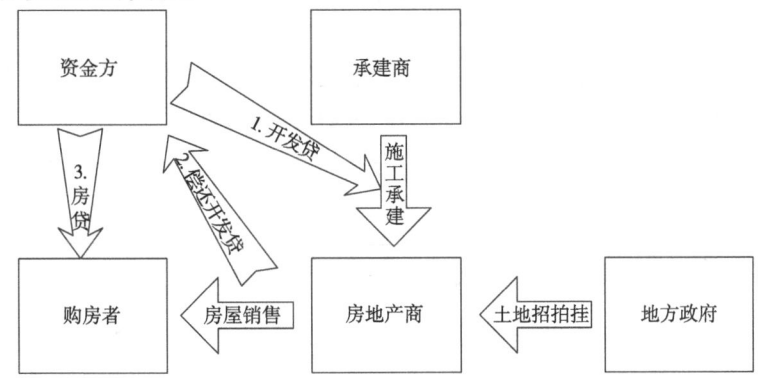

图18-1 传统房地产商业模式交易架构

我们使用商业模式画布理论分析传统的房地产商的商业模式（图 18-2）。传统房地产商的价值主张是满足业主的居住需求和投资需求，由于房价的持续升高，满足部分购房者投资升值的需求已经越来越重要。其客户可以细分为三类，即满足基本居住需求的保障性购房者，为获得学区、医疗等资源及获得更大居住空间的改善性购房者和为追求高投资回报的投资者。主要的客户关系是房地产商为业主提供后续物业管理服务，建立长期的客户关系以维持开发商品牌。主要的渠道是通过房地产中介和广告等。

重要合作	关键业务		客户关系	客户细分
地方政府 设计院、承建公司 等施工方 银行、信托、资产 管理计划、房地产 基金等资金方	拿地、产品定位设计、销售	价值主张 满足业主的居住 需求和投资需求	为业主提供后续物业管 理等服务，与业主长期 服务，维持开发商品牌	1. 保障性购房者：居者有其屋 2. 改善性购房者：学区、医疗等 3. 投资者：追求资产升值
	核心资源 资金、政府关系、开发实 力、品牌、研究设计能力		渠道通路 房地产中介、广告等	
成本结构 开发成本、土地成本等			收入来源 楼盘销售收入，自持商业地产租金收入等	

图 18-2　传统房地产商业模式画布

传统房地产商的关键业务是拿地、产品的定位设计和销售，与之对应的核心资源是与地方政府的关系、研究设计能力、开发实力和品牌，除此之外资金实力也是重要的核心资源。而房地产商的重要合作者是拿地环节的地方政府，实现产品施工的设计院、承建公司等，以及银行、信托、资产管理计划和房地产基金等资金方。而其主要的成本是开发成本和土地成本等，而收入来源是楼盘的销售收入和自持商业地产租金收入等。

18.4　冰山之下：传统房地产商业模式下的利益关系

冰山之上是显性的商业模式，冰山之下是复杂的利益关系，其中最主要的利益相关者是地方政府和金融机构。他们与房地产商复杂的利益关系是传统房地产商业模式的决定性因素，如果不了解冰山之下的利益关系就难以从根本上理解中国的房地产问题。

18.4.1　地方政府与房地产商的利益关系

土地出让金是房价的重要组成部分，也是地方政府最重要的财政收入来源之一。在供需不平衡的情况下，我国土地形成了地方政府垄断市场，地方政府希望调整土地价格获得更多财政收入，直接或间接地造成房价上涨（钱曾，2010）。我们利用 wind 数据库，计算了 2010~2016 年中国百大城市住宅房价组成。土地价格是一线城市住房价格的主要组成部分（图 18-3），从 2014 年开始土地价格在房价中的占比超过 1/3，能否拿到优质的地块是房地产商的最关键业务和资源。相比之下，房屋建筑成本和房屋安装成本占比较低且持续下降，2016 年仅占房价的 5% 左右。

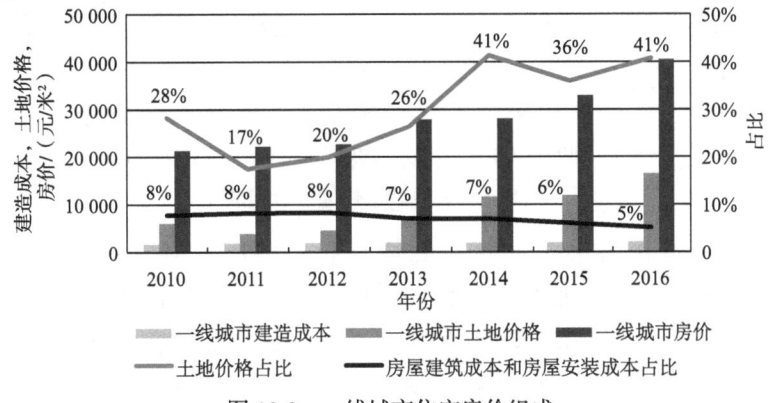

图 18-3　一线城市住宅房价组成

土地价格同样是二线城市房地产价格的重要组成（图 18-4）。2014 年以前二线城市土地价格占比在 20%~25%。而 2014 年以后土地价格占比开始逐年升高，甚至超过了一线城市的土地价格占比，这一方面是房地产商竞争囤积优质地块的结果，另一方面也是地方政府土地供给不足的后果。房屋建筑成本和房屋安装成本占比较为稳定，持续在 13%~16%。

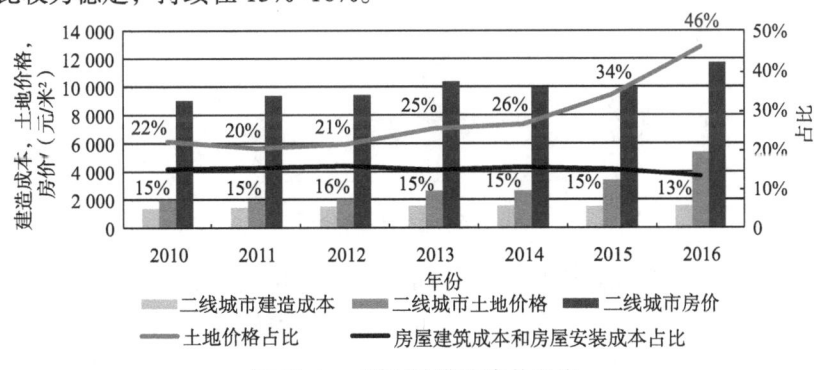

图 18-4　二线城市住宅房价组成

三线城市房地产价格主要由土地成本及房屋建筑成本和房屋安装成本组成（图 18-5）。土地价格占比在 2014 年前在 20% 以下，2014 年之后房价占比持续升高，在 2016 年达到 28%。房屋建筑成本和房屋安装成本是房价的另一个重要组成，在房价中的占比大约在 20%。

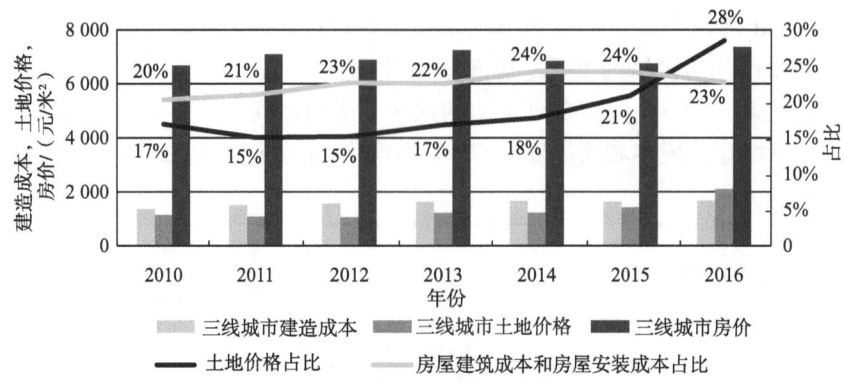

图 18-5　三线城市住宅房价组成

土地价格是房价的主要组成部分，其高价格主要来自土地供给有限（图 18-6）。地方政府并非市场主体，其对土地供给量的调整并不完全依赖价格，同时需要顾及财政收支和未来可供出售的土地，因此土地供给是相对于土地价格的刚性供给。当房地产价格上升，房地产商为保证未来有足够的项目工程，积极竞拍和囤积土地，导致土地需求从 D_0 右移到 D_1，而土地刚性供给保持不变，引起地价升高，继而推高房价。房价上涨吸引了投资性购房者大举买入，而保障性购房者和改善性购房者则会发生恐慌性购买，推高房价。与之对应的土地需求曲线继续向右移动到 D_2，房价继续升高。

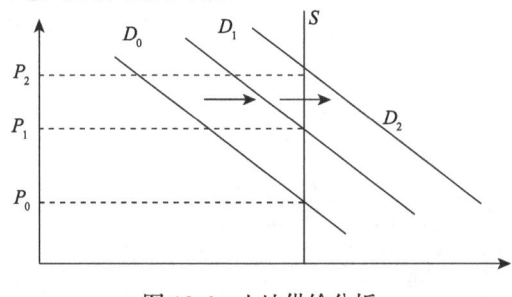

图 18-6　土地供给分析

在这种土地供给体制下，地方政府成为房价上涨的受益者，各级地方财政对土地出让收入的依赖程度非常高，使得地方政府有动机维持较高的房价。1999 年至 2015 年，全国土地出让收入总额达 27.29 万亿元，2010 年以来中央政府多次强调降低土地财政收入的必要性，土地出让收入在地方财政收入中的占比从 2010 年的 69.4% 下降到 2015 年的 37.1%，但土地出让收入仍占地方财政的 1/3 以上，部分市县甚至超过 50%（图 18-7）。这些内在利益关系造成地价越来越高。

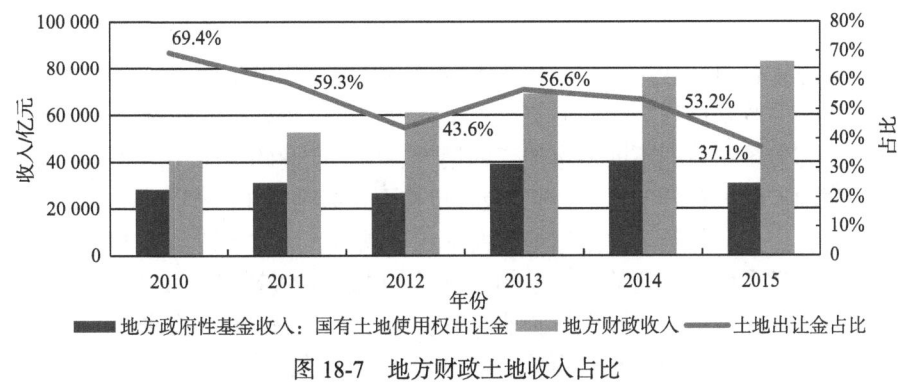

图 18-7　地方财政土地收入占比

18.4.2　金融系统与房地产商的利益关系

除地方政府以外，另一个重要的利益相关者就是金融系统。房地产行业是资本密集型行业，房地产商大多高度负债经营，对金融系统高度依赖。房地产业的总体杠杆率大约在 60%，积累了大量的宏观杠杆，绑架了金融机构。2010 年以来，自筹资金占房地产开发投资总额的比例持续在 40% 左右，其余资金主要来自商业银行的开发贷款和信托、资产管理、国有企业财务平台、民间借贷等其他融资渠道（图 18-8）。近年来由于宏观调控，银行开发贷款受到总量控制，开发商对信托、基金等其他融资渠道更为依赖，这些渠道资金成本更高，风险更大。而追溯这些渠道的资金来源，背后往往有银行的影子。商业银行通过委外方式，购买了大量以房地产开发贷款为基础资产的非标准理财产品，使得房地产业成为商业银行等金融机构的最大风险暴露，以至于"绑架"了金融系统，强迫房地产成为一种"稳定增值的"优质资产。

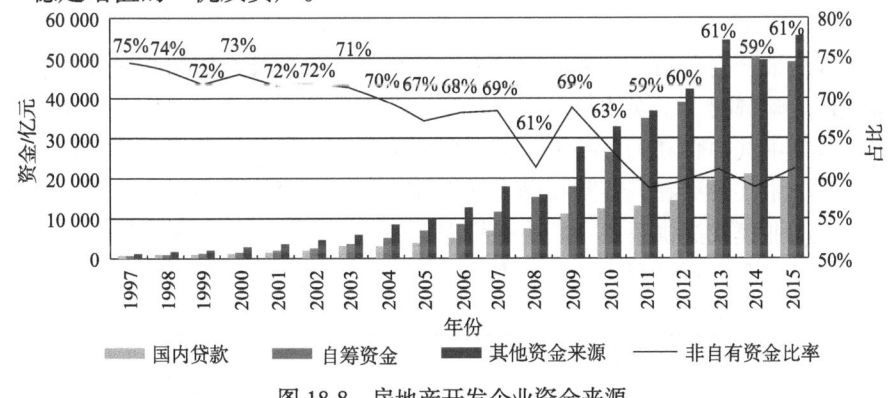

图 18-8　房地产开发企业资金来源

房地产业不仅在房产开发环节严重依赖金融系统，销售更依赖金融系统，本质上看，房地产的销售去库存并不能降低宏观金融杠杆，只是转移了负债主体

[图18-9（a）]。由于房价过高，大多数购房者无法完全用自有资金支付全款，而选择向商业银行申请住房贷款。购房者通过向金融机构借款而支付给房地产商房款，房地产商收到房款后偿还向资金方借入的贷款、信托等。从资金方整体的角度来看，与传统制造业不同，房地产的销售、房地产商的去库存，是一个居民加杠杆而房地产商去杠杆的过程，对于金融机构而言只是换了一个贷款人账户而已。更有甚者，由于房价远远超过房地产商的各种成本，房地产销售造成的居民负债总额甚至超过了房地产商的负债总额。中国人民银行的统计显示，2009年之前居民住房贷款余额与房地产开发投资非自有资金总额几乎等量增长，而自2009年以后，房贷余额增速超过房地产开发投资非自有资金总额[图18-9（b）]。总而言之，地产去库存不能带动宏观去杠杆，反而会增加宏观杠杆，绑架金融机构。

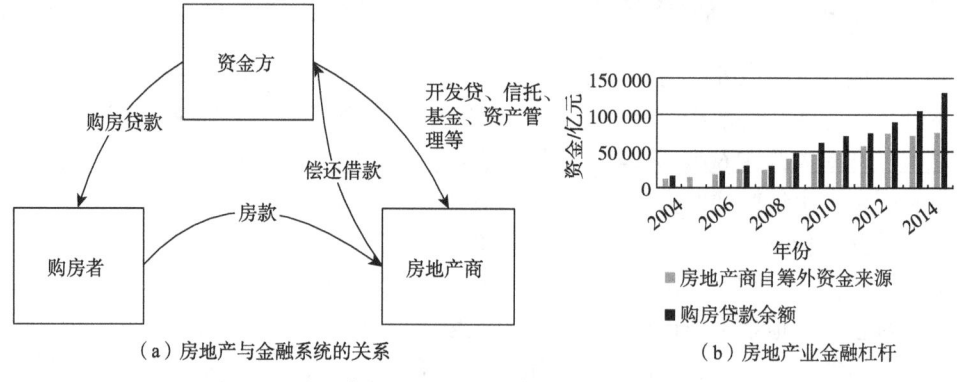

图18-9 房地产与金融系统的关系和房地产业金融杠杆

18.5 新型房地产商业模式：住房地产证券化模式

传统房地产商业模式带来的房价泡沫产生了严重的社会影响，房地产业集聚的系统性风险绑架了金融体系和国民经济，改变传统房地产商业模式势在必行。雄安新区是中共中央和国务院做出的一项重大的历史性战略选择，是千年大计、国家大事。中共中央和国务院在雄安新区探索建立新型大都市，也为我国改变传统房地产商业模式提供了一个历史性机遇，我们希望为雄安新区设计一个能够解决以上重大问题的新型商业模式。设计新型房地产商业模式既要照顾冰山之上，又要照顾冰山之下，而关键在于处理冰山之下的复杂利益关系。

新型房地产商业模式必须满足以下三个条件：

（1）区分居住需求和投资需求，保障居住需求，照顾投资需求。2016年底召开的中央经济工作会议提出"房子是用来住的、不是用来炒的"，新型房地产商业模式要将房子的居住需求和投资需求进行分离。

（2）满足地方政府的融资需求。自分税制改革以来，地方财政除维持正常政府职能外，也将大量财政收入用于投资建设，带动地方发展，地方政府的财权和事权严重不相符合，土地出让收入是地方政府重要的收入来源，新型房地产商业模式不能简单切断地方政府的融资需求。

（3）真正降低居民和企业的杠杆率，达到防风险的要求。传统房地产业在生产周转环节产生了大量企业杠杆，房地产的销售则积累了更大的居民杠杆，2008年金融危机就是由美国居民的次级贷款所引起。因此新型商业模式必须真实降低居民和企业的杠杆率。

我们为雄安新区设计的房地产商业模式是"公租屋证券化"，具体模式如下：地方政府保有土地所有权，而将土地的70年使用权出租，房地产商以管理和资金出资，共同设立公租屋建设公司，具体负责土地的规划设计、工程施工、策划销售和售后维修。地方政府将土地进行招拍挂，以中标金额确定地方政府的持股比例，其余股权则由房地产商持有，房地产商负责具体的设计施工。建设完成后，公租屋建设公司以70年的租金收益权设立REITs，作为公租屋建设公司的股东，地方政府和房地产商按比例最终持有REITs的全部股权。公租屋REITs是一家独立负责公租屋的日常运营，包括招揽和管理租户、日常维修及配套设施管理等，并汇集租户支付的租金的公司，负责将90%以上的税前收益分配给REITs的股东（图18-10）。严格意义上说，REITs不是政府管理的事业单位，而是市场主体，其管理的住房是市场定价的租赁住房地产，地方政府具有土地的所有权但不具有对租赁住宅的管理权，从而划清政府与市场的界限。具有居住需求的住户可以向REITs支付租金，入住REITs管理的租赁房产，并享受物业服务，而没有居住需求，只是想要投资房地产的居民则没有入住的激励，从而实现需求分离，满足条件（1）。

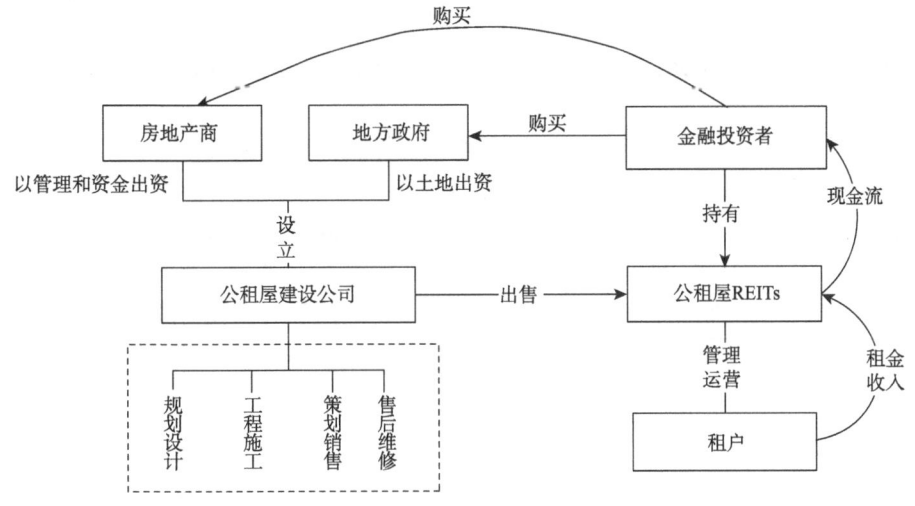

图 18-10 "公租屋证券化"商业模式交易架构

同时建立 REITs 交易市场，允许保险、基金等具有良好抗风险能力和较长投资期限的金融机构买卖 REITs。由于 REITs 是与股票、债券关联性较低的优良资产，投资者持有这种资产既可以分散金融风险，又可以获得房地产领域的收益，具有良好的投资价值，满足了条件（3）。而地方政府和房地产商既可以选择在 REITs 交易市场一次性将持有的股权出售给基金、保险等金融投资者，从而收回前期投资并盈利；也可以选择长期持有 REITs 股权，从而每年获得稳定的现金流，满足了条件（2）。

以往地方政府为了弥补财政赤字，往往在财政收入紧缺的时候出售大量土地，造成土地开发缺乏规划，REITs 交易市场将地方政府的收入与城市开发分离，地方政府可以在财政盈余时开发土地，同时持有 REITs 资产获得稳定现金流，而在财政紧张的年份，则不需要出售大量土地，而选择出售 REITs 股份一次性回收资金，从而可以达到逆周期调控的目的。同时，地方政府以 70 年土地使用权出租设立公租屋 REITs，意味着地方政府有权在 70 年到期后收回土地及地面上的租赁房产，进而进行维修或者重建，继而可以解决以往地方政府拆迁难，城市规划前后不一致难以更改的弊病。而且地方政府每 70 年就可以对一块土地进行再开发，避免了以往模式下地方政府"无地可售"的被动境地。

更进一步地，选择"公租屋证券化"模式也是为房地产商减轻买地的负担，同时又能够充分利用房地产商的管理经验。"公租屋证券化"模式并不局限于保障性的廉租房，而且要覆盖各个层次的需求，建立高、中、低档小区，地方政府也要为租赁住房提供学校、医疗等配套设施。

REITs 是一种股权类产品而非债权类产品，因此可以通过"去库存"降低宏观杠杆。从房地产商角度看，当房地产商完成建设，将 REITs 股权出让给金融投资者时，房地产商的杠杆率自然降低，实现了通过"去库存"来"降杠杆"。从租户角度看，租户逐年交付租金，不需要背负住房贷款，因此没有增加居民端的杠杆，从而满足条件（3）。

我们用商业模式画布工具展开"公租屋证券化"商业模式（图 18-11）。新模式与传统模式的最大不同主要有三个方面。第一，新模式的价值主张是满足住房者的居住需求和金融投资者的投资需求，通过区分两个需求的主体，实现"房子是用来住的，不是用来炒的"政策目标。第二，新模式的关键业务重点在于 REITs 的长期运营管理。第三，新模式的收入结构主要由两部分构成，即在金融市场一次性出售的 REITs 和长期持有的 REITs 产生的稳定现金流。

重要合作	关键业务	价值主张	客户关系	客户细分
地方政府 设计院、承建公司等施工方 重要资金方	产品设计定位 销售 运营管理 核心资源 资金、政府关系、金融市场关系、开发实力、产品定位及影响能力、品牌	满足住房者的居住需求，金融投资者的投资需求	为业主长期服务；与投资人长期合作 渠道通路 中介、广告等	1. 保障性购房者： 居者有其屋 2. 金融投资人
成本结构 开发成本，资金成本			收入来源 出售 REITs 收入，自持 REITs 收入等	

图 18-11 "公租屋证券化"商业模式画布

18.6 结论

房地产市场长期无序发展集聚了大量系统性风险，不仅影响人们的社会生活，也绑架了宏观经济和金融体系。这是传统房地产商业模式带来的痼疾，只有重新设计新型的房地产商业模式才能从根本上解决这个问题，而设计商业模式的关键是要平衡冰山之下复杂的利益关系。雄安新区是国家的"千年大计"，是重新设计房地产商业模式、避免大城市病的千载难逢的机遇，我们以冰山理论为基础，平衡冰山之下各方利益关系，设计了"公租屋证券化"的房地产新模式。新模式将住宅地产的使用权、所有权和收益权相分离，在保证了居民的居住需求的基础上，将住宅的租金收益权设立公租屋 REITs，由 REITs 负责市场化运营和管理。建立公租屋 REITs 交易市场，满足了金融投资者的投资需求，同时地方政府可以在 REITs 市场出售持有股份，从而收回财政收入。由于公租屋 REITs 是股权而非债权，居民按时支付租金而不需要背负巨额房贷，达到了真正降低了宏观杠杆率的目的。同时新模式具有可持续性，为雄安新区城市规划提供了一个崭新的视角。

18.7 政策建议

"公租屋证券化"模式在雄安新区的具体实施中，应注意以下五点：

（1）地方政府需落实公租屋的配套设施。地方政府以公租屋为主要的开发模式，因此应满足不同层次的需求，不仅有保障性的廉租房，也要在交通便利的地区建立中高档小区，并对公租屋和自有住房一视同仁，开放学校资源、医疗资源、交通资源等。

（2）建设规划需要吸取国际经验，建立混合型小区，避免产生贫民窟。公租房的流动性强于自有住房,居民依据自己的收入水平选择公租房,会导致收入水平较低的居民集中在公租房,形成贫民窟,带来教育、毒品等各方面社会问题。因此应建立包括各个档次的公租房的混合性小区。

(3)租赁地产的租金应以市场价格为基础,以政府补贴为辅助。直接限定租金的计划经济模式是走改革开放的回头路,导致经济低效率、政治寻租等问题。为充分利用房地产商和金融机构的管理经验,应该以市场定价为主,充分提高经济效益。同时地方政府可以为不同收入水平的租户提供相应的租金补助,解决二次分配的公平问题,但需要避免直接限定租金的计划经济模式。

(4)建立和完善 REITs 市场,通过充分调研设计金融机制,保证房地产商和金融机构的利润空间。与商业地产不同,住宅地产是一个相对刚性的需求,因此在城市人口保持稳定或增长的情况下,公租屋 REITs 都可以提供稳定现金流,需要通过具体调研设定分成条件,通过科学定价吸引各市场主体积极参与。

(5)各地方政府可以推广"公租屋证券化"模式,将地方开发的过剩房地产吸收并设立 REITs,地方政府可以通过对 REITs 的宏观调控,增强对房地产的调控能力。一方面可以降低地方房地产库存,降低地方房地产风险;另一方面,当住宅地产投放过度时,地方政府可以通过在市场上完全控股某些公租屋 REITs,并将这些住宅地产退出流通,收回土地使用权,从而重新开发相关土地,达到重新规划的目的。

(本章作者:王雷,崔晓杨,李俊儒,胡毅,乔晗,汪寿阳)

参 考 文 献

蔡强,田歆,胡毅,等. 2017. 产融结合模式的演化路径研究——以 GE、联想控股为例[J]. 科技促进发展,(3):145-153.
崔晓杨,闫冰倩,乔晗,等. 2016. 基于"微笑曲线"的全产业链商业模式创新——万达商业地产案例[J]. 管理评论,(11):264-272.
顾海峰,张元姣. 2014. 货币政策与房地产价格调控:理论与中国经验[J]. 经济研究,(S1):29-43.
黄燕芬,张超. 2017. "十二五"规划以来我国房地产调控的政策分析——兼论未来房地产调控应妥善处理的四大关系[J]. 价格理论与实践,(4):25-28.
李梦玄,曹阳. 2013. 我国房地产市场泡沫的测度及成因分析——基于行为金融理论的视角[J]. 宏观经济研究,(9):86-91.
李雪蓉,张晓旭,李政阳,等. 2016. 商业模式的文献计量分析[J]. 系统工程理论与实践,(2):273-287.
林左鸣,闫妍. 2013. 基于公共住房投资信托基金(PHITs)的法定财富标志设计[J]. 管理评论,(11):3-11.

刘洋, 黄稚渊, 纪尚伯, 等. 2016. 中国房地产业的商业模式[J]. 科技促进发展, (2): 126-134.
钱曾. 2010. 影响我国房价上涨的供给因素的实证分析[J]. 财经界（学术版）, (7): 86-88.
饶佳艺, 徐大为, 乔晗, 等. 2017. 基于商业模式反馈系统的视频网站商业模式分析——Netflix与爱奇艺案例研究[J]. 管理评论, (2): 245-254.
任小勋, 乔晗, 何乐平, 等. 2016. 基于文献计量模型的银行商业模式研究分析[J]. 系统工程理论与实践, (5): 1169-1179.
汪寿阳, 敖敬宁, 乔晗, 等. 2015. 基于知识管理的商业模式冰山理论[J]. 管理评论, (6): 3-10.
吴超, 饶佳艺, 乔晗, 等. 2017. 基于社群经济的自媒体商业模式创新——"罗辑思维"案例[J]. 管理评论, (4): 255-263.
闫妍, 朱晓武, 张驰. 2005. 中国房地产信托行业的分析与思考[J]. 管理评论, (12): 7-11, 63.
Chesbrough H W. 2003. Open Innovation: The New Imperative for Creating and Profiting from Technology[M]. Boston: Harvard Business School Press.
Johnson M W. 2010. Seizing the White Space: Business Model Innovation for Growth and Renewal[M]. Boston: Harvard Business School Press.
Johnson M W, Christensen C C, Kagermann H. 2008. Reinventing your business model[J]. Harvard Business Review, 86(12): 50-59.
Osterwalder A. 2004. The business model ontology—a proposition in a design science approach[D]. University of Lausanne, Switzerland.
Osterwalder A, Pigneur Y. 2015. Clarifying business models: origins, present, and future of the concept[J]. Communications of the Association for Information Systems, 16(16): 751-775.
Timmers P. 1998. Business models for electronic markets[J]. Electronic Markets, 8(2): 3-8.
Zott C, Amit R. 2008. The fit between product market strategy and business model: implications for firm performance[J]. Strategic Management Journal, 29(1): 1-26.
Zott C, Amit R, Massa L. 2011. The business model: recent developments and future research[J]. Social Science Electronic Publishing, 37(4): 1019-1042.

第19章

教育地产：多元化分析

随着房地产行业的利润率下降，房企积极做跨界布局，试点商业模式创新，其中教育是房企重点发展的一个领域。本章分析教育地产的商业模式，包括隐性知识，并从多元化的角度来比较"地产+教育"与"教育+地产"的特点，从集约性、协同性、多样性三个测度来评价地产与教育的跨界结合对原有商业复杂系统的影响。地产商跨界做教育与教育产业跨界地产的结合方式不同，优势也不同。地产商多采用重资产模式，集约性较好，并且可形成协同效应，盈利模式更加多样。教育集团则多采用轻资产模式扩张，因为从教育到地产的商业模式扩展集约性较差，轻资产模式可以借助地产商的资源实现模式的快速复制。

19.1 引言

2016年，我国商品房销售面积达到15.7亿平方米的新高。然而2016年的楼市成交高峰未来很难再现，15.7亿平方米的成交量可能成为未来中国楼市的"天花板"。另外，房地产行业集中度也在逐渐提升，规模房企以外的开发商将很难在原有的商业模式上生存，因此在商业模式上进行创新成为房地产行业的一个必然趋势。传统的"拿地—盖房—卖房"的商业模式正在发生改变，房企加速转型，积极介入房地产延伸业务和跨界布局，试点商业模式创新。转型的方式一方面是参与产业链各环节，另一方面是跨界进入医疗健康、金融、教育等板块，与原有的房地产业务相结合。房地产企业涉足这些细分市场，使得市场定位"特化"，这种错位竞争策略使得房企在一定程度上规避了与同类房地产企业间在资源、客户等方面的同质化竞争，是一种常用的竞争策略。从目前标杆房企的转型路径来看，医疗、养老、健康、休闲、体育、教育等是开发商的重点涉足领域。本章对其中的教育地产的商业模式进行分析。

商业模式是管理学中的一个研究热点，得到国内外学者的广泛研究。商业模式的定义还没有得到公认（Zott et al.，2011），许多学者提出了自己对商业模式的定义，如 Osterwalder 等（2005）提出的商业模式画布就是一种较为主流、受到广泛认可的商业模式分析框架。Zott 和 Amit（2010）则将商业模式定义为相互依赖的活动构成的系统，从而使得商业模式的边界超越了单个公司，扩展到企业和其合作者共同创造价值的整个系统。国内学者对商业模式的定义、分析框架及具体行业和企业的商业模式创新案例也做了不少研究。例如，魏炜等（2012）对商业模式的定义是利益相关者的交易结构，提出了商业模式的六要素模型。汪寿阳等（2015）则把商业模式的分析进一步扩展为显性知识与隐性知识的集成，其商业模式冰山理论认为隐性知识是商业模式被复制时能否成功的关键。李雪蓉等（2016）、李靖宇等（2016）、任小勋等（2016）分别对商业模式、电视传媒行业的商业模式，以及银行商业模式进行了文献计量分析，梳理了商业模式或某个具体行业商业模式研究的热点、现状和研究趋势。案例研究方面，近两年也有许多企业或行业商业模式创新的研究，如崔晓杨等（2016）对万达商业地产的案例研究，吴超等（2017）对自媒体"罗辑思维"案例的研究，汪寿阳等（2016）对多个行业商业模式的研究，等等。

对于教育地产的研究多比较浅层，也没有从商业模式的角度对其进行分析。例如，朱昊（2015）列举了房地产与教育的几种结合方式，具体描述了万科的"地产+教育"三层产业体系。江坚（2010）则分析了学区房的现状、价格居高不下的原因及教育地产发展的必然性，并提出了政策建议。本章对教育地产做一个商业模式分析，分析教育和地产的跨界组合是否具有合理的商业逻辑，包括了冰山理论所强调的隐性知识，并从多元化的角度来比较地产商跨界做教育与教育产业跨界地产的优势与劣势。

本章其余内容安排如下：首先是教育地产的背景介绍，介绍其在国内的发展现状、类型、存在的问题等；其次是教育地产的商业模式分析，用商业模式画布的分析框架来描述；再次依据商业模式画布对地产结合教育做多元化分析；最后总结。

19.2 教育地产介绍

19.2.1 教育地产在我国的发展

在我国，教育地产的开端是 1994 年内地房地产遭遇危机，碧桂园与北京景山中学合作开办广东碧桂园学校,以学校带动楼盘销售,避免了顺德碧桂园项目烂尾。目前,我国教育地产市场已增长至较大的规模,增速也较快。据《教育地产行业研究报告》,截至2014年底,教育地产市场规模突破3 000亿元,2015年超过3 800亿元。涉足教育地产的房企有万科、碧桂园等行业龙头,也有世茂集团、海亮集团等中等规模房企,海亮集团的教育板块已在美国上市。以最早涉足教育地产领域的碧桂园为例。碧桂园的很多项目位于二三线城市且位置偏远,在区位条件方面实际上处于劣势。但是这些项目具有突出的优势,能够首先满足业主子女的入学需求。碧桂园已开办三十多所学校,以其教育资源带动楼盘,教育板块与地产板块的互动,成为碧桂园新的利润增长点,教育成为多元化扩张的一个主攻方向。2014年10月,碧桂园教育集团成立,预备分拆上市。

房企跨界教育的出发点可能是把教育作为项目配套资源,或是做出优质教育品牌增加企业营收,作为一个独立的产业发展。近年来房地产行业的利润整体处于下滑的趋势。在过去十多年房产价格持续上涨的背景之下,房地产上市公司的净利率却在持续下降,已经跌破10%。从已上市的教育集团来看,教育产业的盈利能力则可以达到高于房地产行业的水平。例如,海亮教育2014年净利润率高达30%,另一家和地产商合作发展的枫叶教育,净利润率达21%,高于房地产行业。因此,教育不仅能够增加地产项目的附加值,本身的盈利也可以很高。当前各房企仍在积极寻求转型,在龙头企业的引领下,教育行业很有可能成为房企多元化发展的一个重点方向。

19.2.2 教育地产的类型

教育地产有不同的类型。如果按照教育类型来分类,主要有基础教育的教育地产,如幼儿园、小学、初中、高中、K12(kindergarten through twelfth grade,基础教育)等,高等教育,如专科、本科、成人教育、研究生等,以及非升学类教育,如艺术、体育、科学、人文等素质教育项目和课外辅导、语言培训、考试培训等。如果按照地产类型来分类,主要有住宅地产和商业地产。教育地产的常见形式有住宅地产配套基础教育,商业地产配套非升学类教育,如新东方教育综合体,以及高等教育大学城。

19.2.3 教育地产的三方共赢模式

教育地产主要涉及消费者、教育机构、房地产企业三个主体,是一个三方共赢模式。对于教育地产的消费者来说,住宅教育地产的业主可以享受到住宅配套的教育资源,而培训等非升学类教育的消费者在教育综合体可以得到一站式的教育培训,接送孩子参加这类培训的家长则可以在等待时间里享受教育综合体的商业配套。教育和地产合作的模式为教育机构的扩张提供了资金和场地，名校或其他教育品牌可以借助与地产商的合作实现轻资产扩张，租用商业地产的教育机构有些还可以付更低的租金，降低场地的成本。对房地产企业来说，教育资源是住宅地产的配套资源，优质教育资源可以增强楼盘的吸引力，而培训机构等教育业态的体验性强，有助于为商场带来人流。教育既可以作为房地产项目的配套，提升项目附加价值，也可以作为单独的板块运营，成为房地产企业的利润来源。

19.2.4 教育地产存在的问题

目前我国教育地产还存在很多问题。在教育方面，存在的一个争议是教育地产使得教育进一步向资本倾斜，导致教育过于商业化，加重教育资源的不公平。其他问题还包括名校和地产商开办的分校在师资和教学质量上跟不上母校的水平，民办学校收费过高，地产项目配套的学校生源不稳定，在业主的子女毕业后可能无法保证生源等。在地产方面，也存在教育地产名不副实，业主没有享受到地产商承诺的优先入学权，建成的学校产权不明晰，抬高房价等问题。

19.3 教育地产商业模式分析

下文分析教育地产的商业模式，用 Osterwalder 等（2005）的商业模式画布来分析其显性知识，如图 19-1 所示。

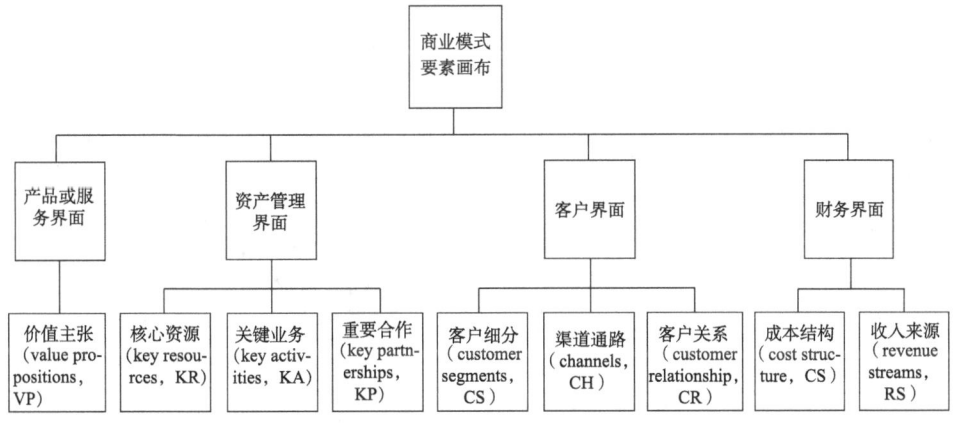

图 19-1 商业模式画布

19.3.1 环境因素

首先分析隐性知识，对教育地产在我国发展的外部环境进行分析。

法律法规方面，目前与教育地产有关的法律主要有《中华人民共和国教育法》

《中华人民共和国民办教育促进法实施条例》《中华人民共和国城市规划法》等，这些法律与教育或地产有关，但是并没有专门针对教育地产的相关法律。民办学校与公办学校具有同等的法律地位，国家保障民办学校的办学自主权，并且民办学校可以取得合理的回报。因此地产商办学具有法律基础，可以通过办学获得一定利润。

政策方面，九年制义务教育阶段根据户口所在地就近入学的教育制度使得学区房成为稀缺资源。政策支持驱动着教育的产业化发展，政府对教育领域投入增加，民办教育相关法律及配套政策的修改提速，教育有望迎来产业化发展，改善原来教育资源稀缺的状况。政策改革将带动教育产业化与多样化，分类管理改革对非营利性教育与营利性教育有清晰的界定，吸引社会资本涌入教育行业，同时带来内部管理模式改革及对外合作增加。总体来看，政策环境对地产商办学是比较有利的。

社会环境方面，中国有重视教育的传统，如孟母三迁的典故，教育的需求和支出在中国的家庭中占有重要地位。尤其是随着人口出生率的降低，中国家长对子女的教育更加看重，教育投入越来越多。

行业环境方面，基础教育资源的缺位和不均衡是教育行业的痛点，也是房地产企业的机会。房地产白银时代，大的地产企业都在尝试创新的商业模式来保持竞争力。而教育产业的发展则进入黄金时代，从整体行业规模和市场活跃度来看，皆处于扩张阶段。房地产企业从成熟期的房地产行业跨界进入成长期的教育行业，对其增长和利润是有利的。

19.3.2 商业模式——住宅

教育地产按其地产类型来分，分为住宅地产和商业地产。住宅地产商业模式见图 19-2。

重要合作 名校和其他教育机构	关键业务 开发、物业管理、学校经营	价值主张 除居住功能外还满足了刚性的教育需求，整合了分散的教育资源。 教育地产抗跌性好，满足投资需求	客户关系 为业主提供后续长期的物业管理等服务，维持开发商品牌	客户细分 孩子处于学龄的特定年龄段客户，有投资需求的客户
	核心资源 资金、拿地开发实力、品牌		渠道通路 一般的楼盘营销渠道	
成本结构 开发成本，学校的经营管理成本			收入来源 由教育资源带动的楼盘销售收入，学费	

图 19-2 教育地产商业模式画布——住宅

19.3.3 商业模式——商业地产

商业地产商业模式见图 19-3。

重要合作 教育培训机构	关键业务 招募商家和教育机构入驻，地产经营维护顾客消费体验，物业管理	价值主张 一站式教育商业服务，提供陪读环境	客户关系 教育培训机构的客户是较为稳定的客源	客户细分 对培训等教育资源有需求的客户，陪读家长，一般消费者
	核心资源 资金、拿地开发实力、商业地产运营能力		渠道通路 教育培训机构营销	
成本结构 开发成本，对教育机构减租金			收入来源 租金、管理费、教育机构的入驻带动商业地产人流，使得项目升值	

图 19-3 教育地产商业模式画布——商业地产

19.4 教育地产商业模式多元化分析

地产与教育的跨界融合具有合理的商业逻辑。教育的深度体验属性，决定了其无法纯线上化，线下体验是关键，这里面包括教育内容、场地配套等因素，需要地产和教育的配合。教育与地产是紧密联系的，这为两者的跨界融合提供了良好的先天条件。

地产与教育跨界融合已成趋势，具备优势资源的教育集团、地产商均参与布局教育地产。但因各自基因不同，核心商业模式不同，多元化的路径就不同，这就决定了各方具体做法又存在一定差异。

19.4.1 商业模式多元化分析框架

首先介绍本章所用的商业模式多元化分析框架，王雷（2017）在商业模式画布的基础上提出了商业模式多元化分析的三个测度，即集约性、协同性、多样性。这个框架可以用来分析企业从原有的商业模式发展出新的商业模式时，对整个商业复杂系统的影响。

依据商业模式画布模型（图 19-1），企业的商业模式主要可以由产品或服务界面、资产管理界面、客户界面和财务界面所描述。集约性指的是在原有商业模式的基础上发展新商业模式时，多大程度上能够依赖原有商业模式的资源和客户。集约性主要衡量的是新商业模式与原有商业模式在资产管理界面（核心资源、关键业务、重要合作)和客户界面(客户细分、渠道通路、客户关系)的接近程度。协同性指的是新的商业模式是否能给原有的商业模式带来资源和客户,从而使得原有的商业模式创造更多的价值。协同性主要衡量的是新商业模式在资产管理界面和客户界面上可以给原有的商业模式多少回馈。多样性指的是新的商业模式与原有的商业模式在产品或服务界面(价值主张)和财务界面(成本结构、收入来源)有多大差别。多样性高可以降低经营风险和资金周转风险。

多样性分析以原有的商业模式为原点,以集约性测度原有商业模式的资源能力、客户渠道能否帮助企业开创新的商业模式,以协同性测度企业在建立新的商业模式之后,积累的资源能力和客户渠道能否反哺原有的商业模式,以多样性测度两种商业模式在价值主张和成本收益方面的风险分散程度。图 19-4 描述了商业模式多元化分析的三个测度的关系。

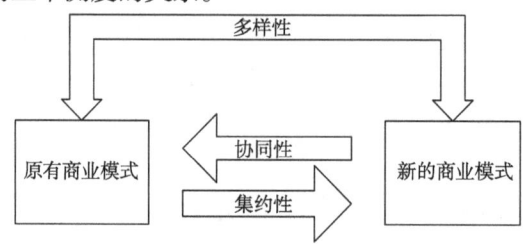

图 19-4　商业模式多元化分析三个测度的关系

19.4.2　"地产+教育"

(1)结合方式。

过去地产商为了提升项目附加值,社区地产项目会配套幼教等学校,教育资源停留在配套设施的层面。然而如今地产与教育已实现更深层的结合,如碧桂园的 K12 国际教育,万科的社区营地(住宅)、城市营地(购物中心)、户外营地等。万科、碧桂园、保利等都已成立了独立的教育事业部,地产商布局教育产业,发展潜力大。

住宅地产结合教育的方式有浅度结合的学区房模式,地产商仅仅是依附周边丰富的教育资源进行宣传促销。更深层一些的结合有合作办学模式,地产商与名校合作办学。深度结合则有地产商自身创办学校的模式,多会聘请专业的教育管理机构来管理教学。

商业地产结合教育的方式也有浅度结合与深度结合。浅度的结合模式下,地产商作为合作方仅仅是提供场地,主要是以付租金的方式,在商场入驻教育机构,带来人流。深度结合则由地产商自己建立新公司,从事教育投资。

(2)多元化分析如表 19-1 和表 19-2 所示。

表 19-1 住宅地产结合教育多元化分析

多样性	集约性	协同性
财务界面：住宅地产与教育的差异较大，盈利结构更加多样，可以降低资金周转风险。房地产企业需要寻找有长期稳定现金流的商业模式。受开发周期影响，"拿地—盖房—卖房"的商业模式没有稳定现金流，依靠销售回款资金链易出现问题。教育产业如果做得好，是可以为企业提供稳定现金流的。 价值主张：住宅地产与教育的差别也较大，能分散经营风险	资产管理界面：房企因其开发和持有物业的便利，可以在社区中做教育类物业的安排，如万科可以建社区学校，其成本可以被涵盖于房价中，也可按长线经营来获取稳定现金流。 客户界面：可以是原有客户中有子女教育需求的细分市场	资产管理界面：教育资源带动地产的升值，有利于地产的销售环节，塑造地产商品牌，吸引更多学校与地产商合作。 客户界面：有配套教育的地产抗跌性较好，能更好地满足投资需求，因此也服务了原有客户。教育产业的客户也可能因为优先入学权，购买物业，扩大了住宅地产的客户范围

表 19-2 商业地产结合教育多元化分析

多样性	集约性	协同性
财务界面：商业地产与教育的差异不如住宅地产与教育的差异大。教育产业和商业地产都是能够产生长期稳定现金流的。 价值主张：商业地产与教育的差别较大，能分散经营风险	资产管理界面：房企有开发和持有商业物业的便利，其教育产业可以作为租户安排在商场中，利用商业地产的场地。 客户界面：可以是原有的一般消费者中自己或子女有培训教育需求的客户	资产管理界面：教育资源有益于商场经营和品牌树立，也吸引更多教育培训机构与地产商合作。 客户界面：教育培训的需求者形成稳定客源，也带动了其他消费，为商场带来了人气

19.4.3 "教育+地产"

（1）结合方式。

教育机构与房地产商的合作模式有租用场地，与当地房地产商开设合资公司，与房地产商合作进行利润分成等模式。教育机构在跨界房地产时，通常作为内容输入方，有时也参与项目开发建设运营，但通常没有教育机构单独做地产开发而不与地产商合作的。租用场地的合作方式通常租金较低，但为商场带来较好的人流量。

教育培训行业格局仍然比较散乱，不成规模，教育跨界地产的案例较少。"教育+地产"的一个案例是以新东方教育集团为代表的教育龙头企业提出类似万科城市营地的"教育综合体"概念，为学生、家长提供一站式教育培训服务，以教育综合体为平台，整合零散的教育资源，新东方作为其地产物业平台参与项目开发建设。

（2）多元化分析如表 19-3 所示。

表 19-3 教育结合商业地产多元化分析

多样性	集约性	协同性
财务界面：教育产业和商业地产都是能够产生长期稳定现金流的，因此财务风险都较小。 价值主张：教育与商业地产的差别较大，能分散经营风险	资产管理界面：商业地产开发运营与原来的核心业务相差太大，原有的资源能力对跨界商业地产没有什么帮助。因此一般需要与地产商合作。 客户界面：可以吸引原有客户	资产管理界面：商业地产开发运营为教育机构提供了场地，有益于教育资源的整合。 客户界面：一般消费者更易接触到教育培训机构，可能形成新的客源；消费服务的提升也更好地服务了原有客户

19.5 总结

本章分析了教育地产的商业模式，并从多元化的角度来比较地产商跨界做教育与教育产业跨界地产的优势与劣势。"地产+教育"和"教育+地产"，两者的结合方式不同，优势也不同。教育地产优先解决的痛点还是在教育端，优质教育资源的整合是关键。另外，哪一方占主导还需要看地产和教育双方的品牌影响力。

教育地产运营模式是选择轻资产还是重资产与原有的商业模式有关。纯教育业务集团多采用轻资产模式扩张，因为土地、校舍等初期投入巨大，从教育到地产的商业模式扩展集约性较差。轻资产模式可以借助地产商的土地、资金等资源实现模式的快速复制，变现能力强，投资回收期短，发展速度快，但依靠输出内容的盈利模式较为单一。地产商则多采用重资产模式，集约性较好，并且可形成协同效应，如海亮集团。虽然初期投入大、回收期较长，但周边住宅地产的价值可以得到深挖，或是可以带动商业地产的人流，长期潜在价值的开发使得盈利模式更加多样。

（本章作者：李俊儒，王雷，崔晓杨，胡毅，乔晗，汪寿阳）

参 考 文 献

崔晓杨, 闫冰倩, 乔晗, 等. 2016. 基于"微笑曲线"的全产业链商业模式创新——万达商业地产案例[J]. 管理评论, 28（11）: 264-272.
江坚. 2010. 基于学区房现状浅谈教育地产的发展[J]. 创新, 4（2）: 60-63.
李靖宇, 冯骁毅, 张茜, 等. 2016. 电视传媒行业商业模式研究[J]. 管理评论, 28（4）: 79-88.

李雪蓉, 张晓旭, 李政阳, 等. 2016. 商业模式的文献计量分析[J]. 系统工程理论与实践, 36(2): 273-287.

任小勋, 乔晗, 何乐平, 等. 2016. 基于文献计量模型的银行商业模式研究分析[J]. 系统工程理论与实践, 36(5): 1169-1179.

汪寿阳, 敖敬宁, 乔晗, 等. 2015. 基于知识管理的商业模式冰山理论[J]. 管理评论, 27(6): 3-10.

汪寿阳, 乔晗, 胡毅, 等. 2016. 商业模式全景图[M]. 北京: 科学出版社.

王雷. 2017. 商业模式的多元化分析——基于商业复杂系统视角[D]. 工作论文.

魏炜, 朱武祥, 林桂平. 2012. 基于利益相关者交易结构的商业模式理论[J]. 管理世界, (12): 125-131.

吴超, 饶佳艺, 乔晗, 等. 2017. 基于社群经济的自媒体商业模式创新——"罗辑思维"案例[J]. 管理评论, (4): 255-263.

朱昊. 2015. 万科"地产+教育"模式颠覆学区房[J]. 中国房地产: 市场版, (26): 41-45.

Ostenwalder A, Pigneu Y, Tucci C L. 2005. Clarifying business models: origins, present, and future of the concept[J]. Communications of the Association for Information Systems, 16(1): 1-25.

Zott C, Amit R. 2010. Business model design: an activity system perspective[J]. Long Range Planning, 43(2): 216-226.

Zott C, Amit R, Massa L. 2011. The business model: recent developments and future research[J]. Social Science Electronic Publishing, 37(4): 1019-1042.

第 20 章

商业模式的利用式与探索式创新：
以出行和物流行业为例

随着互联网技术的发展，越来越多行业、企业的商业模式受到了挑战，需要进行调整、创新。有些企业将传统商业模式中重要利益相关者纳入新的商业模式中，并对其已有的知识、信息、能力加以利用，从而降低企业的交易、搜索成本，提高商业模式运行效率，这是一种利用式创新。有些企业打破原商业模式的价值链，进行全新利益相关者的组合，是一种探索式创新。利用式创新与探索式创新的选择受到内部管理层精神的影响，外部不确定竞争环境的影响。本章通过分析出行（优步中国和滴滴）及物流行业（罗宾逊全球物流公司和货车帮）的案例，对以上的结论进行分析。

20.1 引言

学术界与实业界对商业模式创新非常关注。如何利用商业模式创新在激烈竞争中占据优势，不同领域的学者们从多个视角对其进行解答。虽然对商业模式的定义尚未达成统一，但多数学者都赞同价值是商业模式的核心内容，核心企业及其利益相关者之间的关系是商业模式的研究重点。随着互联网技术的发展，越来越多行业、企业的商业模式受到了挑战，需要进行调整与创新。在此过程中，有些核心企业将传统商业模式中的利益相关者包含在自己的商业模式中，我们将这种情况定义为商业模式的"利用式创新"。以苹果公司为例，其推出的"iPod+iTunes"模式打破了音乐唱片的传统商业模式，但自 iTunes 于 2001 年推出后一直与索尼、华纳等唱片公司合作,共同使得数码音乐在全球流行开来。相反,有些企业打破传统商业模式的价值链,成为其竞争对手,我们将这种情况定义为商业模式的探索式创新。

随着移动互联及 GPS 等技术的发展,以优步中国和滴滴为代表的出行企业,以美国罗宾逊全球物流公司及货车帮为代表的社会物流企业通过各自的商业模式创新,正改变着其行业的竞争格局及发展方向。根据其商业模式分析,我们认为滴滴及货车帮选择了商业模式利用式创新,而优步中国及罗宾逊全球物流公司选择了探索式创新。通过内外部环境的分析,我们剖析了其做出不同选择的原因,并对其未来的发展进行了判断。

本章第 2 节是文献综述,对商业模式利用式创新和探索式创新已有研究进行回顾;第 3 节是案例分析;第 4 节是本章的研究结论与启示。

20.2 文献综述

20.2.1 商业模式

Osterwalder 和 Pigneur(1998)认为商业模式是一种概念性工具,用以说明企业的商业逻辑。具体地,商业模式说明了为了创造价值、获得利润,企业是如何建立内部结构并建立利益相关者网络的。Zott 和 Amit(2010)也指出商业模式是以核心企业为中心,各利益相关者之间产生的互相依赖的活动所构成的系统。

学者们提出利益相关者及外部环境在商业模式理论要素构成研究中扮演重要角色。魏炜等(2012)将商业模式定义为利益相关者的交易结构,分解出定位、关键资源能力、业务系统、盈利模式、现金流结构和企业价值六个要素。汪寿阳等(2015,2016)基于系统科学的方法提出商业模式冰山理论和商业模式研究的 CET@I 方法论。在冰山理论的框架下,可以进一步分析行业类别、地域环境和科技水平等外部因素在内的商业模式的隐性知识,揭示了"为什么成功的商业模式难以被复制"这一问题中外部因素的重要性。以往研究指出商业模式创新的过程不是孤立的,需要组织对于外部环境及资源能力进行探索和挖掘(Zott and Amit,2007)。Zott 和 Amit(2010),Casadesus-Masanell 和 Ricart(2010)提出外部环境变化及其他行业参与者的战略和战术行动影响公司继续创造和获取价值的能力,因此,商业模式创新的过程中需要与其他组织不断互动,考虑其商业模式等各个方面,这种过程会推动组织探索式的学习。也有研究认为,商业模式创新需要通过整合其内部知识能力创造新的价值以实现顾客需求（郭毅夫和赵晓康，2009）。Aspara 等（2010）的研究提出商业模式创新需要提高公司已有资源利用效率，因为创新关系到其可以带来的利益，也需要考虑可能产生的成本。朱凯霞（2015）认为商业模式创新要随着环境不断变化，其本质为知识的创新。企业利用自己拥有的知识、资源，不断积累从与外部的利益相关者的沟通中获得的有益的知识，从而形成商业模式创新的资本，建立企业独特的竞争优势。

20.2.2 利用式创新与探索式创新

对利用式创新和探索式创新的研究主要集中于组织结构领域及技术创新领域。组织层面的创新涵盖了广泛的内容，包括新产品、新服务、新技术、新管理系统、新计划和新流程等。利用式创新和探索式创新则主要依据创新的幅度和知识基础来区分。总结来说，利用式创新主要基于企业既有知识和技能，对现有技能、设计、产品、市场等进行优化。其目的在于通过小幅度的、渐变式的改良创新活动，改变现状以满足既有客户和市场需求。主要包括渐进式创新，即通过补充、提取、程序化、局部化搜索提高效率。以效率为中心，把现有范式发挥到极致。探索式创新是指企业脱离现有知识和技能，依靠新的知识进入新的产品市场，获取新技术或营销渠道，目的是突破现有知识和基础以迎合新兴市场和客户，是一种大幅度的、颠覆式创新。企业通过实验、宽域搜索、频繁变化等方法，创造新的范式，创造全新的产品，提高企业内部多样性，创造新的产品及市场。

基于以上文献，我们的研究从利益相关者的角度出发，根据利用式创新和探索式创新的定义，将商业模式分为利用式创新与探索式创新。其中，利用式创新是指对原有利益相关者系统进行部分保留，提高效率的商业模式。探索式创新主要是只打破原有利益相关者所在系统，进行重新组合的商业模式。我们以出行行业与物流行业为例，从内部及外部环境共同对不同企业选择不同商业模式的原因进行分析。

20.3 案例分析

20.3.1 内部环境影响——以出行行业为例

1. 案例描述

滴滴 2012 年 9 月诞生于中国北京，其定位是打造综合性的智能出行平台，服务社会多类型人士，改变人们出行的方式和习惯，有效解决出租车司机空跑率高和乘客打车难的问题。提供的服务主要包括专车、快车、顺风车、巴士、代驾、试驾等，车辆来源为各种类型的正规租赁车辆及私家车、出租车。截至2016年1月，滴滴总接单量达到14.3亿单，公司融资总额为100亿美元。

优步中国公司成立于2009年，其总部位于美国加州旧金山，并于2014年7月进入中国市场，其公司愿景为世界因你前进。优步中国为产品的定位为全球即时用车软件，旨在为大家提供更安全、更舒适的出行方式，为用户提供高端和私人化的用车服务。以中国优步中国为例，其提供的产品类型有人民优步中国、优选轿车及顺风车等相对高端的车辆服务，车辆来源主要为正规租赁车辆及中高端私家车。截至2016年9月，公司融资总额为107亿美元，公司估值超过625亿美元。至2016年7月，公司总接单量超过20亿单。

2. 案例分析

用户通过滴滴平台提出打车需求，滴滴把用户所需的打车信息反馈给用户，让用户选择打车的起点和终点及打车预期的费用，这个功能是通过与百度地图或高德地图合作实现的。用户叫车是免费的，但也可以选择加价提高高峰期的接单概率。此外用户也可以预约第二天乃至第三天的出租车，高峰期可以选择延长等待时间。滴滴把用户的电话资料和打车信息发布到平台上，司机可以查看用户的信用评价，用户也可以查看司机的信用评价，双向选择是否进行服务或者消费。如果双方有一方拒绝，则重新开始打车服务；如果用户和司机双方完成交易，则通过现金或支付宝、微信付款给司机。用户和司机都可以享受滴滴打车的优惠（如车费补贴或话费补贴），达到互利共赢。滴滴提供车辆的专车，每月固定向滴滴缴纳2 500元管理费，另外滴滴每单收取15%~20%的费用；个人车辆的专车，滴滴每单收取15%~20%的费用。如今的滴滴由滴滴和快的在2015年2月14日合并组成。两家公司分别在2012年2月至8月推出打车业务，同时间大量打车软件上线，但仅限于预约出租车业务；2014年6~9月快的、滴滴相继推出了"专车"服务。目前，滴滴集合了出租车、快车、专车、顺风车、拼车、代价、大巴等众多业务线。并与北京、上海、广州、深圳、杭州等十余个城市的近50家出租车企业达成战略合作，具体操作上，目前滴滴平台已可实现出租车网约车订单和后台系统的打通，即出租车可以接快车单。

当用户通过优步中国软件发送打车请求后，优步中国通过GPS追踪定位私家车，并使用自动匹配算法派单给最近的司机，要求司机为乘客提供良好的服务。乘客通过信用卡、支付宝完成交易，车费结算通过乘客的信用卡划账直接划到优步中国的账户中，优步中国每次收取租车费用的20%~50%，司机则每周可以从自己的户头上领取一周的营运收入。同时，优步中国主要向生活服务拓展业务，涉及衣、食、住、行各个方面。优步中国采取国际化战略，自2010年7月开始在美国旧金山提供服务后，2012年7月进入伦敦，2013年8月进入印度和南非，2014年7月进入中国、老挝、尼日利亚。在这些地区主要提供正规租赁车辆及中高端私家车的租车服务，仅分别在2012年4月、2014年8月在芝加哥地区和中国香港地区推出了预约出租车服务。

在优步中国和滴滴出现之前，出租车公司在出行行业处于垄断地位，两个公司处于相似的外部环境中。世界范围内出租车公司的商业模式以承包租赁经营为主。传统出租车公司获得政府颁发的出租车特许经营牌照合法经营。车辆产权、经营权均为出租车公司所有，或车辆产权为司机个人所有，但经营权仍属出租车公司，车主通过承包租赁方式开展经营，并向出租车公司上缴承包费、经营使用费等费用。在这种情况下，乘客的客户体验堪忧。一方面，出租车司机没有动力为用户提供良好的乘车环境，服务态度差；另一方面，大部分乘客乘坐出租车采用招手即停的方式，在乘车高峰时间或偏离主干道的地方很难打到车。为了解决这些问题，优步中国与滴滴应运而生。滴滴为了让乘客和出租车可以很快地匹配到，一开始从解决出租车的问题入手，后将私家车纳入业务范围内，对原有利益相关者系统进行部分保留，提高效率。但是优步中国选择不将原垄断者出租车公司纳入自己的商业模式，而是成为出租车公司的直接竞争者，打破了原有利益相关者所在系统，进行重新组合。

此时，我们考虑企业内部环境，特别是管理团队领导风格的影响。优步中国的创始人是特拉维斯·卡兰尼克（Travis Kalanick），自1998年第一次创业后，连续创办了多家公司。从大学辍学后，他与6位好友创办了Scour.com网站，该网站成为世界上第一个P2P文件下载资源搜索引擎。然而，2000年网站被好莱坞29家公司起诉侵犯版权，并索赔2.5亿美元。最终双方达成庭外和解，Scour.com支付了100万美元后宣告破产。之后，特拉维斯·卡兰尼克多次创业并取得成功。优步中国创始人具有冒险和承担风险的精神，并对自己的事业充满信心。此外，优步中国在进入一个新的地区时，采取的是"All in"策略，并且利用民众的呼声倒逼法律、政策的修改，也可以体现优步中国不妥协的组织文化。

20.3.2 外部环境影响——以社会物流行业为例

1. 案例描述

贵阳货车帮科技有限公司是2014年3月贵州"大数据"战略重点招商引资的核心项目。其前身为2011年成立的成都运力科技有限公司。2016年，货车帮平台拥有认证货主会员35万人，认证车辆会员230万辆。每天发布货源信息500万条，线下服务网点1 000家，拥有我国南方地区30%的货源信息，2015年为中国节省燃油 500 亿元。目前，货车帮获得 A 轮及 A+轮投资。在 2015 年 3 月获得钟鼎创投领投，腾讯产业共赢基金/腾讯、DCM 中国数亿元投资，8 月由腾讯产业共赢基金/腾讯领投，钟鼎创投、高瓴资本、DCM 中国投资数亿元。2016 年 4 月获得元生资本 3 500 万美元 A+轮投资。

美国罗宾逊全球物流有限公司创建于 1905 年，是美国最大卡车运输网络的第三方后勤物流公司。该公司最大的特点是轻资产，2015 年总收入达到 135 亿美元，拥有员工近 14 000 人，但公司没有一辆自有卡车。罗宾逊最初是一家以经营水果和蔬菜为主的小企业，逐渐拓展到水果和蔬菜的保鲜运输业务，并由此进入物流领域。在 1997 年根据 IBM 咨询公司的建议放弃自有卡车业务，开始从事物流平台模式。目前凭借着集成信息服务平台，6.6 万家运输企业与罗宾逊签约，成为该公司的合同承运人，这些企业合计拥有 100 多万辆卡车。罗宾逊物流公司可承接遍及全美的公路物流服务，在全球范围内也是规模最大的公路货运企业。

2. 案例分析

货车帮的价值主张是成为全国大型货车综合服务平台，以平台的方式搭建中国货运车辆公共运力池。货车帮线上业务主要分为两部分，分别为车主与货主提供免费的配货信息网络。其中，针对货主的平台为"物流 QQ"，其服务对象为配货站，配货站资源是其业务的发展基础。截至 2016 年，共整合 35 万吨货源，主要是通过货车帮工作人员线下联系配货站得到货源，并且承诺不直接对接厂商，这就减少了配货站对该平台的阻挠，而不打破货车界原来的供应链。在这一主张下，货车帮主要为车主与货主提供服务，车主通过获取货主发布的货源信息，提高货车的利用率。货车帮轻重结合，将物流园联网整合全国的物流信息，并为车主提供车辆服务，同时为车主提供新车、二手车购买，车险、ETC 等金融服务。信息的流通与货物的安全是社会物流价值创造重点。一方面，货主与车主均需要实名认证，对货车信息认证，增加货源、车源的可靠性；同时对货主实行永久免费政策，并提供货物的流动信息进行实时监控，提高对货主的吸引力（图 20-1）。货车帮目前获得了较大的用户体量，有较为清晰的盈利模式，解决了公路物流中"货主找车难、车主找货难"的行业顽疾，极大地提高了物流效率。在大规模进入该行业前，首先通过其他方式提前积累用户，培养用户习惯。而在进入一个行业时，应该尽量少地打破已有供应链，避免与该供应链中的核心利益相关者利益发生冲突，通过持续性创造进行破坏性创造。

罗宾逊全球物流公司具有 TMS 信息平台和 Navisphere 信息平台，其中 TMS 信息平台用来联通运输企业；Navisphere 信息平台用来联通货主企业。只要货主企业在 Navisphere 信息平台的导航球上注册账号，填写货运信息及目的地等，就

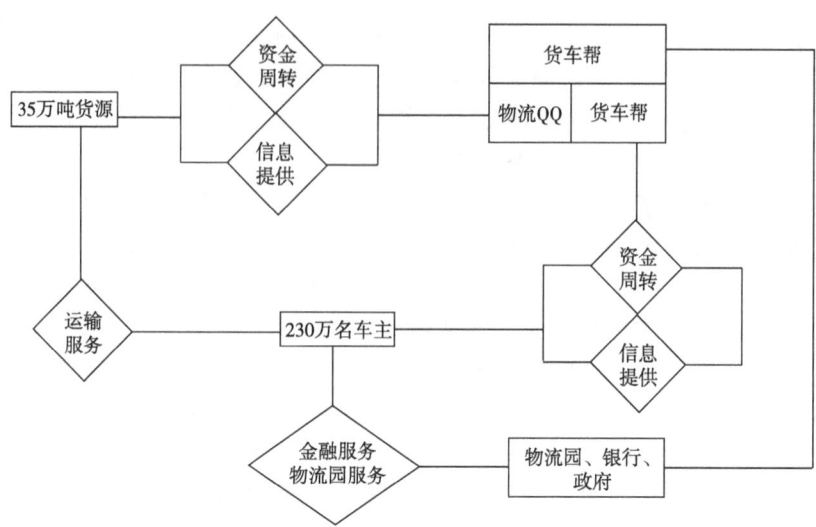

图 20-1 货车帮商业模式

能把信息传递给 TMS 信息平台，TMS 根据客户对服务价格、时间等的需要，提出各种可供选择的优化物流解决方案。罗宾逊通过向客户收取服务费，再把这个费用返给运输商的方式赚取服务差价。同样的路线，不同的运输商，所付的运费价格是不同的。罗宾逊设立质量控制部门，跟踪、记录运输商的服务质量，并用记分卡给他们评分，据此给予不同报价（图 20-2）。

  罗宾逊全球物流公司自 1997 年以来从事物流平台运营，具有多年的物流行业经验。货车帮创始人戴文建从事物流行业多年后，发现物流企业具有货源与司机信息不畅的问题，首先通过 QQ 群帮助车主找货源，在建立物流平台后，解散 QQ 群进入平台模式，承接了原用户基础。两个公司具有相似的企业内部资源，且均选择了物流平台的商业模式，但是罗宾逊选择了与货源厂商直接交易，货车帮通过中介将货物与司机连接起来，这与两个企业面临的外部环境密切相关。

  美国 2015 年商业物流系统总成本为 1.4 万亿美元，占美国 GDP 的 7.85%。物流公司多以公司化经营，拥有 100 辆车以上的企业数量占总物流公司数量的 17%。美国 2015 年高速公路里程达 10 万千米，2013 年底总里程数位于全球第二位，其中 8.8% 的高速公路是收费公路。美国物流信息化水平高，自建物流已非常成熟，以沃尔玛为例，供货商们采用集中式的配送方式使得物流成本降低，将利润与消费者共享。

  社会物流总额是指从供应地向接受地实体流动的物品的价值总额，包括农产品物流总额、工业品物流总额、进口货物物流总额、外省市调入物品物流总额、再生资源物流总额、单位与居民物品物流总额等六个方面的内容，2015 年中国社会物流总额达 219.2 万亿元，是我国第二大产业。社会物流总费用指报告期内国

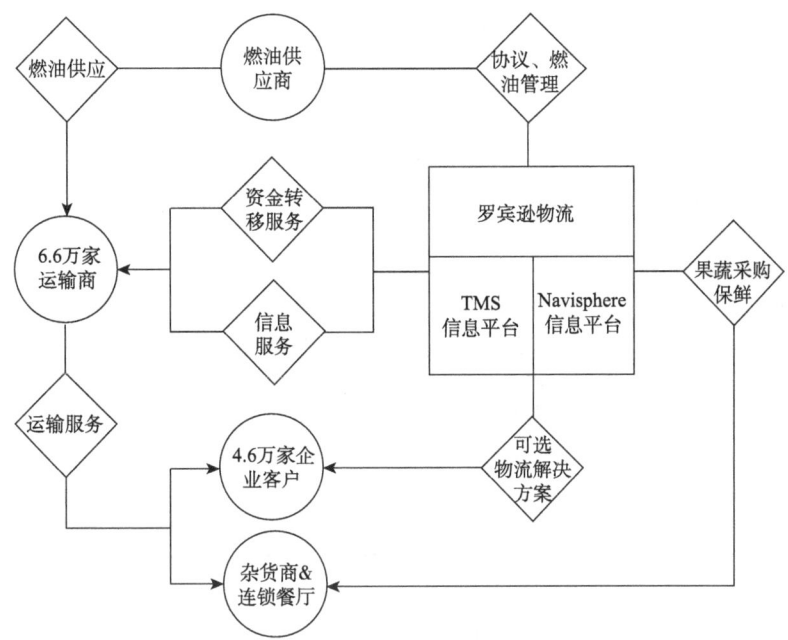

图 20-2 罗宾逊物流商业模式

资料来源：魏炜等（2015）。

民经济各方面用于社会物流活动的各项费用支出的总和。2015 年社会物流总费用为 10.8 万亿元，占 GDP 的 16%。其中运输费用 5.8 万亿元[①]。2015 年，全国收费公路车辆通行费总收入为 4 097.8 亿元，其中，高速公路 3 724.8 亿元[②]。根据调查，高速收费 75% 为货车贡献，由此推算，2015 年高速公路收费中约有 2 800 亿元是货运车辆缴纳。目前我国拥有约 3 000 万名货车司机，但目前的物流行业面临一些问题，如货源不稳定，货车空车率高；物流园信息不畅，对黄牛依赖程度高；群体的高流动性及不稳定性，以及缺乏可靠的数据支撑，传统金融服务覆盖率并不高，货车司机群体很难得到真正的金融服务；货物非标准化、车型非标准化、载重非标准化、装卸非标准化、价格非标准化、结款方式非标准化等。中国非自建物流处于较为混乱的状态。在整车物流中，货源是最重要的资源，掌握在多级黄牛手中，想要取代黄牛目前来看难度较大。且整车物流价值较高，黄牛除提供信息外，也是信用担保，保证货物安全。货车帮作为一个新兴的物流信息平台，还没有能力将货源如同罗宾逊全球物流公司一样直接掌握在自己手中（表 20-1）。

---

① 《2015 年全国物流运行情况通报》。
② 《2015 年全国收费公路统计公报》。

表 20-1　罗宾逊与货车帮商业模式对比

	罗宾逊	货车帮
基础	美国；百年公司转型	中国；新兴公司
行业	整车物流；轻资产	整车物流；重资产
货源	厂商	中介
运输商	运输公司	车主
角色	信息提供、方案优化	信息提供
其他服务	燃料供应	ETC代缴代扣、油费代缴代扣、汽配代缴代扣、车辆维修、道路救援等业务
运费定价	统一定价，根据公司调整	撮合
盈利模式	服务差价	车主注册费+金融

20.4　研究结论与启示

传统商业模式往往受到新的商业模式的挑战，原利益相关者的利益也会获得额外的收益或受到不同程度的冲击。我们认为，以滴滴及货车帮为代表的企业将传统商业模式中重要利益相关者纳入新的商业模式中，并对其已有的知识、信息、能力加以利用，从而降低企业的交易、搜索成本，提高了商业模式运行效率，是一种利用式创新。以优步中国和罗宾逊全球物流公司为例，它们打破了原有商业模式的利益链条，进行全新利益相关者的组合，是一种探索式创新。

商业模式的设计受到企业内部环境与外部环境的影响。内部环境以管理层企业家精神为主。在企业创新动力的相关理论中，企业家精神成为推动企业创新的有效动力之一，而自信是企业家精神的重要体现。商业模式的创新及实施具有复杂性、不确定性和反馈机制滞后等特点，在这一过程中，任务难度需要管理层具有自信的心理倾向，使管理层更加愿意冒险和承担风险，从而采取探索式创新。

从外部环境来看，当技术、消费者偏好、产品需求和原材料供给等变化时，这给商业模式带来更多的挑战。企业通过商业模式的创新能够超越现有的竞争范围，找到新的利益相关者、市场机会，提高商业模式效率，有利于其生存发展。反之，若企业锁定在原有的商业模式中，不能适应环境的动态变化，增加了企业被淘汰的危险。企业所处的外部环境的不确定性会增加企业信息不对称程度，使得企业交易成本提高。企业可以对现有商业模式进行微调，获得明确、可预期的利润，因此，低成本、低风险且见效快的利用式创新有利于提高企业绩效。

利用式创新已不能为企业获取足够的竞争优势，可能约束企业的发展步伐。企业需要采取更为冒险和激进的行动来适应竞争。企业必须进行更多的探索式创新，增加自己和竞争对手的差异化程度，通过超乎常规的、创造性的方法来获取竞争优势，否则就很难在激烈竞争中脱颖而出。

（本章作者：何乐平，纪尚伯，张靖，胡毅，乔晗，汪寿阳）

参 考 文 献

郭毅夫，赵晓康. 2009. 商业模式创新与竞争优势：基于资源基础论视角的诠释[J]. 理论导刊，（3）：69-71.

汪寿阳，敖敬宁，乔晗，等. 2015. 基于知识管理的商业模式冰山理论[J]. 管理评论，27（6）：3-10.

汪寿阳，乔晗，胡毅，等. 2016. 商业模式研究全景图[M]. 北京：科学出版社.

魏炜，胡勇，朱武祥. 2015. 变革性高速成长公司的商业模式创新奇迹——一个多案例研究的发现[J]. 管理评论，27（7）：218-231.

魏炜，朱武祥，林桂平. 2012. 基于利益相关者交易结构的商业模式理论[J]. 管理世界，（12）：125-131.

朱凯霞. 2015. 动态能力与企业商业模式创新的关系研究[J]. 商，（5）：13.

Aspara J, Hietanen J, Tikkanen H. 2010. Business model innovation vs replication: financial performance implications of strategic emphases[J]. Journal of Strategic Marketing, 18（1）: 39-56.

Casadesus-Masanell R, Ricart J. 2010. Competitiveness: business model reconfiguration for innovation and internationalization[J]. Management Research: Journal of the Iberoamerican Academy of Management, 8（2）: 123-149.

Osterwalder A, Pigneur Y. 1998. Clarifying business models: origins, present, and future of the concept clarifying business models: origins, present, and future of the concept[J]. Communications of the Association for Information Systems, 16（16）: 751-775.

Zott C, Amit R. 2007. Business model design and the performance of entrepreneurial firms[J]. Organization Science, 18（2）: 181-199.

Zott C, Amit R. 2010. Business model design: an activity system perspective[J]. Long Range Planning, 43（2）: 216-226.